# 城市学概论

主　编　董增刚

## 内容简介

城市学是从整体上研究城市的产生和发展规律的科学。它以城市整体为研究对象,用全方位的视角观察和研究城市的全局问题。它是城市科学的核心,在所有城市科学中起主导作用。本教材从城市产生和发展的角度揭示城市这一人类居住和生活现象的特征与本质,从历史学、社会学、文化学、建筑学、经济学、生态学等方面揭示城市社会本身所具有的规律性特点,从城市独具优势的人类生活方面展示城市的美好与发展远景,从剖析城市问题入手引起人们对我们生活的城市的强烈关注。

本教材适用于大学本科教学,特别是综合性较强的人文学科,也适合"城市学"相关的专业和课程作为参考用书。

## 图书在版编目(CIP)数据

城市学概论/董增刚主编. —北京:北京大学出版社,2013.10
ISBN 978-7-301-22929-3

Ⅰ. ①城… Ⅱ. ①董… Ⅲ. ①城市学—高等学校—教材 Ⅳ. ①C912.81

中国版本图书馆 CIP 数据核字(2013)第 174748 号

| | |
|---|---|
| 书　　　　名: | 城市学概论 |
| 著作责任者: | 董增刚　主编 |
| 策 划 编 辑: | 桂　春 |
| 责 任 编 辑: | 桂　春 |
| 标 准 书 号: | ISBN 978-7-301-22929-3/K·0978 |
| 出 版 发 行: | 北京大学出版社 |
| 地　　　　址: | 北京市海淀区成府路 205 号　100871 |
| 电　　　　话: | 邮购部 62752015　发行部 62750672　编辑部 62765126　出版部 62754962 |
| 网　　　　址: | http://www.pup.cn　新浪官方微博:@北京大学出版社 |
| 电 子 信 箱: | zyjy@pup.cn |
| 印 　刷 　者: | 北京鑫海金澳胶印有限公司 |
| 经 　销 　者: | 新华书店 |
| | 787 毫米×1092 毫米　16 开本　12.5 印张　307 千字 |
| | 2013 年 10 月第 1 版　2019 年 2 月第 2 次印刷 |
| 定　　　　价: | 29.00 元 |

未经许可,不得以任何方式复制或抄袭本书之部分或全部内容。

**版权所有,侵权必究**

举报电话: 010-62752024　电子信箱: fd@pup.pku.edu.cn

首都师范大学史学丛书

# 编委会

（姓名以汉语拼音为序）

顾　　问：齐世荣　宁　可

主　　任：郝春文

委　　员：刘　城　李华瑞　梁景和
　　　　　　刘乐贤　刘新成　梁占军
　　　　　　史桂芳　宋　杰　魏光奇
　　　　　　徐　蓝　郝志群　袁广阔
　　　　　　晏绍祥　叶小兵　张金龙

# 前言

从 2000 年开始,为拓宽本科生人才培养渠道,首都师范大学历史学院在原有历史学专业的基础上,增设了城市传统与城市文化管理专业,目的是培养能够在城市中从事相关文化社会工作的基层人才。在此背景下,这一专业的课程建设与教材建设便成为关键。"城市学概论"是该专业的基础课程之一,在其专业课程体系中居于重要地位。该课程的教材建设成为这几年来任课教师的工作重点,也成为便于学生学习、提高教学质量的关键。

因缘际会,只有历史学背景的我被学院"指定"为本门课程的任课教师,负责课程讲授和教材编写工作。由于该专业属于交叉类新兴学科,在全国高校文科中开设该专业十分少见,几乎没有任何可供参考与借鉴的课程大纲、教材,相关的参考书也非常有限。近十年来一直选用唐恢一先生编著的《城市学》作为教材。但该书应是为理科城市规划相关专业学生编写的,与历史学院学生的实际需求存在较大差异。首先,该专业的本科生大都是文科生,过多、过深的理科概念和计算公式与设计流程,使文科学生颇感困惑与无助,且与该课程设计初衷存有较大差异。这些年该专业学生毕业后也大多从事文化事业及管理类工作。其次,该课程的学习应紧密结合历史学、人文学科特点,而不是简单复制现成的模式。

作为本课程主讲教师,这些年来我一直根据学生的实际需要构思和准备编写一本《城市学概论》。这本教材从学科体系上看也许不太"专业",但要力图体现本课程的自身特点。这包括以下几方面:

第一,历史学因素。该专业是为历史学院学生开设的,持续培养学生的历史思维是本课程的特色和教学目标。

第二,人文学科特征。文科学生学习这门课程不需要记忆大量数学公式和模型,主要是了解城市的发展历史与本质,掌握人文城市的特点与规律。这是本教材的写作目标。

第三,学科的前沿性。城市学从某种程度上说是与时俱进的学科,需要不断更新讲授的内容和观点。

本着这样的思路,本教材大致选择了如下三部分内容:一是城市发展史的相关内容,即从城市产生和发展的角度,揭示城市不同发展阶段的状况,大致介绍世界不同地区的城市发展脉络及特点。二是城市学的基本概念和基本原理。通过这些理论化的剖析,揭示城市丰富多彩的表象背后的特征与本质,结构与运行,成就与问题,使学生对耳熟能详的城市有学理上的深度了解。三是在"城市科学"体系下对主要学科领域进行简单介绍,包括历史学、社会学、文化学、建筑学、经济学、生态学等方面,力图用放大的视角展示城市社会本身的共性特征和个性差异。

为实现上述"理想",本人近十年来投入了大量精力,进行了多方面的调查、构思与素材积累。在周而复始的讲课中也和我的学生们反复讨论。他们也给我提出了许多宝贵的意见和建议,更以"作业"的形式为本门课程的建设添砖加瓦。这本《城市学概论》就是这些年来师生间"教学相长"的一个阶段性成果。首都师范大学和历史学院也对本门课程的教材建设给予了巨大支持。在此表示衷心的感谢!

当这本教材付梓出版时,我只能用"忐忑"来形容我的心情。我是"城市学"的门外汉,是不经意间来到"贵宝地"的。不能说书中没有我的心血,但更多的则是城市学诸位专家和科研工作者的成果。作为学生用的讲课教材,自然应该博采众长,但本人绝不敢因此而"掠美"。如有因教材体例或行文原因没有注明成果出处者,敬请谅解并提出,本人有机会一定修正。心存感激是我发自内心的话语。

董增刚

2013 年 10 月

# 目 录

第一章 城市、城市科学与城市学 ················································ 1
  第一节 城市和城市科学 ················································ 1
  第二节 城市学诸问题 ················································ 5

第二章 城市的产生和发展 ················································ 14
  第一节 城市的起源 ················································ 14
  第二节 城市的扩张 ················································ 27
  第三节 现代城市的完善 ················································ 30

第三章 中国城市的发展及特点 ················································ 35
  第一节 中国古代城市 ················································ 35
  第二节 晚清近代城市的形成 ················································ 39
  第三节 新中国的城市建设 ················································ 44

第四章 城市的特征与本质 ················································ 51
  第一节 城市的特征 ················································ 51
  第二节 城市的本质 ················································ 53

第五章 城市结构及运行 ················································ 64
  第一节 城市地域结构 ················································ 64
  第二节 城市内部结构 ················································ 66
  第三节 城市的运行 ················································ 75

第六章 城市的功能和作用 ················································ 80
  第一节 城市的功能 ················································ 80
  第二节 城市的作用 ················································ 83

第七章 城市社区 ················································ 86
  第一节 城市社区组织 ················································ 86
  第二节 社区建设与社区服务 ················································ 91

第八章 城市规模与城市体系 ················································ 97
  第一节 城市规模 ················································ 97
  第二节 城市体系 ················································ 101

## 第九章　城市政府与城市管理 ········································································ 104
### 第一节　城市政府 ····················································································· 104
### 第二节　城市管理 ····················································································· 106
### 第三节　城市行政体制改革 ········································································· 110

## 第十章　城市建筑与建筑艺术 ········································································ 114
### 第一节　城市建筑 ····················································································· 114
### 第二节　城市建筑艺术 ··············································································· 120

## 第十一章　城市文化与文化建设 ····································································· 130
### 第一节　城市文化 ····················································································· 130
### 第二节　城市文化建设 ··············································································· 134
### 第三节　文化遗产保护 ··············································································· 138

## 第十二章　城市规划与城市更新 ····································································· 148
### 第一节　城市规划 ····················································································· 148
### 第二节　城市更新 ····················································································· 153

## 第十三章　城市化趋势与现代化目标 ······························································· 156
### 第一节　城市化趋势 ·················································································· 156
### 第二节　城市社会化和现代化 ······································································ 163

## 第十四章　城市问题与可持续发展 ·································································· 168
### 第一节　城市问题 ····················································································· 168
### 第二节　城市可持续发展战略 ······································································ 171
### 第三节　中国的城市发展 ············································································ 174

## 参考文献 ····································································································· 188

# 第一章 城市、城市科学与城市学

## 第一节 城市和城市科学

### 一、城市的定义

"城市"一词的来源在中西方有不同的解读。在中国,"城市"是由两个单独的汉字组成的。"城,廓也,都邑之地,筑此以资保障也。"就是说"城"即以武器守卫土地的意思。"市"即市场,是商品交易的场所。"城市"合起来通常就是指特定的人类居住场所。

在西方历史语言中"城市"有两个源头,三种解释:一是来源于拉丁文的 urbs,英语为 urban,原意是指城市生活并引申到城市、市政等方面。二是来源于古代希腊文 civitas,英文单词为 city,其基本含义为"市民可以享受的公民权利",与其相关的还有"civis"(市政的)、civilization(文明、文化的)、civil(公民的)等等,均表明城市的社会学意义,即城市是文化较高的、能享受公民权利的地方。另外在古希腊,人们匍匐在神圣的雅典山下,建设了一个个所谓的"新城邦",即 neopolis。后来该词也被城市学家赋予新的含义,多用来形容现代化的大都市。

对于城市——urban 或 city 概念本身的确切定义与属性,不同学科和学者则有不同的界定。古希腊人认为,城市是一个为了自身美好生活而保持很小规模的社区,社区的规模和范围应当是其中居民既有节制又能自由自在地生活。近代社会学派——美国芝加哥学派认为,城市是大量异质性居民聚居的永久性居民点。而多数社会学家则认为,城市是人类为了自己生存和发展的需要,经过创造性劳动创造出来的物质环境,是一种相对于乡村而言的更具人性化的社会载体。经济学家则强调,城市是具有相当面积、经济活动和住房集中、以致在私人企业和公共部门产生规模经济的连片地理区域。

若从城市学的视角看,城市可以作如下定义:城市是大量人口和非农产业活动在较大地域空间的集聚,是构成对社会生活起重要作用的人居中心,是人类为满足自身生存和发展需要而创造的人工环境的高级形式。

这就是说，城市是一个与农村相对的人居中心，通常具备以下特征：① 相对集中和固定的人口；② 生产中心、商品交易中心或金融、信息、服务业汇集地；③ 拥有行政或宗教职能的机构；④ 对周边村落有一定影响；⑤ 是一定区域内的交通枢纽。

城市是一种历史现象，是人类在历史长河中不断进步的产物和标志，是人类社会文明的象征。尽管当今世界出现了种种城市问题，但城市仍在现代人类社会生活中扮演着重要角色，仍是我们生活的重要聚集地，体现着这个地球上的文明与精华。

## 二、人对城市的认识

人类居住的城市产生很早，但人对城市的认识却有一个由朦胧到深入的过程。著名城市理论家刘易斯·芒福德（Lewis Mumford，1895—1990）曾说："人类用了5 000多年的时间，才对城市的本质和演变过程获得了一个局部的认识，也许要用更长的时间才能完全弄清它那些尚未被认识的潜在特性。"[①] 可见，人类对城市的认识还远没有完结，随着城市的发展，人对城市本质的了解仍将继续。

城市学家认为，人类进入文明初时期城市便已具雏形。旧石器时代人类祖先生活游移不定，但群居的天然属性必然使人类形成一个个的聚落。聚落发展到一定程度就导致城市居住方式的萌动，从而产生原始形态的城市。此后随着社会生产力不断提高，人们的物质生活不断丰富，城市数量越来越多，规模越来越大，结构也越来越复杂。

城市产生之初人们就开始认识、探讨其本质问题。古希腊许多思想家和政治家对希腊的城邦都有所研究。此后从中世纪到近现代，学者们对城市的研究逐步深入，人们对城市的认识也不断深化。

人们最初看到的是城市的现象，如建筑物、市政设施、城市布局及市场交易活动等。人类对城市的认识、记录和研究也是从城市建筑和城市规划开始的。《周礼·考工记》记载道："匠人营国，方九里，旁三门，国中九经九纬，经涂九轨，左祖右社，面朝后市，市朝一夫"。城市"内为之城，外为之廓"，功能主要是"筑城以卫君，造廓以守民"。当时中国古代城市的经济功能已很突出。《周易·系辞》、《周礼·地官》描述道："日中为市，致天下之民，聚会天下货物，交易而退，各得其所"；"五十里有市"，"大市，日昃而市，百姓为主；朝市，朝时而市，商贾为主；夕市，夕时而市，贩夫贩妇为主"。

随着近代城市功能多样化和结构复杂化，人们对城市的认识逐渐触及其本质，如防卫功能、商品交易功能、文化储存和传播功能等等。刘易斯·芒福德概括说："密集、众多、包围成圈的城墙，这些只是偶然性特征，而不是它的实质性特征——城市不只是建筑物的群体，它更是各种密切相关的经济相互影响的各种功能的集合体——它不单是权力的集中，更是文化的归集。""最初城市是神灵的家园，而最后城市本身变成了改造人类的主要场所，人性在这里得以充分发挥。进入城市的是一连串的神灵，经过一段长期间隔后，从城市中走出来的是面目一新的男男女女，他们能够超越其神灵的局限，这是人类最初形成城市时始所未料的。"[②] 我国著名科学家钱学森也指出，城市"是集约人口、经济、科学、

---

①② 刘易斯·芒福德. 城市发展史[M]. 北京：中国建筑工业出版社. 1989.

技术和文化的空间地域大系统"。① 这种由单个子系统到多层巨系统的认识,反映了人们对城市本质认识的不断飞跃和深化。

### 三、城市科学的形成

城市科学(urban sciences),是与城市相关的诸多学科的统称。它的每一门学科都是从城市的某一方面或局部入手,研究和解决城市某类问题。

据世界考古发掘证实,最早的城市雏形出现在距今八九千年前,但把城市作为一门学科加以研究并形成系统的学科体系,却是 20 世纪的事情。今天冠以"城市"二字的学科约 20 多种,其中主要基础学科包括城市地理学、城市社会学、城市经济学、城市建筑学和城市生态学。这 5 门基础学科除建筑学较古老外,其他都是在 20 世纪后逐渐产生的。这是因为城市虽然起源很早,但质的变化和飞跃则是在 18 世纪中叶工业革命以后,特别是 20 世纪工业现代化以后。工业革命导致城市功能日益增多,城市作用才更为引人关注。这在客观上促进了对城市问题的研究,新的学科因此应运而生。

1. 城市建筑学

建筑学(含城市规划学)是最早与城市结合起来的学科。人类居住在城市,必然会有密集的建筑群。建筑学就是研究建筑技术和建筑艺术的学科,同时也包括研究建筑物、构筑物及各类设施三维空间布局的城市规划理论。

建筑技术和艺术、风格是城市文明最直观和最主要的体现,古今中外城市建筑实践则是推动建筑学发展的重要动因。公元前 1 世纪,在城邦文明发达的雅典和罗马,建筑师维特鲁威著有《建筑十书》。这是保留至今的最早的西方建筑学著作。它第一次提出了建筑三原则,即"坚固、实用、美观"。在中国,殷商时期是城市发展的高峰,建造了大量宫殿和陵墓,形成独具中国特色的建筑风格,同样也留下不少建筑典籍。《考工记》就是关于帝王都城建筑布局的著作,汉代《九章算术》、唐代王孝通《辑方算经》也记载了许多建筑设计距离、土方、材料用量及城寨建筑基础尺寸等方面的内容。

18 世纪下半叶工业革命开始后,工商业大城市的出现使建筑类型不断增加,建筑功能日益复杂。19 世纪下半叶钢铁、水泥的广泛应用也为建筑革命准备了条件。在新形势下,建筑师不断探求与实践,形成了各种建筑流派,推动了近现代建筑学的发展。

古代建筑学还包含园林和城市规划等内容,至现代它们已从建筑学中分离出来,成为相对独立的学科,即城市规划学。城市规划与城市总体布局、整体功能以及经济、社会因素之间联系更为密切。过去城市规划是指在规定期限内确定城市物质环境的建设蓝图,确定后往往多年不变。但现代人已逐渐认识到城市更新永无完结,城市规划既要着眼于眼前,又要针对远景目标不断修订、补充和调整,从而形成动态平衡的"滚动规划"思想,使城市规划真正成为城市建设的龙头。

2. 城市地理学

城市地理学(urban geography)是从聚落地理学分离出来的。聚落地理学是以地理学

---

① 光明日报[N]. 1985 年 3 月 18 日。

观点研究人类在单位空间聚集而形成的房屋、道路及服务设施等方面的科学,属于人文地理学。聚落的大小伸缩性很大,可由独立家屋到几百万人口的大城市。它通常包括乡村地理学和城市地理学两部分。19世纪的工业化和城市化使得近代城市与乡村在形态特征、空间结构、经济水平及职能作用等方面都形成明显差异,城市本身的先进性、重要性和综合性已远远超过了乡村。城市地理学随之产生,发展成人文地理学的重要分支。

3. 城市社会学

城市社会学(urban sociology)由法国哲学家A. 孔德(Auguste Comte)创立,是传统社会学的一个分支。社会学是研究社会良性运行和协调发展条件和机制的综合性科学。它从社会整体出发,通过探讨人的社会关系和社会行为来研究社会结构、功能和发生、发展的规律,研究对象涵盖历史、政治、经济、社会结构、人口变动、民族、城市、乡村、社区、婚姻、家庭与性、信仰与宗教、现代化等领域。传统社会学发展到20世纪20年代中期,在美国芝加哥大学出现了以R. E. 帕克(Robert Ezra Park)为代表的、主要研究"人类生态学"的芝加哥学派,其现实目的是为寻求当时西方资本主义社会不断出现的各种矛盾的解决办法。帕克和他的学生L. 沃思(Louis Wirth)一起以芝加哥城为重点进行长期调查,创立了城市社会学理论。1938年沃思发表《都市性的生活方式》,全面总结了芝加哥学派关于城市社会学20多年的研究成果。他们从城市总体的实际出发,分析各种复杂城市社会现象和问题,从中找出规律,努力寻求社会问题的解决之道。

4. 城市经济学

城市经济学(Urban Economics)是从区域经济学和土地经济学发展起来的。经济学是输赢与均衡在公共空间的概念,是研究人类行为的学科。它考察人们如何处理目的与具有多种用途的稀缺性手段间的关系,研究个人、企业、政府以及其他组织如何在社会内进行选择,以及这些选择如何决定社会稀缺资源的使用的科学。

20世纪初美国和其他西方国家一些专门研究区域经济和土地经济的学者开始触及城市经济问题。1924年美国学者在研究市场区域经济规律时论述了城市区位问题,指出城市经济潜力与人口及规模成正比;城市经济力量越大,对周围地区影响也越大。美国研究土地经济学的学者在研究城市土地价值原理时也涉及了级差地租理论和城市房地产市场问题。第二次世界大战后,一系列社会经济问题如大量失业、贫富悬殊、地价昂贵、住房紧张、种族歧视、犯罪增加、污染严重、交通拥挤等弊病日益加剧,给政府造成巨大"经济压力"。这些现象使得专家学者着力探求城市问题的"经济根源"并寻求解决对策,这就导致了城市经济学的诞生。但城市经济学作为一门独立学科得到较大发展则是20世纪60年代以后的事。

5. 城市生态学

城市生态学(urban ecology)既是人类生态学的分支,也是城市社会学的流派。生态学是研究生物体与其周围环境(包括非生物环境和生物环境)相互关系的科学;而人类生态学则主要研究人与周围环境的相互关系,其立足点是城市人与城市环境。自20世纪20年代美国芝加哥大学的帕克提出"人类生态学"概念后,生态学研究逐渐从以生物界为主体发展到以人类社会为主体,从主要研究自然生态系统过渡到主要研究人类生态系统,诸如人口动态、人与环境的相互作用、人类生态经济系统等。由于城市在人类生态系统中占有重要地位，人类生态系统的研究必然要以城市生态为重点，因此城市生态学便应运而生。在帕克创建城市社会学后，城市生态学与城市社会学有同有异。城市生态学的研究领域主要是城市土地利用及模式变化和空间组织，或者是城市结构、功能及其与人的关系。

除上述5大城市学科以外，20世纪60年代以来，研究城市的学科不断增加，逐渐形成现代城市科学体系。现代城市科学体系（modern urban sciences）是由以城市作为研究对象的众多单一学科组成的学科群体。它像一个大家族，各个单一城市学科都是其成员，如城市发展学、城市管理学、城市战略学、城市规划学等。

**思考题**

1. 什么是城市？什么是城市科学？
2. 城市科学体系主要包括哪些具体学科？其各自的特点如何？

## 第二节 城市学诸问题

### 一、什么是城市学

#### 1. 城市学的产生条件

20世纪70年代新技术革命兴起后在城市建设和管理中广泛应用，城市面貌发生巨大变化，综合性更加显著，城市各种功能互相依存，互相制约，各种结构互相渗透，多种效益互相影响。而这种综合性往往要通过城市规划、建设和管理体现出来。这就需要政治、经济、社会、技术等多因素协调递进。这不是哪个单独学科所能完成的，必须多学科综合、多渠道综合解决才行。要达到这一目的就必须从高度综合的视角探索城市发展规律，寻求解决问题的根本途径。这就需要建立一门涉及多学科知识而又自成体系的综合性学科。城市学正是在这种背景下产生的。总之，现代城市建设与发展的实践要求是城市学产生的动力。

#### 2. 城市学的定义

城市学（urbanology）是从整体上研究城市产生、发展规律的科学。

城市学与城市科学不同：城市科学是一个科学体系，包括城市地理学、城市经济学和城市社会学等以城市为研究对象的诸多学科；而城市学则是以城市整体为研究对象，用全方位视角观察和研究城市全局，着眼解决全局问题的一门学科。它是城市科学的核心，其特点是将自然科学与社会科学结合起来，在所有城市科学中起主导作用。

#### 3. 城市学的研究对象

城市自身的整体发展和运动规律是城市学研究的对象。这就是说，城市学研究的不是一个城市、一个国家，也不是城市的某一方面，而是抽象城市的整体。

现代城市是多因素、多目标、多层次的有机整体，政治、经济、社会、文化、地理、技术、环境、资源等众多因素同时在城市发生作用。这些因素互相作用、相辅相成，共同对城市发展和运行产生影响。因此城市整体协调与否就关系到城市能否充分发挥作用。从这个意义上讲，整体研究这些因素是十分必要的。

4. 城市学研究的内容

根据研究对象，城市学的研究具有整体性、宏观性和战略性特点，具体内容涉及相关城市科学的所有领域，主要包括以下几个方面：

第一，城市的产生与发展。城市学认为，城市是不断发展变化的历史进程，因此研究其起源、兴起条件及发展进程就是城市学的主要内容之一。这就涉及城市发展史、考古学、历史学等学科。

第二，城市的特征与本质。城市学研究的任务之一就是透过各种现象洞悉城市本质，把握其规律。不同地区、不同城市、不同的城市发展阶段，城市表象不同，但其本质却是相同的，如城市产生和发展的内部机制和外部条件，不同社会阶段城市的特殊规律等。这就要求我们从对立统一的视角研究城市的核心价值。只有掌握其本质才能深入把握城市整体及变化规律，正确认识和处理整体与部分之间的关系，为解决城市现实问题找到根本途径。

第三，城市结构与运行。不同城市总体上看都具有相同的结构特征，并处在不断运行中。只有从城市运行的内容、动力、机制和条件等方面深刻解剖城市内部结构，分析其内涵与特点，才能进一步加深对城市的认识，从动态和静态两方面掌握城市规律性特征。

第四，城市的功能与作用。城市是由内部功能和外部作用组成的开放系统，因此必须研究城市内部功能的分类和内涵，研究外部作用的意义、形式，特别是要研究功能与作用的相互关系。只有这样才能明了加强城市内部功能建设的客观性和必要性，找到适时加强城市开放机制的关键。

第五，城市的社会化和现代化。城市学认为城市是朝着现代化方向不断演进的社会系统，是现代化的重要表现。因此必须研究城市现代化和社会化的理论依据和现实条件，以便明确城市的发展前景，卓有成效地做好城市建设。

第六，与城市相关的其他问题，诸如城市社区、城市文化、城市问题及城市规划，等等。这些都是从不同视角来解剖、分析城市，为其找到合理的发展路径，因此也是城市学研究的重要内容。

## 二、城市学的研究状况

学者对城市的系统研究始于19世纪末，20世纪初始见成果，涌现出一批专门著作和代表人物，如滕尼斯、迪尔凯姆、齐美尔、韦伯等人。他们从不同角度和侧面揭示城市的本质、特点及相关问题。

1. 早期的城市学家及学说

（1）德国社会学家滕尼斯（Tendinanel Tonnis，1855—1936）把研究重点放在城市社会与农村社会的比较上。1887年他出版了《礼俗社会和法理社会》，将人类社会抽象成两种相互对立的类型，即以农村为代表的礼俗社会和以城市为代表的法理社会。滕尼斯认为，在礼俗社会，人们具有共同的利益和生活目标，亲属、邻里、朋友等自然社会关系支配一切。人们共同劳动，团结互助，亲密无间，具有共同善恶观的认同感、情感和传统；而法理社会则是"分崩离析、肆无忌惮的个人主义和自私自利，甚至相互对立"。在城市中法律和理性支配一切，传统习俗和感情作用变得微弱，人们唯我独尊，自私自利，彼此冷漠、互不关心。因此他认为礼俗社会比法理社会更具人情味，对城市的出现及给原有社会结构带来的破坏忧心忡忡。但即便如此，他也客观地认识到，法理社会取代礼俗社会是不以人的意志为转移的客观规律。滕尼斯是第一个采用连续统一体模式把人类居住形式分成农村和城市的学者，并认为城市生活具有其自身特点和研究价值。

（2）法国社会学家迪尔凯姆（Emile Durkheim，1858—1917）与滕尼斯是同时代人，同样目睹了城市变化和发展。他沿用滕尼斯的研究方法，提出相互对立的聚居类型观点，即以农业社会为代表的机械的联合和以城市为代表的有机联合。

传统农业社会中分工不发达，人与人的活动、经历和生活方式基本一致，社会成员间同质性很高，因此人群大致保持相同的信仰、价值、道德和行为规范。这就构成极具强大约束力的"集体意识"，从而把社会成员紧紧联系在一起。人们不依靠其他群体就能满足自身生活需要。这是农业社会的根本特征，即共同信仰和习惯、共同仪式和标志基础上的社会联系——"机械的联合"。现代城市则是以人与人的差别为基础的。人们从事不同职业，相互依存并形成整体。在这种复杂的社会关系中，人们原有的集体意识被削弱，个人意志、个体独立性获得极大发展。尽管城市存在大量问题，但社会注定要从机械联合向有机联合过渡。迪尔凯姆认为，分工是城市的特征，是破坏传统社会整合性的力量，是建立新型社会聚合力的基础。因此城市社会的个性差别和个性发展是保持社会聚合力、使人类获得更大发展的前提。

迪尔凯姆在滕尼斯研究的基础上对城市本质做了进一步分析，指出社会分工是造成城市与农村差别的根本原因。这是他独特的贡献。

（3）德国社会学家齐美尔（George Simmel，1858—1918）着重研究城市的社会心理。他从分析城市生活入手，揭示了农村和城市的差别及其原因。在此基础上他提出一个问题：城市生活中个人怎样才能保持精神自由和创造性？他在《城市与精神生活》明确指出，个人必须适应城市。

齐美尔认为，城市的特征是环境复杂、生活节奏快、社会组织严密、精神刺激强烈。为了应付这些刺激，人们必须对事物进行比较和区分，依据其重要性决定自己的行为。正是在这种适应环境的过程中，城市人变得理智、聪明和工于心计，开始对日常生活进行规划和组织，以获得更高效率。因此城市人的心理特征就表现为理智性、极强的时间观念、崇尚因果关系、个性化和疏远化。同农村的褊狭、封闭相比，城市人在精神上是自由的，但与这种自由相伴而生的则是孤独和失落。

另外，齐美尔还进一步揭示了城市理智的精髓，即金钱的重要性。他指出："大城市始终是金钱经济的地盘"，"金钱具有一种适用于世界万物的共性，它要求交换价值。它把所有的人格和品质都简化为一个问题：值多少钱"。金钱之所以在城市占据重要地位，是因为发达的劳动分工需要普遍化的交换手段，而金钱正好可以发挥这一作用。因此要理解城市居民与传统农村居民心理的差异，就要考虑货币经济的作用。在商品经济下，人们的交往多采取功利态度，而金钱作为一般等价物，是最有力的平衡器。它可以把各种性质不同的事物间的差别表达出来，充当共同标准。但另一方面，金钱又把一切事物的个性和它们的具体价值抹杀了。

（4）德国社会学家韦伯（Marx Weber，1864—1920）认为，只有对世界不同地区和不同历史时期的城市进行详尽比较，才能揭示城市本质和内涵，从而建立普遍的城市模式。为此他提出一种建立"理想类型"的方法，即从具体独特的现象中抽出主要性质，去掉其独特性、历史性和次要因素，抓住典型和本质属性，建立理论模型。1920年韦伯发表《论城市》一书，利用当时历史学提供的资料对东西方城市进行比较研究，提出了"理想型的完全城市模型"。他认为完全城市应该具备贸易、军事、法律、社交和政治等职能，具有以下特征：第一，城市以贸易和商业为基础。农村经济是自给自足的，贸易和商业意义不大；而城市则是围绕经济交换组织起来的。"城市本身就是一个市场所在地"。第二，城市是相对自治的。它拥有自己的法院、法律及政治自治，享有一定独立的行政、司法及财政大权，有自身安全防卫系统，拥有自己的军队。第三，城市内存在一定的民间社团和正式组织，城市居民通过这些组织参与社会生活。

韦伯还认为，东西方城市存在明显差异：东方城市在司法和政治组织上与农村没有区别，西方城市则是自制、独立的；东方城市的社会组织以亲属为基础，西方则以个人为主；东方城市行政上从属于中央集权，而西方城市权力则是分散的；东方城市的显著文化特征是缺乏产生资本主义的基础，而西方资产阶级则是一个享有特权的团体。在此基础上，韦伯进而探讨了城市与文化的关系，提出城市发展与政治、经济联系密切，诸多社会因素制约和影响城市发展进程和类型的观点。

2. 芝加哥学派

滕尼斯、迪尔凯姆、齐美尔和韦伯提出了早期城市学研究的核心问题，而城市学真正成为一门系统学科，则开始于美国芝加哥学派。

1893年，社会学家斯美尔（Alkion W. Small）在芝加哥大学创立的美国历史上第一个社会学系，成为城市社会学研究的基地。以帕克为首的芝加哥学派继承了欧洲古典社会学研究的传统，同时又不断开拓和深化研究领域和内容，不仅奠定了社会学在美国的地位，也使城市社会学从社会学母体分离出来。

（1）帕克的城市理论

罗伯特·帕克（Robert Park，1864—1944）建立了美国第一个城市研究中心。他的代表作《建议对城市环境中的人类行为进行调查》阐明了芝加哥大学城市社会学研究的指导纲领："城市，它是一种心理状态，是各种礼俗和传统构成的整体，是这些礼俗中所包含、并随传统而流传的那些统一思想和情感所构成的整体。换言之，城市绝非简单的物质现象，绝非简单的人工构筑物。城市已同其他居民们的各种重要活动密切地联系在一起，它是自然的产物，而尤其是人类属性的产物。"[①] 他把城市看成是由内在过程将各个部分结合起来的社会有机体。帕克把自己的学说称为"从动物和植物中分化出来的人类的生态学"，也就是我们所说的人类生态学。

在帕克看来，城市首先是一种商业机构。城市的存在完全是以市场为基础的。城市生

---

① 帕克等. 城市社会学 [M]. 北京：华夏出版社. 1987.

活以复杂的劳动分工为特征，工业竞争又促进了这种分工。而劳动分工则是城市经济组织的基础。他充分认识到工业竞争和劳动分工对于发挥人的潜在能力极为关键，而这只有在商贸发达的条件下才有可能。

其次，城市具有正规机构。农村的人们凭借非正规手段组织日常生活，而在城市，政治、法律、福利等管理制度日趋成熟与规范，政府结构更为复杂，功能不断加强。

再次，心理因素对城市生活作用日益重要。城市传统生活方式不断受到侵蚀，以职业和职业利益为基础的社会关系代替了以家庭、种族、地缘为基础的自然关系，差异性、利益性代替了相似性和宗法血缘关系，因而城市生活感情色彩少，理智成分多。

最后，大众传播的重要性日渐突出。在城市，大众传播媒介取代了传统的口耳相传，报纸、杂志、电话、电台日益普及，传播方式渐显城市化、非人格化的趋势，舆论逐渐成为社会控制的重要形式和手段。

由此可见，帕克对城市本质的认识和分析要比早期城市学家更加深刻，更具条理，使城市学的研究领域、研究手段和研究理论开始自成体系。

(2) 路易斯·沃思的城市学理论。

沃思（Louis Wirth，1897—1952）是美国芝加哥学派代表人物之一，帕克的学生。他在总结以前城市社会学家的理论和观点的基础上，构筑了系统的城市社会学理论。1938年他发表《作为生活方式的城市性》论文，全面阐发了自己的思想：第一，人口密度大以及人的文化、职业差异导致城市生活需要正规的控制结构，必须强化法律系统和管理系统。第二，千差万别的人口是专业化生产的前提，而专业化是以"特殊利益"为基础的，他称之为"社会裂化"（social segmentalization）。"裂化"的结果是人与人形成相互利用关系。第三，城市在经济力量（如级差地价）和社会过程（如种族、道德差异）双重作用下出现地域分化，形成不同特征的邻里和街区。沃思把这种将城市划分为许多区域的过程称为"生态专业化"（ecologic specialization）。第四，城市人口的高密度、高流动性和异质性对社会心理具有巨大影响。一方面，它使居民对个体差异具有更强的容忍力；另一方面，又导致更多的竞争、剥削和混乱。它使人与人间的传统感情丧失约束力，丧失了人情味，金钱关系日益突出。另外，城市人口多、规模大还导致了反社会行为逐渐增加。沃思把城市特有的生活方式叫做城市性（urbanisim）。它是由城市基本特征决定的，包含了一系列社会和文化特色。

帕克和沃思是公认的城市社会学创始人和奠基者。帕克的主要贡献在于强调对城市实证研究，提出了具体的城市定义；沃思则系统整理了以前社会学家的思想，既克服了古典社会学纯粹思辨的偏颇，也纠正了芝加哥学派先驱偏重种描述性研究的倾向，构建了现代意义上的城市社会学体系。

### 3. 城市社会学理论的发展

现代城市社会学理论在发展过程中，出现两个占主导地位的理论流派，即人类生态学派和社区学派。

人类生态学由芝加哥学派创立并发展起来，研究领域是城市人类活动的空间分布及城市生态变化，探寻人与环境的关系。他们强调人是生物的人，也是社会的人，不仅受社会制约，也受自然制约，强调生态规律对人类活动的指导作用，并在此基础上探讨人口、资源、环境间的相互关系，谋求经济增长与环境保护的协调，强调在经济发展过程中不断改善生存环境。

社区学派的研究重点放在城市社区组织、生活方式和社会心理等方面。他们认为社区包含心理和地理两层含义，心理含义是指具有共同利益的人群，地理含义是指人群居住在同一地域。社区学派分析的重点是社区的各种结构及内外功能，主要包括人口分析，相互分析（人与人、家庭与家庭、单位与单位、部门与部门、社会与社会之间的相互关系和作用），系统分析，等等。

人类生态学派和社区学派在20世纪40年代后合流，形成占据统治地位的结构功能学派。结构功能学派的创始人是帕森斯（Talcott Parsons，1902—1979）。该学派研究重点是社区要素及相互关系，研究任务是揭示社会生活的条件和前提，研究社会诸要素协调并使之一体化的方法。

当代西方城市社会学也取得长足发展，出现许多研究领域划分更细的理论流派，如：

城市化学派：着重研究城市对人文区位以及社会结构的影响，探讨农村社会向城市社会转变的过程和形态，认为城市的主要特点在于角色分化、次属关系、价值观世俗化以及规范秩序的歧化，等等。

亚社会学派：把人视为自然的组成部分，认为人类行为是生物亚社会的压力和动力共同作用的结果。

生存学派：认为城市化的进程取决于社会分工程度，取决于社会的技术发展水平。

生态结合体学派：认为人口、组织、技术和环境四个宏观变量共同构成生态综合体，其中任何一个变量的变化都会导致其他变量的相应变化。

经济学派：把城市化看成是市场和经济活动重新组合的过程，认为随着经济的发展，社会也在发生变化。

环境学派：强调城市应与自然保持和谐一致，工业污染破坏了自然与社会关系，威胁着人类生存，因此要进行城市规划与城市改造。

技术学派：着重研究各种技术变项对城市地理位置、城市间相互关系以及城市人口与经济活动的空间模式的影响，等等。

## 三、城市学的研究方法及研究意义

一门新学科除了要有明确的研究对象和内容外，还须建立符合实际需要的科学方法。方法论是学科建设的重要组成部分，而许多科学方法又不是独占性的，而是通用的。

城市学的研究方法体系可以分为3个层次：第一，城市学研究的根本指导思想，也就是分析和认识城市、建设和管理城市的理论依据，即马克思主义的辩证唯物主义和历史唯物主义。第二，城市学研究的思路和途径，即"approach"。Systems approach 即系统方法，按一般系统论创始人贝塔朗菲的原意，它是指系统的思路和途径。这是研究现代城市的重要方法。第三，城市学的研究手段，即"method"。它较前两层更加具体。

1. 马克思主义是城市学研究的根本理论

马克思主义揭示了人类社会发展的普遍规律，创立了观察、分析、研究社会历史进程和社会现象的方法论基础——唯物辩证法。城市作为人类的居住、生活中心，体现出人类社会的共同特征。因而马克思主义的唯物辩证法同样可以作为城市学研究的指导思想。运用辩证唯物主义观察事物发展和变化，可以分析城市发展运动和规律。

2. 系统论是研究现代城市的重要方法

系统论就是把客观存在的对象作为由若干要素（或子系统）组成的、具有自己整体特点的系统而加以对待的研究方法。它着重从整体和部分、内部和外部间的相互联系、相互作用、相互制约中综合研究，以达到实现最佳效果的目的。它是人类系统思想在方法论上的反映。

20世纪40年代，美籍奥地利生物学家路·冯·贝塔朗菲（1901—1972）把生物有机体当作一个系统进行研究，开创了"有机生物学"，并于1956年发表《一般系统论》，确立了适用于各种系统的一般原则，在人类科学史上第一次把一般系统作为研究对象。实践表明，系统方法适用于对一些巨系统的研究，比如国民经济、世界经济、国土开发、人口、生态平衡、能源问题等。因为这些大系统都具有复杂性、普遍联系性、风险性和模糊性特点，运用系统论原则进行研究时具有极强的针对性。现代城市就是一个十分复杂的巨系统，因而也可以采用系统论的研究方法。

系统论的研究方法具有以下几个特点。

第一，整体性原则。系统方法认为，任何巨系统都是由许多部分（要素）为一定目的而构成的综合有机整体。整体的性质、特征和功能只存在于各个部分的相互联系与相互作用中，但整体的性质、特征、功能又不是各部分性质、特征、功能机械相加的总和。只要各部分构成整体，整体就具有了不同于（或优于）部分的性质、特征和功能。各组成部分若离开整体，一般也就不再具有或不再反映整体的性质、特征和功能。因此研究巨系统必须从整体着眼，统筹全局，从整体与部分的相互联系和作用中综合考察和分析。单独研究任何一个部分都不可能完全揭示系统的规律。

任何城市都由主导功能决定城市性质，而城市主导功能和城市性质都是针对城市整体而言的。如果把城市任何一个局部（如社区、行业）单独孤立出来，都不能体现和反映城市的功能和性质。

第二，层次性、结构性和动态性原则。一个大系统内部又含有由许多要素按不同级别和层次有序组成的子系统。任何一个子系统既是组成这一高级系统的要素，同时又是相对独立的系统，即小系统组成大系统，大系统又组成更大的系统，从而形成纵横交错的有层次的系统网络，这就是系统的层次性原则。大系统是一个整体，下属子系统也是一个整体。系统方法所说的整体是相对的。组成每个层次系统的要素并不孤立存在，也不杂乱无章，而是依据一定排列组合形式而形成的相互作用、相互制约的结构。结构的性质规定系统整体性质和功能。要改变事物的性质就必须调整内部结构。这就是系统的结构性原则。任何系统都是动态的。系统运动的绝对性根源在于系统内部各要素间的相互作用。系统运动决定了其性质和功能，同时其性质和功能又反过来影响系统的运动方法和方式。这就是系统的动态性原则。

现代城市就是由不同性质（如政治、经济、文化、空间）、不同层次（如行政层次、文化层次）的众多要素，按照不同方式和形式构建运转的动态大系统。城市运动有两种形式。一种是数量扩充和质量提高，另一种是城市运行。城市运行是在时间、空间相对稳定情况下的日常运动。

第三，系统与环境有机联系原则。任何系统都存在于除自身以外的、由空间各要素组成的环境中。同时任何系统又都不是封闭的，而是开放的，系统与环境之间不断进行物质、信息、能量的交流，这样系统才能生存和发展。如果系统在运动中与周围环境的交流遭到破坏，系统就会丧失原有的整体特征。这就是系统的环境原则。

城市是人类在自然环境中建造起来的巨系统，因此它必然与自然环境存在密切联系。城市又带有区域性，因而它与周围区域环境又有着极为密切的联系。研究现代城市与环境间的协调问题是非常现实和重要的。

用系统论观点和方法看待城市，可以总结出城市系统有以下特点。

第一，城市系统是有生命的。城市系统的存在与发展在于生命的存在与发展。并非所有系统都有生命。城市系统组成元素（或子系统）中最重要的是人。没有人的城市是不存在的。人的生命是连续的，因此，城市系统的生命性特征也就贯穿着城市系统的始终。

第二，城市系统是可组织的，有规律可循的。

第三，城市系统是动态的，总处在不断变化之中。

第四，城市系统具有环境适应性。所谓环境包括自然环境和人工环境。自然环境包括地貌、水文和气候等等。城市发展对以上诸元素具有选择性，但都不是排他的。

第五，城市系统具有目的性。系统行为受目的支配。要控制系统朝某一方向或某一指标发展，目的或目标应十分明确。

第六，城市系统具有因果性。系统功能时间上有先后之分，不能本末倒置。

3. 定性分析与定量分析相结合

定性分析与定量分析是自然科学的常用方法。定性分析是指通过实验方法测定物质成分、性质；定量分析是指通过实验方法测定物质成分的多少。社会科学研究中的定性分析是指对研究对象进行性质分析和认定，一般通过归纳和演绎方法。但是在社会科学研究领域的广度和深度日益扩展形势下，单纯的定性分析已不能完全满足实践和研究需要，而定量分析是使用数学语言分析研究对象性质、变化、相互关系等方面的方法，它能使人们对研究对象认识得更准确和深刻。

城市学研究中把定性分析与定量分析结合起来是比较理想的研究方法。这可从两方面加以说明。一是从哲学角度看，事物的质和量既有区别又相互关联，是辩证的统一。这种辩证关系反映在研究方法上，就是定性分析与定量分析相结合。定性分析是定量分析的前提和基础，它体现研究的方向和整体需要。同时定量分析又是定性分析的精确化，它关系到研究成果的科学性和准确性。二是从城市本身特点看，现代城市是由自然、人文、社会、经济、技术、政治等多种要素构成的。它们是多目标、多方向交织渗透在一起发挥作用的。面对这样一个极端复杂的大系统，仅用定性分析是不够的，必须重视定量分析的方法，随着城市现代化水平的提高和电子信息技术的飞速发展和广泛运用，定量分析也具备了可能的条件。

## 四、研究城市学的意义

城市学独立成为一门学科且自成体系，是为了适应现代人类生活需要而出现的，因而它具有十分重要的意义，概括起来有以下几点。

1. 为做好城市工作，推动城市建设与发展提供理论依据

科学正确的决策来源于正确理论指导和对现实和发展趋势的科学分析。现代城市本身

已发生巨大变化。城市学正是在这个时候应运而生的。它能使人类更深刻地了解自身的居住、生活环境,更好地把握现代城市规律,为城市建设提供理论支撑和决策参考。

2. 为深入开展城市科学研究,促进城市科学繁荣与发展奠定理论基础

从学科性质来看,城市学是在其他城市科学相互交叉、相互渗透的基础上产生的。它对城市的观察和研究较之其他学科立足点更高,理论概括和宏观战略性更强。其他城市学科的研究内容原则上都没有离开城市学的理论范畴,都是以城市本质与特征、产生与发展、功能与作用、结构与运行、现代化与社会化等更高层次的理论为基础的。因此,城市学的研究将给其他城市学科的发展提供更为广阔的视野。城市学理论的创新和不断完善也将为整个城市科学理论的丰富和发展贡献力量。

**思考题**

1. 什么是城市学?它包括哪些主要的学派和理论?
2. 请简述城市学的研究方法及研究意义。

# 第二章 城市的产生和发展

## 第一节 城市的起源

**一、城市形成的原因与缘起**

人类出现城市社会生活的历史并不遥远，不到人类整个生存时间的0.5%，但是有文字的历史都是人类进入城市社会后才开始的。繁杂的社会制度、灿烂的文学艺术及科学大多是在城市中发展起来的。因此，城市在人类文明进程中占有举足轻重的地位。

人类最初的居住地称为聚落。聚落指人们生产、生活的场所，是人类在地表集聚的空间组织形式。《史记·五帝本纪》说："一年而所居成聚，二年成邑，三年成都。""聚"、"邑"、"都"均是规模不同的聚落。聚落有一个从低级到高级的发展过程，从小自然村（hamlet）、村庄（village）、镇（town）到城市（city）、大都市（metropolis）、大都市区（metropolitan area）、集群城市或城市群（conurbation）、城市带或城市连绵区（megalopolis）。其中小自然村、村庄、镇和城市是古代就有的，大都市则是工业化阶段的产物，而大都市区、城市群或城市带则是后工业化阶段、尤其是20世纪50年代城市高速发展以后才出现的。[①]

一般认为世界上最古老的城市出现在公元前3000—4000年前。当时两河流域、尼罗河流域出现了第一批城市。公元前2000多年前印度河、黄河流域也出现了城市。但最新考古发掘表明，公元前9000年的死海北岸古里桥就已出现了城镇。尽管城市出现很早，但城市学和城市史学却建构较晚。古希腊的学者亚里士多德在《政治篇》中集中考察了城

---

① 刘易斯·芒福德将城市进化阶段概括为：早期城镇（elopes）、城镇（polls）、大城市（metropolis）、城市区（megalopolis）。他认为还可能出现区域性城市（regional city）和城网地带（regional urban grid）。（国外城市科学文选[M]. 宋俊岭、陈占祥译. 贵阳：贵州人民出版社，1984：41.）

邦。那时城邦是一个国家或一个社会，还不是严格意义上的城市。古希腊、罗马文化于中世纪湮没时，他的城邦学说也随之消失，直到11、12世纪欧洲城市复兴运动兴起时，亚里士多德的城邦学说才又得到重视。17、18世纪伴随欧美工业化、城市化运动，城市学才逐渐创建。19、20世纪之交，城市学才在城市化程度较高的美国真正产生。

1. 城市的缘起

虽然城市产生最早，但关于城市起源的问题却众说纷纭，至今没有统一的看法，概括起来大致有以下几种观点。

第一，经济或市场起源论。该派理论认为，没有生产剩余就不可能有足够的食物支持人们在城市的集聚。社会生产力发展到一定水平后出现社会大分工。而3次社会大分工使人类改变了居住方式。农业与牧业的分离产生了定居方式；手工业与农业的分离出现了专门的手工业、建筑业和服务业；随着生产剩余逐渐增加，贸易活动增多，商业随之单独分离出来。所有这些因素导致了部分人群的聚集，而随着聚集规模的扩大便出现了城市。也就是说，先有市（市场交易）后有城，城是市的实现场所，城市起源于市场交易。

第二，地理或环境决定论。该理论认为，人类最初的居住方式取决于特定的地理位置和条件、气候环境、资源状况等自然因素。开阔的疆域、肥沃的土壤、宜人的气候、充足的水资源等，在很大程度上带动了农业剩余产品和劳动分工，促使人口集中，因而出现城市。

第三，功能决定论。这一理论认为，城市是由三大功能需要而产生的：一是军事防御。人们为了保护自己的安全而聚集起来，逐渐发展为城市，因此古代城市大都有防御功能的城墙。二是祭祀和宗教。频繁的祭祀活动带动了人口聚集，宗教产生了比家族更巩固、更忠诚的社会团结力量。三是统治的需要。统治者在周围组织了庞大的行政机构，聚集了人口和产品，逐渐成为城市。比如中国古代城市均是行政控制中心。

2. 城市与乡村的关系

对此学者们有两种观点：一是认为城市由农村慢慢演变而来。农业和畜牧业的分离及农业耕作建立了比较固定的居民点。随着农业进一步发展和公共事业的扩大，居民点不断扩张成交换中心。市场把许多人吸引过来，出现了城市。工业集中到城市是因为城市有本地最大的市场，可提供大量劳动力、各种辅助工业和公共设施。而个人进入城市是由于这里有巨大的就业场所，能提供较好的服务。而另一种观点则认为，城市产生先于农村，城市是从集市发展起来的。当游牧民族与当地居民交换产品时，就在矿区或某个自然资源比较丰富的集市中心举行。商人被吸引过来后逐渐形成一个商人阶级。随着城市中心的形成，城市也逐渐形成。城市产生后为了自身需要，要求建立和发展周围地区的农业，这样又形成城市周围的农业区。

以上两种说法虽各不相同，但在一些根本问题上却较为一致，即：第一，城市和乡村不同。不管先有乡村还是城市，两者存在差异，或者说存在对立。第二，城市是社会经济发展到一定阶段的产物。农产品的剩余可为城市非农业生产者提供生活需要，从而产生了交换，形成工商业阶层。第三，生产力的提高、私有制、阶级和国家的出现，使得城市由野蛮向文明过渡。至于城市与乡村的产生谁先谁后的问题则也很难分清，是因时因地决定的。这就是说，一些地方城市是由农村发展来，而另一地方则是先有城市后建立起乡村。但这些都是属于非本质的方面。

3. 城市形成的原因

城市产生的根本原因是社会生产力的发展及人类社会的三次大分工。

人类生活早期生产力水平极其低下，生产工具简陋，人们依靠狩猎、捕鱼、采集野果维持最简单的生活，没有固定居所，只能集居洞穴。距今1万年左右，人类祖先逐渐学会栽培植物，发明了生产工具，提高了生产能力，于是形成了人类历史上第一次社会大分工，即农业从畜牧业中分离出来，其结果是使人类摆脱了游牧时期的流动性，能够选择适宜土地耕作并定居，形成固定的居民点，即农村聚落。这是人类最古老的定居形式。这时的聚落体还不是城市，而是城市的胚胎。

农业和畜牧业分离后农产品有了更多剩余，可用来交换，满足手工业和其他非农业人口的需求。而农业的发展又对生产工具和技术提出更高要求，使原来附属于农业的手工业者独立出来从事手工业生产。这就产生了人类历史上第二次大分工。手工业的生产要求有相对集中和固定的地点，于是居民点便分裂为以农业为中心的乡村和以手工业为中心的"城市"。这时的居住点还只是城市的雏形。

农业和手工业的分离使交换从偶然、分散、零星行为逐渐发展成大量和经常性行为。交换数量扩大，交换地点逐步集中，形成比较固定的交易场所。这样人类历史上出现了第三次社会大分工，出现了专门从事商品交易的行业和专门从事商品买卖的商人。商业和商人的出现对城市形成和发展起了巨大推动作用。城市经济本质上是商品经济。商业的出现使社会经济活动集中到城市，也使城市成为人类的经济中心和贸易中心。

## 二、城市形成的制约因素

一般城市产生的根本原因是社会生产力的发展水平及社会经济状况，但具体到某个城市，其产生还受其他条件制约，包括自然、历史、社会、政治等多方面因素。

1. 自然环境

为便于城市居民生活，促进城市经济发展，许多城市多建立在土地肥沃、交通便利、气候温和、水资源丰富的地区。如我国黄河流域、长江流域、东北辽河流域，越南湄公河及缅甸伊洛瓦底河流域，印度恒河流域，地中海沿岸，西欧沿海地区，美国大西洋沿岸及五大湖地区等。这些地区自然条件较好，土地肥沃，易于耕作，农业劳动率较高，或水草丰茂，易于放牧牛羊，养殖鱼虾，所以城市比较密集。

交通状况是制约城市形成的另一条件。世界各城市大都分布在水陆交通要道。历史上最初城市多建于沿海及河流两岸。随着近现代铁路和公路的迅猛发展，交通沿线也迅速发展起大批城市。

气候是制约城市的又一因素，主要包括日照、温度、气压、风向、雨量等，其中温度和雨量影响最大。地理学家曾把不同人种所适应的温度确定为：白种人 $12\sim21℃$；黄种人 $15\sim23℃$；黑种人 $18\sim27℃$。所以今天世界大城市如上海、北京、天津、伦敦、巴黎、柏林、纽约、芝加哥、华盛顿等，多集中在温带地区。雨量不仅关系到当地农作物的生长状况，而且还关系到城市水资源的丰枯。无论现代还是古代，城市建设时都要把当地降雨量和水资源作为重要参考条件。

2. 社会环境

城市的产生还往往与人类的政治活动有关。作为政治中心的城市一般除具备较好的自然条件和资源外，文化也较发达。如英国伦敦、日本东京、法国巴黎、中国北京等。

传统文化也是城市形成的重要因素。文化城市按其性质可分为：① 学术都市，如中国的北京、英国的牛津、日本的东京等。② 宗教城市，一般以寺院神舍为中心而形成。罗马的梵蒂冈是全世界天主教中心，天主教会首府。印度的贝拿勒斯是印度教圣地，有寺院1 500余所，每年来此膜拜者达300多万人，印度大学也设在这里。耶路撒冷是基督的墓地所在地，犹太人的故乡，穆罕默德去世的地方，基督教、犹太教、伊斯兰教三教均尊之为圣地，巡礼参拜者络绎不绝。麦加是穆罕默德诞生地，为伊斯兰教圣地，朝圣者极多。③ 美术都市，如法国的巴黎、意大利的罗马等。④ 历史名城及风景都市。

国防是城市产生的另一原因。这类城市一般建筑在地势险要处或关隘要塞，或者是交通发达、便于援救处或海岸、优良港湾等地。

研究城市起源的目的是把城市产生的根本原因和制约因素区别开来。根本原因是社会生产力的不断发展，而制约因素则是多方面的。它或者制约生产力发展，或者决定城市地理位置，加速或延缓城市发展速度与规模。城市产生的根本原因对任何城市都适用，而制约和影响因素对于不同性质的城市则有不同的意义。比如政治城市以政治职能为主，政治因素在此就有决定性意义，其他因素则相对次要。而以交通运输或采矿为主要功能的城市，地理位置就具有决定性意义。

## 三、最初城市形成的途径及特点

世界上较早的城市诞生在两河流域（底格里斯河、幼发拉底河）的美索不达米亚、尼罗河中下游的古埃及、印度河流域的古印度以及黄河流域的中国等地。这些地区当时大多灌溉条件有利、农业比较发达、交通便利，人口集中。

1. 早期的重要城市

两河流域沿岸先后出现了古巴比伦、吴尔城、拉迦什、尼普尔、亚述等。尼罗河流域出现了孟菲斯、卡洪城、底比斯等。古印度出现了莫亨约达罗、华化、王舍等。古希腊和古罗马以及地中海沿岸建立了古尔尼亚、玛里亚、费斯特、迈西尼、拜占庭、斯巴达、雅典和罗马等城邦。黄河流域在公元前1000年相继出现一些小城邑，如郑州商城、河南安阳等。

古代城市以土地财产和农业为基础，大多是帝王等统治者驻地，后变成主要为帝王和贵族服务的手工业集中地及商业中心，且往往还是当时社会政治、宗教、军事、科学、文化中心，是古代君王、贵族征集分配剩余农产品、享受富裕奢侈生活的堡垒。当时城市的经济作用不太突出，军事防御是主要职能，如孟菲斯、卡洪城、吴尔城、古罗马城、雅典城等，防御作用都非常突出，这是早期城市的共同特征。

2. 早期城市的类型

（1）古代城堡式

古代城市大多是政治、军事城堡，外有围墙、栅栏门等防御设施，是统治者为了自身安全、居住和防御侵扰而修建的,建筑主要包括统治者的住宅(宫殿)、教堂(庙宇)、仓库等。西欧许多城市都是收取供赋的王公设防的堡垒,一般地势险要,为当时政治、宗教、军事中心。如早期的雅典卫城、古埃及的卡洪城、两河流域的吴尔城、罗马的营寨城等均属这一类型。

公元前 2000 多年,希腊半岛南部建造的迈锡尼城就是当时最重要的卫城。迈锡尼建在形势险要的山顶上的坚固城堡,里面有宫殿、贵族住宅、仓库、陵墓等,外面用巨大石块砌成城墙。迈锡尼著名的城门狮子门由 3 块巨大的石头构成,宽约 3.5 米,上面用一块粗厚的横石作梁,横梁下一块三角形的大石头上镶有浮雕,刻着一对相视而立的雄狮,形态威猛,象征国家的威力。城门两侧突出,使门前形成狭长路道以加强防御。

中国古代多数城市存在工商业,但未获得很大发展,只是统治机构的一部分。当时官办商业占绝大多数。严格说这种城堡还不是城市,而是一种防御设施。由于它具有古代城市形态,且后来多发展为城市,所以仍把它们看作城市的一种形式。

(2) 自治城市

自治城市是以商品交易集散地为中心发展起来的。在农业与手工业、商业分离后,一些不依靠土地生存的手工工匠和商人聚集地逐渐发展为城市。这就形成了西欧中世纪的自治城市。这些城市大多由封建庄园逃亡出来的农奴和手工业者构成。他们聚居在封建城堡周围,或在交通要道从事商品生产和交换。意大利的佛罗伦萨、米兰就是当时手工业中心。有些城市由于优越的地理位置在国际贸易中逐步发展,如意大利的威尼斯。

(3) 交通城市

交通枢纽往往聚集众多人口,也逐步形成人口集中的城市,如中国丝绸之路上的张掖、酒泉、敦煌等。京杭大运河的开通使沿岸兴起了杭州、苏州、扬州、淮阳等城市。地中海东西贸易枢纽则有意大利的威尼斯、佛罗伦萨、热那亚等。在北海、波罗的海贸易枢纽的西北欧则形成了莱茵、马斯、斯凯尔等河流沿岸城市。这些城市由于优越的地理位置和便利的交通条件,随着商品交换的发展及国际贸易的兴盛而不断发展。

(4) 农业城市

一些早期城市有的是从农村居民点上兴建起来的。中国历史上第一次、第二次城市建设高潮所营建的城市都是统治者在分封领地建造的,大多数还保留着浓厚的农业性质。这从当时城中保留相当多的农田、菜园、果园可以证明。工商业的发展是以后的事。

3. 早期城市的特点

早期城市是现代城市发展的起点和基础,无论中国还是世界其他地方,早期城市都有自己的特征。澳大利亚著名史学家、考古学家查尔德(Vere Gordon Childe,1829—1957)把城市起源和发展的过程称为"城市革命",并总结了早期城市的基本特点:① 规模:有比过去各种聚落更多、更密集的人口。② 非农业人口:有一批不用自己生产所需食物的人,不从事农业活动,如手工业者、官吏、设计师、神职人员等。③ 农业剩余产品的征收:农业生产者把自己的剩余产品供给国王或者神祇。④ 有象征意义的公共建筑:如纪念碑、寺庙、祭坛等。公共建筑物作为政治与经济力量的标志,表明农业积累及生产发展状况。⑤ 文学和数学:用以记录粮食产量、祭祀及国王事务。⑥ 产生了应用科学:数学、几何学、天文学、历法学等学科诞生,并应用于农业生产、建筑设计等方面。⑦ 出现了脑力与体力劳动的分工。僧侣、行政官员和军事首脑形成一个脱离体力劳动的统治阶级,而下层阶级则同决策者分离。⑧ 雕塑艺术：手工业者开始用概念化的观念和熟练技巧制作各种雕塑。⑨ 远距离贸易：与距离较远的地方和城市进行贸易，运来原材料进行加工。⑩ 居民角色：城市居民不再以血缘关系为基础，而是以居民身份存在。

查尔德关于早期城市特点的论述为学术界广泛接收。他们认为"城市革命"的社会意义可以同它以前的农业革命和以后的工业革命相媲美。以作物种植和动物养殖为标志的农业革命为城市的出现奠定了物质基础，而城市革命则促进了生产技术、社会组织的进步，为城市发展打下了基础。工业革命更直接促进了城市化进程。城市革命就是把农业革命和工业革命这两个非连续性的社会过程联结起来，构成了人类社会发展的完整过程。

正因为如此，德国学者斯宾格勒（Oswdd Spengler，1880—1936）指出："人类所有的伟大文化都是由城市产生的。第二代优秀人类，是擅长建造城市的动物。这就是世界史的实际标准……世界史就是人类的城市时代史。国家、政府、政治、宗教等等，无不是从人类生存的这一基本形式——城市——中发展起来并附着其上的。"①

## 四、古代著名城市简介

### 1. 古埃及城市

古埃及城镇近于正方形或矩形，以十字街划分为4个部分。从古埃及都城孟菲斯、卡洪城、底比斯城和阿玛尔纳城，我们可以了解奴隶社会城市的概貌。

孟菲斯是古埃及城镇的杰出范例。公元前3000年左右，古王国第一王朝国王美尼斯统一全国，在尼罗河三角洲最南端建立了一座名叫白城的首都，就是后来的孟菲斯。在古王国时期即伟大的金字塔时代，孟菲斯也是宗教中心。沿尼罗河建造的"永恒之家"绵延80千米。时至今日，它早已湮没在历史长河中，仅存一座庞大的拉美西斯二世石像、一座阿庇斯圣牛神庙和一片普塔神庙废墟。

埃及是多神崇拜的国家，盛行自然崇拜、图腾崇拜。被埃及人崇拜为神的对象很多，每个神都有自己的神庙、神坛或神龛，都有自己的祭祀中心。第三王朝的约瑟王时代重建了孟菲斯城，修建了国王陵墓。该城与陵寝平面布局完全相仿。约瑟王的陵墓范围约36千米×16千米，与孟菲斯内城面积相等。城市与陵墓均为正南北走向。从此该城就成为古代埃及最大的城邑，直至公元7世纪被阿拉伯人占领，遭到毁灭性破坏。

卡洪城是古代埃及城市的典型。该城建于公元前2000年埃及第12王朝。关于建城原因历来有种种推断。有人说是为建金字塔而设；有人认为是为开发绿州。该城布局已显出功能分区的结构安排：城市西半部房屋很小，260米×108米的地方就挤着250幢用桐枝、芦苇和黏土建造的棚屋。城北为贵族用地，有数百个房间的大宅第，台廊庭院齐备。城市东半部为集市，中部是庙宇。贵族宅院正好迎着舒爽的北风，而工匠住处却永远处在西部沙漠旱风的侵袭之中。从挖掘的卡洪城遗址和古籍记载看，城区面积很小。**城市交通上**，一条贯穿奴隶主住宅区的东西大路连接着贵族出入的小路。在"车轮文化"初期，出行以骑马、骑骆驼或原始畜力木轮车为主。在人少、马少、车少、**路少的情况下，城市交通原**始而简单。

---

① 〔美〕帕克. 城市社会学 [M]. 北京：华夏出版社，1987.

底比斯位于埃及南部尼罗河畔，是古埃及帝国中王国和新王国时期（约公元前2040年至前1085年）的都城，始建于古埃及帝国第12王朝。古城呈东北—西南走向，城跨尼罗河西岸，由几个居民集居区和巨大的庙宇群组成。该城总面积为13千米×7千米，传说人口最盛时达到10万。底比斯被称为"生者与死者奇妙结合"的城市。东岸是"生者的乐园"，即法老居住地，雄伟壮阔，拥有100座城门，故被古希腊诗人荷马颂为"百座城门之邦"。城内布满豪华王宫和神庙、大臣府第、外国使节宾馆、手工作坊、监狱、兵营及奴隶住的地洞、茅舍等。西岸是太阳沉落的地方——"死者的天堂"，历代帝王及其亲属、大臣葬于此地，营建了连绵不绝的陵墓群，号称"国王谷"。

2. 两河流域城市

公元前2300年前，苏美尔人在两河流域南部建立了不少城市。这些城市是建在自然经济基础上的农村公社的中心。经考古发掘，在吴尔等地发现了几十个具有各自城市中心的农村公社，其中最著名的叫吴尔城。

吴尔城建于公元前2200年至公元前2000年。城中央建有高耸的阶梯金字塔形建筑物及帝王宫殿和城寨。城寨四周有外墙，外面是市郊农业地带。吴尔城分划明显，防卫森严。两河流域信仰多神教，君主制将国王神化，把崇拜国王和崇拜天体结合起来，故宫殿常与山岳台邻近。而山岳台往往又与庙宇、仓库、商场等在一起，形成城市宗教、商业和社会活动中心。宫殿是四合院，由若干院落组成。塔庙是吴尔城主要建筑，用泥砖建造，外面砌以烧砖，用沥青粘牢。庙高21米多，有阶梯通向顶端。墙基呈曲线形。吴尔城寨内有正南北、正东西的道路，呈棋盘式。交通工具仍处在"车轮时代"。城市面积大体为1 200米×600米，比卡洪城大。

苏美尔人创建的"寺塔"是宗教建筑的典范，在西亚城市建筑中占据重要地位。吴尔至今还保存着兴建于公元前2200年至公元前2100年的寺塔遗迹。吴尔寺塔由三个大型塔楼组成，寺塔下部为65米×43米的长方形塔基，墙垣高13米，分三层阶梯向上递升，塔基阶层上建有宽大绿化带。寺塔的三层塔楼分别涂以不同色彩：底层为涂有沥青的黑色，中层涂红色，上层涂白色，形成明显的色彩对比。建筑材料主要是土坯，外层用烧过的火砖叠砌，火砖上铭刻着吴尔国王的名字。寺塔中心一般没有内部空间，主要祭祖活动在顶层所建的一个小神庙内进行。按照巴比伦的古代传说，神会自天而降，临驾神庙内接受祭祖。同时神庙还被用作占星士的观象台，以观察日月星辰的运行。苏美尔人占星术后来发展成为著名的巴比伦天文学，其中星及星宿的巴比伦名称，特别是黄道12宫（如狮子座、天秤座、天蝎座等）在西方天文学史上占有重要地位。吴尔寺塔以其庞大体型、庄严布局给人以威武庄重之感，具有近似埃及金字塔特点的纪念碑性质，在西亚古代建筑艺术史上有重要意义。

早在公元前1830年左右，阿摩利人就以巴比伦为都城，建立了古巴比伦王国。公元前1730年到公元前1687年，第六代古巴比伦国王汉谟拉比统一了两河流域，建立了盛极一时的中央集权王国。汉谟拉比死后巴比伦屡遭外族入侵，历经500多年的战乱，直到公元前7世纪末才在尼布甲尼撒领导下建起新巴比伦王国。然而88年后新巴比伦王国又被波斯人彻底毁灭。

巴比伦遗址是1899年由德国著名考古学家罗伯特·科德威率领德国考古学家经过10多年考古发掘后找到的，位于今巴格达南面50千米的幼发拉底河畔，是由尼布甲尼撒二世改建后的巴比伦古城。巴比伦城有两重城墙，幼发拉底河横贯其中，将其分为新、旧两部分：西部新城未加发掘，东部旧城集中了主要宫殿和神庙。旧城最北端为"夏之宫"，城市正门为伊斯塔尔门，为献给女神伊斯塔尔的巴比伦建筑的最高代表，门下部砖上刻有公牛、龙等浮雕，上部是雕刻黄、白两色龙的彩色釉砖，极为辉煌壮丽。从此门向南至城外，为新年祭祖时神像通过的主干道，有全部装饰彩釉狮子浮雕的护墙。道旁右侧有尼布甲尼撒二世兴建的"南宫"，由5个院落组成，亦装饰彩釉。

遗址最让人惊讶的是一个个挖走砖块的深坑。最大的呈正方形，据考证是巴别通天塔基址。巴比伦古城最早的巴别通天塔在公元前689年亚述攻占巴比伦时被破坏，在尼布甲尼撒二世时重建完成。巴别通天塔共7层，总高90米，塔基长宽各91米左右。在旁边一座神庙里曾发现一块刻有公元前460年古希腊历史学家希罗多德游览此城时描述巴别通天塔的古碑。碑文记载巴别通天塔是一座实心主塔，共8层，外有一条螺旋形梯道可绕塔而上，直达塔顶。塔梯中腰设座位，可供歇脚。塔顶有一大神殿，里面有一张精致的大睡椅，一张金桌。

公元前8世纪末巴比伦为亚述人所征服。亚述从底格里斯河中游向外扩张，控制了从埃及北部到伊朗西部地区。亚述的中心在底格里斯河流域的尼尼微至阿舒尔一带。尼尼微是亚述人的活动中心。尼尼微是一座"12万之众的大城"，有雄伟的王宫和神庙。萨尔贡王宫建在高约130米的台基上，有211间大厅和30个庭院，异兽巨石雕刻。早在公元前6000年左右尼尼微就有人定居，公元前2500年开始形成城市，成为美索不达米亚的文化中心。公元前8世纪亚述帝国首都定在这里，达到鼎盛时期。西努基立王在此兴建了一座边长200米的"盖世无双王宫"，包括两座亚述风格的大殿和一幢椭圆形建筑及一个植物园和一座凉亭，加宽马路，增加城市公园，从郊外山上引水入城，修建供水网。尼尼微建筑多用生砖。王宫和神庙规模宏大，建筑形式简朴，大门作为王宫和神庙守护神，有人面牛、人面狮等异兽巨石雕像。城市内有浮雕装饰，描绘战争、狩猎、宴饮、俘虏和建筑活动等场面。尼尼微建有被称为世界古代七大奇迹之一的"空中花园"。长期以来，史书记载"空中花园"建在南方巴比伦城。但据牛津大学亚述学家戴营考证，"空中花园"应在尼尼微，筑造者不是历史传说的巴比伦国王尼布甲尼撒二世，而是亚述帝国国王辛那赫瑞布。

3. 古代印度城市

5 000年前印度河流域就有相当发达的农牧业，出现许多居民点和城市，大约持续1 000年后城市忽然消失，文明忽然中断。1922年考古学家在印度河流域发现了多座古城遗址。其中莫亨焦-达罗和哈拉巴是规模最大的两个城市，总称哈拉巴城市文明。它们现在属于巴基斯坦。

莫亨焦-达罗意即死者之丘，位于印度河主河床和西边纳拉运河间的平原，约在5 000年前这里兴建了一座城市，面积相当大，住宅繁多。房屋通常用精工烧制、质量良好的砖砌成，有两层或两层以上的楼房，有地板、庭院、门窗和楼梯。每幢房屋都有井、下水道和浴室。除大量住房外还有少数结构精致、设计巧妙的大厦。城中最堂皇的建筑是大浴室。它的中心是一个宽大的露天长方形建筑，四周有走廊和房间。建筑中心是一个巨大游泳池，长12米，宽7米，深约2.4米，两端有阶梯，由附近一个水井供水，有下水道供排泄污水。大浴室长55米，宽33米，外墙厚约2.4米，经历5 000年仍能保存下来，充分证明它构造坚固。城市街道宽直，同样有精心设计的下水道系统，还附有沉积渣滓的深坑。在这个巨大、繁荣、人口众多的城市，居民可以享受高度发达的都市生活的卫生设备。

### 4. 古代美洲城市

早在欧洲殖民者入侵以前，美洲人民就创造了光辉灿烂的古代文明。他们在农业、建筑、天文学、数学和医学等方面为人类做出了巨大贡献。玛雅人、阿斯特克人和印加人居住的地区形成印第安人三大文化中心，即古代玛雅地区、墨西哥地区和古代印加地区。古代美洲完整的城市遗址至今极少发现。已发现的古城多数为宗教中心。美洲古村镇选址不大注重交通条件，却很注重地形、资源条件，这是为了便于防守、土壤肥沃、水源充足、建筑取材方便。

特奥蒂瓦坎坐落在墨西哥波波卡特佩尔火山和依斯塔西瓦特尔火山山坡谷底之间，是印第安文明的重要遗址，当时国家的都城，也是巨大的宗教中心。从纪元前后到公元200—300年，特奥蒂瓦坎人在这里建造了20平方千米、3万多人的城市，公元400—600年达到鼎盛。公元7世纪突然衰落，原因不明。特奥蒂瓦坎城市布局严谨，气势磅礴，规模巨大，中心突出。纵贯南北的逝者大道将城市主要建筑连成一体。大道长2.5千米，最北端有坐北向南的月亮金字塔，高46米，分5层，底基长204米、宽137米。月亮金字塔西南建有全城最华丽的建筑——蝴蝶宫，其内圆柱雕刻着精美的蝶翅鸟身图案。太阳金字塔耸立于逝者大道东侧，距月亮金字塔700米，坐东朝西、正面有数百级台阶直通顶部，高65米，正方形底基，边长225米，顶部原建台庙，当年在此杀人祭太阳神。塔前广场两侧建造有许多寺庙、神坛和宫殿。逝者大道南侧有一城堡，内有神庙、住宅、方形广场及15座金字塔式平台。城市居民分为几个等级，最高等级的家族和贵族居住宫殿式豪华住宅，平民则居狭窄拥挤的街区，房屋简陋。这里商业繁盛，有用作各地商品交易场所的大市场。

### 5. 古希腊城市

古希腊是古典文化的先驱，欧洲文明的摇篮，深深影响着欧洲2000多年的建筑与城市文化。古希腊文化的本质就是城邦，而重点在雅典。每个城市都有体育馆、剧院和音乐厅。在城市保护下，艺术家、歌手、音乐家、戏剧家和诗人得以展现其才华。城市街道和广场建有庙宇、剧院，还有浴室、体操房、凯旋门、喷泉等。所有这一切都成为后来城市化运动的原动力。

公元前20世纪，城市文明已在希腊和克利特岛出现。公元前15世纪至公元前10世纪，亚利安部族入侵希腊，和当地人共同创造了古希腊文明。公元前12世纪至公元前9世纪，古代希腊由原始公社向奴隶制过渡，境内形成200多个城邦，其中最著名的是斯巴达和雅典。从艺术角度来讲，古希腊艺术演变分为3个时期：古风时期（公元前1200—前450）；古典时期（公元前5世纪下半叶至公元前4世纪）；希腊化或亚历山大时期（公元前3世纪至纪元前后）。其中古典时期是希腊文化与城市建设的黄金时代。

希腊国家多以城市为中心，周围有村镇，所以称为城邦。雅典位于希腊东南沿海的阿提卡半岛。公元前479年，以雅典为首的希腊城邦取得反抗波斯入侵的胜利，建立了奴隶主民主政治。雅典人口曾超过40万（16万公民、10万外来人、14万奴隶），贸易往来远达埃及、南俄罗斯、利比亚、意大利和现在法国南岸。

希腊城邦大多数环以城墙（唯一的例外是斯巴达）。城市正中或附近是中心广场，一般都是一块天然高地，如古希腊的卫城。广场有宗教建筑、中心市场和公共设施（如浴池和王宫）。市中心附近的政治宗教首脑居住地散布在宽阔林荫道两侧，房屋面向内庭院，外墙无窗。其他等级的住宅很小，挤在弯曲狭窄的小巷里。城墙外居住着下等人，如外国人、妓女、制革匠等。城市的精华是卫城。雅典卫城建在陡峭的山冈上，建筑排列形式顺应地势。卫城是城市神祇的家园，神庙建筑物就建在这里，最著名的有帕提隆神庙、厄瑞克提翁神庙和雅典娜胜利神庙。

帕提隆神庙是供奉雅典娜女神的主神庙，建成于公元前431年。主体建筑是长方形白色大理石殿宇，分前殿、正殿和后殿。四周为柱廊，用46根高30米、直径2米的大理石柱支撑。庙墙上端石柱间用92块大理石浮雕板连接，每块都雕有一幅神话传说的战争场景。整个外墙饰带由高0.9米、全长152米的浮雕石板拼成，表现人们参加节日游行的热闹场面。两侧墙面是描绘雅典娜的诞生及同波塞冬争夺雅典城情景的浮雕。主殿供奉的雅典娜神像高达12米，以黄金和象牙雕成。她头戴战盔，身穿长袍，一手执盾牌，一手托胜利女神的小雕像，雍容而威严。但这一艺术杰作于公元5世纪被东罗马帝国皇帝搬走后失踪。帕提隆神庙是雅典卫城的主体建筑，有"希腊国宝"之称，5世纪中叶神庙被改为基督教堂。1458年土耳其人占领雅典后将神庙改为清真寺。1687年威尼斯人与土耳其人作战时，炮火击中神庙内一个火药库，炸毁了神庙中部。1801—1803年英国贵族埃尔金勋爵将大部分存留雕刻运走。许多原属神庙的古物现散落在不列颠博物馆、卢浮宫、哥本哈根等地，现仅留一座石柱林立的外壳。

厄瑞克提翁神庙位于帕提隆神庙对面，建于公元前421年至公元前405年。神庙形体复杂，精致而完美。东立面由6根爱奥尼克柱构成入口柱廊。西面在4.8米高的墙上设置柱廊。西部入口柱廊虚实相映。南立面西端突出一个小型柱廊，用女性雕像作为承重柱，她们束胸长裙，轻盈飘逸，亭亭玉立，是这座神庙最引人注目之处。

雅典娜胜利神庙建于雅典与斯巴达争雄时期，用以激励斗志，祈求胜利。神庙位于卫城山门左翼，庙很小（8.2米×5.4米）。型制属前后廊端柱式。在其前后门廊上各有4根爱奥尼克柱子，高4米，底直径533毫米。其体量与形象同峭壁、山门组成为一个统一均衡的构图。

关于雅典娜女神还有一段有趣的神话传说：雅典娜是从万神之王宙斯头上生出来的一位俊俏女神，她同海神波塞冬同时选中希腊阿提卡半岛南端一块富饶美丽的地方做庇护地。两神争执不下，在海边大斗其智，并请宙斯裁决。雅典娜把长矛向地上一掷，顿时长出了一片生机勃勃、硕果累累的橄榄树，以此表示保证人民丰衣足食、和平安宁；波塞冬将战戟向地上一抛，顷刻海浪滚滚，天昏地暗，以此显示强大和霸权。宙斯和诸神公判雅典娜本事大，该地便以她的名字命名为雅典，接受女神庇护。

6. 古罗马城市

像许多古城一样，罗马也曾被掩埋过，直到19世纪考古学家才把它发掘出来，使得这个古代遗迹重新展现在世人眼前。

古代罗马包括今意大利半岛、西西里岛、希腊半岛、小亚细亚、非洲北部、亚洲西部和西班牙、法国、英国等地。古罗马历史可分为3个时期，即王政时期（公元前750年至公元前510年）、罗马共和国时期（公元前510至公元前30年）和罗马帝国时期（公元前30年至公元476年）。公元395年罗马帝国分裂为东西两部分。东罗马帝国建都君士坦丁堡，后发展为封建制的拜占庭帝国。西罗马帝国建都罗马城，于公元476年灭亡。

古罗马时期奴隶制极盛，生产力达到古代最高水平。早期城市也达到顶峰，出现了雅典、斯巴达、罗马这样的名城。公元前1世纪罗马城人口高达35万人，最多时将近100万，建设水平达到当时的高峰。城内建造了大量华丽宫殿、寺庙、浴池、斗兽场、剧场、别墅等。今天著名的高乐赛奥竞技场前身就是当时修建的拉维奥巨大圆形竞技场，可容纳9万多人。罗马城市有比较完善的给水、排水设施。水从远方引来，修建容量很大的蓄水池。排水管道设计有不同造型以起到装饰和美化作用。这些工程设施有的今天还在使用。罗马街道大都是整齐的方格式布局，路宽20~30米，人行道与车行道隔开。公元2世纪罗马境内公路有372条，总长约8万千米。

罗马共和时期兴建了罗马营寨城、古罗马城、罗马共和广场以及庞贝古城。公元前3世纪到公元前1世纪，罗马人几乎征服了全部地中海沿岸，在征服过程中形成古罗马营寨城。这种营寨城有方正的城墙，道路交叉处建有神庙。今日欧洲有120~130个城市是从罗马营寨城发展起来的。

共和时期著名的庞贝城始建于公元前6世纪。它背山面海，曾是别墅林立、繁荣热闹的商业城市，人口约2~3万。从公元前3世纪开始，罗马人一直统治着该城。1900多年前维苏威火山爆发，使该城遭到毁灭性灾难，2 000余人丧命，全城被埋没，直到1739年被偶然发现，庞贝城才重见天日。尽管庞贝古城掩埋在火山灰下近20个世纪，但整个城市建筑除顶部被压塌外，其余无严重损坏。该城占地1.8平方千米，有长达4.8千米的石砌城墙。城内两条石铺街道成井字形，为主要交通线。剧院、广场、庙宇、法院、斗剑士营房、男女浴室、妓院等一应俱全。不少房屋的墙壁、窗户、家具、器皿都保存完好。

罗马帝国在欧亚非三洲到处兴建或扩建城市。罗马城从公元前1世纪后大兴土木、修建各种宏大建筑，面积较前期约扩大2倍。现存主要遗迹有罗马广场、卡皮托利诺山建筑群、帕拉蒂诺皇宫、科罗色姆圆形大剧场、万神殿、图拉真纪念柱等。罗马城市建设的突出成就表现在市政工程上。它铺设了宽阔的道路、高架供水渠道、石砌的水道。建筑物由于采用石拱形，体量大而雄伟。据传罗马建成初期就修筑了12条水道。台伯河上古桥繁多，造型各异。当时古罗马城采用世界最早的单向交通方式，颁布了世界最早的交通法规。恺撒明文规定，为避免交通拥挤，城市中心繁华街道对车辆限时通行，限制马车进城总数，城外设马车停车场。

## 五、中世纪的城市

中世纪的城市是指封建社会时期的城市。世界各国进入封建社会时间不尽一致，欧洲和中亚细亚奴隶社会解体比中国晚。欧洲在公元4—6世纪，印度在公元6—9世纪，中亚细亚在公元4—6世纪，俄罗斯是在公元9—11世纪。欧洲封建社会从产生发展到衰落，大体是公元5—16世纪，前后约1 100余年。

1. 概况

罗马衰微后，城市文明在西欧几乎消失，进入所谓的"黑暗时期"。然而欧洲城市传统并没有消亡，只是中心有所转移。这表现在：一是在罗马帝国城市故址上产生大批重要城市，如科隆、斯特拉斯堡、美因兹、特里、累根斯堡、奥格斯堡、维也纳、巴黎、里昂、土鲁斯、米兰、那不勒斯、伦敦、约克等。中世纪时这些城市都是欧洲各国宗教中心，是大主教和主教驻节地。二是逐渐出现一批工商业发达的城市。新型城市首先从意大利和法国南部兴起，如威尼斯、热那亚、那不勒斯、阿马尔菲和法国的马塞、阿尔等。公元11—13世纪的200年间，欧洲城市开始大发展起来，英国有新兴城市140个左右。而德国许多城市也多出现在这一时期。

2. 特点

中世纪的城市不仅是商品市场和贸易中心，而且还开始成为政治、经济和文化中心。城市行政管理问题开始突出，一些相应法律条文开始产生。欧洲的威尼斯、热那亚、佛罗伦萨，中国唐代的长安、明代的南京等都是如此。其特点是：

第一，欧洲城市的发展经历了一个由衰亡到复兴的过程。

公元5世纪罗马帝国灭亡，日耳曼人在此建立了西欧封建政权。原罗马的一些大城市在战争中遭到严重破坏。罗马城人口由近百万猛降到6世纪的4万、10世纪的3万。日耳曼人以农业耕作为主，自给自足的农村经济占据统治地位，对城市依赖程度低，频繁的战争使商路断绝，造成手工业萧条，人们的生活重心由城市转入了农村。罗马时代的城市有的变为封建国家行政中心和教会中心，有的变成军事中心。这一时期宗教统治一切，仅有的建筑也都是封建主的城堡和教会教堂，几乎没有什么城市建设。

大约10—11世纪，西欧城市开始复兴。这是因为农业生产的发展导致手工业、商业的回升，许多小国因此壮大；教堂、修道院建筑向内地开拓，推进了阿尔比斯山脉以北小城镇的发展；农业经济和技术由西欧向东部传播，使一些地方中小城镇得到扩展；11世纪以后随着十字军东征，许多城镇又得以繁荣。现在一些名城在当时多已出现。城市规模开始扩大，结构逐渐复杂，出现了以法国巴黎为代表的、以广场为中心的放射形街道、雄伟建筑群为特点的城市布局形式。当时教堂常常占据城市中心，教堂前面有广场，广场周围是市政厅及市场，道路网以教堂为中心呈放射状。

第二，欧洲中世纪的城市来源多样。一些城市由宗教中心或政治中心发展而来。英国的伯里圣埃蒙兹原是一个修道院，那里有面包师、酿酒匠、裁缝、洗衣妇、鞋匠、法衣匠、厨师、搬运夫及代理人等。许多城市是由手工业者分离出来后集居而成的。公元前800年在今天突尼斯所在地建立的迦太基称雄地中海沿岸。腓尼基城市手工业比较发达，多种产品销往埃及、希腊等地。由于航海业发达，它也成为地中海贸易的中心。一些城市由军事堡垒发展而来。9世纪时为抵御诺曼人的袭击，西欧不少地方兴建了堡垒。堡垒最初只是木栅或土围子，内有住宅、教堂、仓库等。附近居民遇到袭击亦躲避于此，许多条件好的地方变为城市。

第三，城市经济功能出现分化，西欧城市的发展完成了由"城"到"市"的转变。早期城市的政治、军事职能强烈表现在"城"中，而到中世纪，城市日益兴起的商业流通职能使城市中的"市"职能明显增强。商品经济和货币关系得到较自由的发展。城市商业服务职能对周围产生了巨大作用。城市范围开始扩大，人口增多，城市外围农业耕作的集约程度逐渐提高，使得城市发展速度大大加快。

中世纪，中国城市大多属消费型城市，而西欧城市则是生产型经济中心。商品经济的发展促使城市功能分化，形成不同类型和性质的城市。城市出现了专业分工和由不同居民构成的特点。《剑桥欧洲经济史》把中世纪城市分成四种：一是进行长距离贸易的城市。它们以商业为主，商人是核心居民。城市中有为地方市场及出口而生产的手工业。如布鲁日、安特卫普、威尼斯、热那亚、米兰、佛罗伦萨等。二是兼为消费中心和生产中心的城市。居民主要是手工业者，为地方市场生产商品并与附近乡村居民交换，乡村为城市提供食品和原料，城市供给农村手工业品。如英国的格洛斯特。三是主要是消费性城市，即政治、军事和宗教中心及作为文化中心的大学城市。如英国的伯里圣埃蒙兹、德国的法兰克福等。四是作为封建领主设防据点的城市。城市居民主要从事农业，但领主给予他们自由，因此城市有法律地位。①

第四，城市社会结构发生变化，突出表现在城市内部行会组织发展、市民运动兴起，城市自治权扩大及城市国家出现等方面。

中世纪一些欧洲城市是自治的。虽然城市隶属于封建主，但通过向封建主交纳一定赋税或通过武装斗争就能得到领主许可而成为自治城市。在这一过程中城市发展了自己的社区组织并实现完全自治，可以选举自己的城市委员会，有自己的法庭、财产和摊派捐税权力，还可以自己铸造货币，建立军队和缔结和约。城市委员会或城市议会往往支配城市武装力量和城市财政，颁布市民必须遵守的命令。城市议会首领为市长。城市实行公民制度。

城市内部行会组织发达是欧洲中世纪的突出现象。行会组织是正式的劳动组织形式，行会成员为共同利益联合在行会内，彼此承担保护对方的责任。城市行会一方面维护本行业利益，保障行会成员生活，具有经济方面的职能；另一方面还具有政治职能，即维护工商业者的权利和自由、反抗封建主剥削。西欧中世纪绝大多数城市都是在封建主领地上兴起的，因此城市形成开始就蕴含着封建主与工商业者的矛盾和斗争。公元11世纪爆发反封建主的城市自治运动时，行会成为这一运动的中坚力量。

另外，这一时期城市国家开始出现，一些城市变得十分富强，在反对封建领主斗争中获得政治自主权，形成半封建半共和的政体——城市国家。城市国家多以一个城市为主，周围辖有少量农村，集中了大量财富，是地域政治和经济中心。12—13世纪意大利的威尼斯、佛罗伦萨、热那亚就是这样的城市国家。与此相联系，城市联盟开始活跃。汉萨同盟是公元14—17世纪北欧诸城市结成的商业、政治同盟。汉萨（Hansa）德文意为"公所"或"会馆"，最初由德意志北部的卢比克、汉堡、不来梅等城市为维护海上交通安全而成立，后来参加的城市多达160多个。同盟拥有武装和金库，有宣战和媾和权利，垄断了波罗的海地区贸易，并在西起伦敦、东至诺夫哥罗德（俄罗斯城市）的沿海地区广建商栈。这些商栈有些后来也发展为城市。

## 思考题

1. 概述早期古代城市形成的途径及特点。
2. 举例说明古代埃及、古巴比伦、古代印度和古代希腊、罗马都有哪些重要城市？它们有何特色？
3. 中世纪的欧洲城市有何特点？

---

① 〔英〕波斯坦. 剑桥欧洲经济史，第3卷 [M]. 剑桥：剑桥大学出版社，1963：22～23.

## 第二节 城市的扩张

### 一、城市扩张的含义

城市扩张是指在工业革命至 20 世纪中叶城市的演变和进化过程,包括量的增多和质的飞跃。量的增多是指城市总体数量增加,单个城市规模扩大,而质的飞跃则体现在城市内部的各部门、结构与以往相比都有所发展,呈现出前所未有的兴旺局面,也可以说是现代化过程。城市质的发展这里不是指生产过程的现代化、科学技术的现代化、人的素质现代化等广义城市现代化内涵,而是狭义而言,即城市基础设施、社会设施及城市管理的现代化。无论城市量的增长还是质的提高都受社会生产力水平制约,一般规律是,城市往往先是量的增加,然后才是质的提高。西方国家城市化的过程就是如此。

### 二、近代城市发展的概况

城市扩张与工业化相伴而生。18 世纪欧洲工业革命时期,许多地区开始产生近代城市。近代城市是指工业革命后的城市,也就是从公元 18 世纪到公元 20 世纪中叶兴起的城市。工业革命导致人类劳动生产率迅速提高,商品经济在全球范围内迅速扩展,新的城市数量急剧增加,城市经济在社会和国民经济中开始起决定作用。马克思将这一时期概括为"乡村城市化"。

#### 1. 近代城市产生的原因

前工业社会,世界各区域间处于相对隔绝状态,人们彼此交往很少,农业始终占据社会经济的统治地位,区域与全球性的商品贸易零散、间断且不普遍。在这种情形下,城市"不过是以土地财产和农业为基础的城市"[1],不是区域的经济中心,主要履行政治、军事或宗教的职能。手工业和商业在整个经济中不占主导地位。工业革命使城市功能开始转变,新兴工业在城市中不断涌现,逐渐成为国家的经济中心。近代城市是开放性的,与外界有广泛的联系,资金的投放与吸收,技术的引进与输出,产品的进口与出口,劳动力的流入与流出,使城市与周围地区经济连成一片。城市性质的变化是近代城市化开始的标志。16 世纪新航路的开辟刺激了资本主义产生,推动了全球经济高速发展。1784 年蒸汽机的发明为工业提供了强劲动力,人类开始摆脱完全依靠人力与水力的状态,使工业在城市集中成为可能。18 世纪下半叶西欧的一些村镇逐渐变成小城市,小城市逐渐变成大城市。工业革命了加速城市化进程,主要由于以下几个原因:

第一,工业革命使生产规模扩大,市场经济迅速遍及全球。一台蒸汽机产生的动能能带动许多台工作机,这样生产就只有在一定规模下才更经济与合理;而专业化的机器生产又要求各生产系统建立分工、协作的生产网络,各生产要素必须按适当比例组合。这种生

---

[1] 中共中央编译者《马克思恩格斯全集》北京:人民出版社 1973,26:480.

产部门紧密联系、互相制约、互相依赖的状况必然引起一系列生产的相应扩大，使国家或地区的生产规模扩大，生产力迅速发展，城镇随之增加。例如，服装生产扩大必然导致缝纫机、织布机、纺纱机、打棉机、棉花等生产扩大，甚至引起钢铁、煤炭生产的扩大。工业革命还改变了产业结构。工厂制出现后促使以服务业为核心的第三产业的发展。城市经济实力的提升使自身具备了提供能源、生产资料、销售市场、服务设施、信息交流等条件。各生产要素在城市集中，产生了巨大的经济效益。

第二，工业革命导致了经济地理的变化。英国新兴的棉纺织业把英格兰西北部变成工业区，曼彻斯特、索尔福德、博尔顿、贝里、普雷斯顿、斯托克波特、奥尔德姆等棉纺织工业城市迅速兴起。炼铁工业需要焦炭，所以英国的炼铁中心便从萨塞克斯和格洛斯特转移到煤铁资源丰富的斯洛普、伍斯特、斯塔福德、达勒姆、诺桑普顿、南威尔士和蒙茅斯郡，这里随即出现一批以采煤和钢铁工业为经济支柱的城镇。

第三，工业革命使人口再生产发生根本变革。传统社会以高出生率、高死亡率的人口自然增长为特征，是传统人口再生产的类型。工业革命后随着科技进步，医学和医疗卫生事业得到发展，人口死亡率下降，形成了高出生率、低死亡率的新状况，人口随之迅猛增长。1750—1850年间英国人口从750万增至2100万。人口再生产的巨大变革为城市化提供了大量人口来源。

第四，工业革命带动了以运河、汽船、公路和铁路为标志的"运输革命"，为人口流动、食物、燃料及产品销售提供了廉价快捷的运输工具，并把城市与沿海港口联结起来，同时还使与城市建设有关的建筑、邮政通信、商业服务、教育科技、文化娱乐等各项事业兴旺起来。

2. 近代城市概况

英国是世界上最早开始城市化的国家。16世纪英国圈地运动后农村经济遭到沉重打击，人口向城市流动，手工作坊和手工工场逐渐为新式工厂取代，机器大生产规模扩大，分工精细，新的职业不断产生，大批工业化城市迅速成长，出现了利物浦、伯明翰、曼彻斯特等工业城市。伯明翰人口从1800年的7万增加到1844年的20万；伦敦1844年人口250万，是当时世界经济中心。据估计，1750年全英人口中居住在5 000人以上城镇的人口，占全国人口的比例不超过16%，到1801年居住在1万人以上城镇的人口，占全国人口的比例已经达到21%。1801年英国拥有5 000人以上的城市106个，城市人口不足全国人口的26%；而1851年，这类规模的城市发展到265个，城市人口比例已达45%以上；1891年英国城市已有622个，城市人口占总人口的比例为68%；1900年城市人口比例又增加到70%以上。

城市的扩张同样出现在欧洲其他国家。19世纪后德、法、葡等国相继完成工业革命，人口大规模移向城市，城市数目越来越多，规模越来越大。美国凭借资源、科技和工商业繁荣等优势，城市飞速发展，仅用100多年就实现了城市化。美国1790年时在通商口岸和河口最先出现小城镇，如波士顿、纽约、巴尔的摩等。1830年工业革命开始后，五大湖和东北地区城市发展很快，中西部城镇也开始形成。1870年后美国铁路运输的发展促进了工业生产和城市经济，中西部城市进一步发展，圣路易斯、旧金山、洛杉矶等日益繁荣。1790年美国2 500人以上的城镇有24个，人口占总人口数的5.1%；1830年这两个数字就增加到90个和8.8%，1870年达到663个和25.7%；1890年高达1 384个和35.1%，发展速度居世界之首。

18世纪时欧美10万人以上的城市只有十几个，20世纪初增加到38个，20世纪40年代达到400多个，并出现百万人口的大城市。伦敦1750年人口75万，1862年达到280万，成为当时世界第一大城市。

在亚洲、大洋洲、非洲、拉丁美洲等一些经济发展较快的国家和地区，近代城市也随着工业化进程逐渐成长，但发展速度与程度比欧美相比甚为逊色。亚非拉地区还出现许多殖民地和半殖民地城市，如中国的上海、天津、大连、青岛，印度的加尔各答，埃及的开罗，阿根廷的布宜诺斯艾利斯等。它们都是在西方殖民主义控制下畸形发展的，没有形成自己的民族工业，始终处于落后境地。

近代西方人口增长情况（占总人口比重）

| 国　　家 | 年　代 | | |
|---|---|---|---|
| | 1801 | 1851 | 1889 |
| 英国 | 32.1% | 50.1% | 67.9% |
| 法国 | 20.5% | 25.5% | 34.8% |
| 德国 | — | — | 41.4% |
| 美国 | 4.0% | 12.5% | 28.6% |

近代西方大城市人口增长情况　　　　　　　　　　　　（单位：万人）

| 城　　市 | 年　代 | | |
|---|---|---|---|
| | 1801 | 1851 | 1889 |
| 伦敦 | 86.5 | 236.3 | 453.9 |
| 巴黎 | 54.7 | 105.3 | 271.4 |
| 柏林 | 17.2 | 41.9 | 188.9 |
| 纽约 | 7.9 | 69.6 | 343.7 |

19世纪世界若干特大城市人口的增长情况　　　　　　（单位：万人）

| 城　　市 | 1800年 | 1850年 | 1875年 | 1900年 | 1900年为1800年的倍数 |
|---|---|---|---|---|---|
| 伦敦 | 86.5 | 236.3 | 424.1 | 453.6 | 5.24 |
| 纽约 | 9.7 | 69.6 | 190.0 | 343.7 | 35.43 |
| 巴黎 | 54.7 | 105.3 | 225.0 | 271.4 | 4.96 |
| 柏林 | 17.2 | 41.9 | 104.5 | 189.0 | 10.99 |
| 维也纳 | 23.1 | 42.6 | 100.1 | 166.2 | 7.19 |
| 东京 | 49.2 | 56.7 | 78.0 | 149.7 | 3.04 |
| 彼得堡 | 33.0 | 50.0 | 76.4 | 126.5 | 3.83 |

3. 近代城市的特点

与古代城市相比，工业革命使近代城市发生了质的变化，具有以下几个特点。

第一，城市发展加速。工业人口增长，新兴工业城市不断涌现，城市中出现铁路、公路等近代快速交通设施,形成廉价的劳动力市场和广阔的商品市场,城市规模空前扩大。

第二,城市集中了巨大的社会物质财富和精神财富,成为国家经济活动和文化活动的中心。城市集约化的经济活动和先进生产手段创造出前所未有的经济效益,工业、商业、贸易活动创造出巨大的社会财富。城市成为整个国民经济和地区的经济中心并对周围产生很大影响。城市还日益成为人类文化的活动中心和文化传播、延续的载体。

第三,城市职能多样化。工业城市不仅经济职能日益突出,而且与此相联系的其他职能也得到加强。城市不仅是工业生产中心,而且还是商业、金融、信息、科技文化、行政中心和交通枢纽。原有的宗教、政治中心不仅没有受到削弱,而且有所增强。

第四,城市内部结构和布局更加科学合理,内部分工协作进一步加强。城市间的彼此联系也更加密切。城市功能分区出现质的变化,不再像传统城市那样,城市内部分为宫殿(皇宫、政治中心、行政中心)、宗教场所、公共场所、普通民宅等,而是出现大片工业区、仓库码头区、商业区和居住区,完全改变了原有城市行政与居住的单一功能结构,打破了家庭经济单位布局。新交通工具在城市的使用也为城市空间变革提供了条件。

第五,城市生活多样化、社会化,基础设施明显改善。城市出现许多新行业、新类型公共建筑。近代科学技术应用于城市公用事业,形成和建设了集中供水、排水、供电、煤气等基础设施和公共设施,不仅为企业生产和其他经济活动提供了良好条件,还为人们生活提供了方便,生活质量明显提高。

**思考题**

1. 什么叫城市扩张?简述近代城市发展的概况。
2. 近代城市有何特点?
3. 分析工业化与城市近代化的关系。

## 第三节 现代城市的完善

### 一、现代城市的内涵

现代城市是指第二次世界大战以后的城市,即 20 世纪中叶以来的城市,亦称当代城市。与近代城市相比,现代城市渗透了更多的人类科技成果,在城市经济、城市结构、城市环境和社会生活等方面都出现了巨大改变;在城市现代化的进程中也呈现多样性特征。

1939 年爆发的第二次世界大战对世界许多城市造成了巨大破坏。战后随着各国经济的恢复,特别是被称为"第三次浪潮"的科技革命的兴起,许多新发明得到迅速应用,极大地提高了社会生产力,世界范围内经济结构、产业结构和就业结构发生巨大变化,社会经济达到新水平,社会产品空前丰富。科技革命使传统乡村、城市乃至整个社会都发生了根本性变化。这时的城市更呈现出前所未有的新姿态,世界性的城市发展进程大大加快。

## 二、现代城市的概况及特点

进入20世纪后半期,城市在各个方面表现出强劲的发展态势。

1. 城市规模扩大更加猛烈和迅速

从1950年到1995年,发达国家城市人口由4.47亿增加到9.1亿,增长了1.04倍;发展中国家城市人口由2.87亿增加到16亿,增长了4.5倍。20世纪初全世界人口在10万以上的大城市为360个,居住着世界总人口的5%;到1950年增加到962个,居住着世界总人口的16%,50年间增长2.67倍;1960年增加到1300个,居住着世界总人口的20%,10年间增长35%;1970年增加到1800个,居住着世界总人口的24%,增长38.5%。20世纪初50万人口以上的大城市1900年为49个,居住人口5300万,平均每个城市为108万。1950年猛增到183个,人口25700万,平均每个城市人口为140万。1980年又增加到476个,人口增加到77300万,平均每个城市人口为162万。

2. 城市平均规模急剧扩大

1950年到1980年的30年中,全世界百万人口以上的大城市由77个增加到235个,人口总数由1.9亿增加到6.5亿。这些大城市占城镇人口的比例由2.58%增加到12.8%。1950年全球最大的15个城市中,发展中国家只占4个,到1994年增加到11个,预计到2015年将增加到13个。1994年世界上人口超过1000万的城市有14个,其中10个位于发展中国家。个别城市规模扩大程度惊人。如韩国首尔1960年240万人,1980年840万人,占全国总人口的22.3%。伦敦、墨西哥城、东京、纽约、上海、北京等城市人口均已超过1000万。墨西哥城1950年有310万人,1984年增加到1700万人。日本东京是世界城市人口最多的城市之一,一个城市的人口数量就相当于1000年前全世界城市人口最多的10个城市人口数量的7.6倍。城市规模扩大的趋势无论在发展中国家还是发达国家仍在继续。

2000年世界总人口近一半住在城市,城市化水平达到45%以上。发达国家居住在城市的人口已达总人口的80%左右,大多数发展中国家城市化水平尚在30%左右,处在高速发展时期。到2015年,人口超过1000万的城市将达到27个,发展中国家将占24个。根据联合国的预测,2050年世界城市人口将占总人口的三分之二,未来世界10大城市人口数量更高达5亿人,将出现超大城市。

**世界上人口超过1000万的城市(按人口数量降序排列)**

| 1994 年 | 2015 年 |
| --- | --- |
| 东京(日本首都) | 东京 |
| 纽约(美国) | 孟买 |
| 圣保罗(巴西) | *拉各斯(尼日利亚首都) |
| 墨西哥城(墨西哥首都) | 上海 |
| 上海(中国) | 雅加达 |
| 孟买(印度) | 圣保罗 |

续表

| 1994 年 | 2015 年 |
|---|---|
| 洛杉矶（美国） | *卡拉奇（巴基斯坦） |
| 北京（中国首都） | 北京 |
| 加尔各答（印度） | *达卡（孟加拉首都） |
| 首尔（韩国首都） | 墨西哥城 |
| 雅加达（印尼首都） | 纽约 |
| 布宜诺斯艾利斯（阿根廷首都） | 加尔各答 |
| 大阪（日本） | *新德里（印度首都） |
| 天津（中国） | 天津 |
| 里约热内卢（巴西首都） | *马尼拉（菲律宾首都） |
| — | *开罗（埃及首都） |
| — | 洛杉矶 |
| — | 首尔 |
| — | 布宜诺斯艾利斯 |
| — | *伊斯坦布尔（土耳其首都） |
| — | 里约热内卢 |
| — | *拉合尔（巴基斯坦） |
| — | *海德喇叭（印度） |
| — | 大阪 |
| — | *曼谷（泰国首都） |
| — | *利马（秘鲁首都） |

注："*"城市为人工增加而新扩展成的特大城市

**发展中国家的城市化进程（城市居民占总人口的百分比）**

| 洲　别 | 1950 年 | 1995 年 |
|---|---|---|
| 非洲 | 14.7% | 34.3% |
| 亚洲 | 16.8% | 36.9% |
| 拉丁美洲 | 41.6% | 74.2% |

2010 年美国波士顿《环球邮报》发布了"世界发展最快的城市"的调查，孟加拉国首都达卡被认为是"世界发展最快的大城市"。这项调查同时评选出了世界人口最多的大城市。

**世界十大人口最多的城市排名**

| 序号 | 城市 | 人　口 | 说　明 |
|---|---|---|---|
| 1 | 东京 | 2010 年人口 3 670 万，预计 2025 年人口达到 3 710 万 | 日本首都，亚洲第一大城市。全球最大的经济中心之一，下辖 23 个特别区、26 个市、5 个町、8 个村以及伊豆群岛和小笠原群岛，是世界人口最多的城市之一 |

续表

| 序号 | 城市 | 人口 | 说明 |
|---|---|---|---|
| 2 | 新德里 | 2010年人口2220万，预计到2025年人口达到2860万 | 印度首都，全国政治、经济和文化中心，总面积为1485平方千米，主要语言为英语、印地语、乌尔都语和旁遮普语。作为德里的中央直辖区还统辖着老德里，是一座既古老又年轻的城市 |
| 3 | 圣保罗 | 2010年人口2030万，预计到2025年人口达到2370万 | 巴西圣保罗州首府，南半球特大城市之一，在巴西经济最发达，现代化程度最高 |
| 4 | 孟买 | 2010年人口2000万，预计到2025年人口达到2580万 | 印度人口最多的城市，包括邻近郊区的孟买大都会区（MMR）人口约2500万。预计到2015年，孟买大都会区的人口排名将上升到世界第四位 |
| 5 | 墨西哥城 | 2010年人口1950万，预计到2025年人口达到2070万 | 墨西哥的首都，面积达1500平方千米，人口1900多万，集中了全国约1/2的工业、商业、服务业和银行金融机构，是全国的政治、经济、文化和交通中心 |
| 6 | 纽约 | 2010年人口1940万，预计到2025年人口达到2060万。 | 美国金融经济中心、最大城市和港口，人口密度10 456人/平方千米。大纽约都会区人口大约1800万。市名虽然一般写作："New York City"，但"City of New York"才是官方名称 |
| 7 | 上海 | 2010年人口1660万，预计到2025年人口达到2000万 | 中国第一大城市，中国经济交通、科技、工业、金融、贸易、会展和航运中心，世界著名的大都会 |
| 8 | 加尔各答 | 2010年人口1560万，预计到2025年人口达到2010万 | 印度西孟加拉邦首府，印度最大的城市，东北部主要商业和金融中心 |
| 9 | 达卡 | 2010年人口1460万，预计到2025年人口达到2090万 | 孟加拉国首都，该国最大的城市，南亚大城市之一 |
| 10 | 卡拉奇 | 2010年人口1310万，预计到2025年人口达到1810万 | 巴基斯坦第一大城市和最大的海港，全国工商业、金融和贸易中心，也是未来东南亚和中东、非洲和欧洲的国际航空站 |

**3. 城市经济在国民经济中占据绝对优势，综合功能强大**

从城市经济占国内生产总值的比例看，美国由1960年的96%上升到1985年的98%，日本由87%上升到96%，英国由97%上升到98%，法国由91%上升到95%。在和平与发展的主题下，经济发展成为世界各国第一要务，城市经济功能不断增强，很多城市变成制造业基地。20世纪70年代以来，由于一些国家经济结构调整和加强了环保理念，很多城市功能又开始转向服务领域转移，纯粹的政治、军事或宗教性质的城市几乎不存在了。另外，随着经济全球化，城市发展越来越依赖于外部市场，开放性和国际性特点日益突出，城市之间的联系也越来越紧密，相互依赖程度越来越大。

#### 4. 城市生活更加时尚与现代

城市人是创造性十足的群体，他们依靠城市的各种资源，创造和发展自己的居住地，塑造出充满生机的城市形象。与此同时，各个城市还彰显出不同的个性特征，成为整个人类社会进步的典范。现代城市社会群体的种族、职业十分复杂，人们的思想观念、信仰和生活方式日趋多元。随着民主观念和制度的发展，以人为本的理念不断深化和传播，大众化逐渐主导城市的发展。城市逐渐成为广大市民共同的家园。这表现在公共活动空间规模扩大，设施不断完善，文化、娱乐活动日益丰富等方面。现代城市规划和建设更加强调宜居性，重视生活功能的发挥。生态性和文化性成为凸显人性化的重要手段。

#### 5. 发展中国家城市化速度加快

20世纪50年代以后，城市化在发展中国家如火如荼地进行。它们正处于工业化进程中，城市迅速发展，大量农业人口流向城市。但由于经济欠发展，基础差，城市化存在许多问题。一是发展中国家人均寿命短，营养差，能源消费少，教育水平最低。二是人口数量远远超过发达国家当年城市化时期，但城市人口比例低于发达国家。三是发展中国家城市移民数量大，速度快。1999年世界移民总人数为1.2亿，大多数在非洲、亚洲和拉丁美洲等地区。由于农村长期落后，城市生活质量普遍高于农村，所以每年都有大量农业人口向城市流动。这一方面为城市建设提供了劳动力，另一方面也增加了城市负担。四是发展中国家城市问题较发达国家更多。人口过度增多使城市规模过度膨胀，城市基础设施不能满足需要，造成住房拥挤等问题。

**生活在贫困线以下的城市人口所占的百分比**

| | |
|---|---|
| 非洲 | 14.6% |
| 亚洲 | 23.0% |
| 拉丁美洲 | 34.2% |
| 世界平均 | 27.7% |

### 思考题

论述现代城市的概况及特点。

# 第三章 中国城市的发展及特点

## 第一节 中国古代城市

### 一、中国古代城市的产生

关于中国城市起源的时间文献记载很多，但学术界看法并不一致，有夏末、殷末、周初等说法。观点分歧的主要原因是对城市的认识不同。中国古代相当长的时期内"城"与"市"是两个不同概念，彼此没有密切关系，只有当社会发展到一定历史阶段，城市机构设施逐渐完善，人口较为集中后，"市"才逐渐在"城"中得到发展。因此，"城"和"市"是否紧密结合就成为衡量城市产生的重要标志。

1. 古文献记载的城市

历史文献记载有两种说法：一是城市产生于传说中的黄帝时代，即距今4 000—5 000千年以前。《轩辕世纪》记载："帝筑城邑，造五城。"另一说法是起源于夏鲧时代，距今3 000—4 000年。《世本·作篇》记载："鲧作城郭。""市"的出现也很早，大约在原始社会末期氏族部落时期。《世本·作篇》：颛顼时"祝融作市"。当时的"市"是指设在交通要道或井边的小集市，即所谓"市井"。《史记·五帝本纪》记载："一年而所居成聚，二年成邑，三年成都。"反映出古代商品交换不断发展、市场不断扩大的情况。总之古文献表明，夏代以前我国就出现了筑城和市场，大致为原始社会向奴隶社会过渡时期。

2. 考古发掘的城市

据考古研究，大约在8 000年前，也就是公元前6000年前，中国进入新石器时代，中国古代先民就已开始农耕和定居生活，出现了原始聚落。已发现的新时代文化遗址主要集中在黄河和长江流域。西安半坡遗址是黄河流域母系氏族全盛时期的聚落，距今约6 000年。大约公元前3000年前，黄河流域进入父系氏族社会，炎帝、黄帝和尧、舜、禹都是这一时期的部落联盟首领，各部落彼此争战，修筑作为防御工事的城堡。河南登封的王城岗、淮扬的平粮台、郾城的郝家台、安阳的后岗、山东章丘的城子崖等"古城"遗址就是这一时期的文化遗存。这些城堡通常被称为"古城",但还不是真正意义的城市。

我国发现最早的城市遗址在河南省偃师的二里头,用碳14测定1~4期的年代(树轮校正)为公元前2000—公元前1600年,按照"断代工程"推断属于夏文化。二里头遗址第3期(测定年代为公元前1860—公元前1650年)地层发现两座宫殿遗址,据推断分别为宫殿和宗庙建筑。宫殿是王权制度的象征。这表明二里头曾是一座夏代都邑。有人认为该宫殿是"少康中兴"时所建(少康是夏第六代君王),也就是说这里曾是少康的都邑。也有人认为二里头是"桀居斟鄩"的斟鄩。不管哪一种说法,二里头曾为夏都邑已为大多数专家公认。这是目前我国发现的最早的"城市遗址"。

3. 城市建设的高潮

中国古代城市在夏代产生,而大量兴起应是在西周,并通过2次城市建设高潮初步奠定了我国古代的城市格局。

(1) 西周的城市建设高潮

周统治者灭商后实行分封诸侯制度,以镐京为中心,大量分封同姓诸侯。受封诸侯必在封地营建都邑,当时这是各诸侯的"国之大事",他们遂积极营建国都和大小采邑,从而形成我国古代第一次城市建设高潮。当时黄淮中下游及长江以北地区形成大大小小的统治中心,如国都丰京、镐京等。周朝实行严格的等级制度,城市建设也是如此。诸侯建城严格按照个人爵位,恪守"王制"和"礼法",等级分明。王制对上至天子,下至诸侯、卿大夫的筑城规模做出具体规定,使得当时城市基本是"三里之城,五里之郭"的规模。这种严格的等级制在一定程度上限制了城市的自由发展。

(2) 春秋战国时期的城市建设

第二次城市建设高潮发生在春秋战国时期。当时由于生产方式的变革,社会动荡不安,各地诸侯实力强弱不均,争霸野心不断膨胀,原有的等级制度"礼崩乐坏",反映在城市建设上就是"违制"事件层出不穷。各诸侯都擅自按照自己的需要营建新城或扩建旧城,从而加速了城市兴建,扩大了城市规模,逐渐形成"千丈之城,万家之邑相望"的局面。

战国时期的城市不仅规模扩大,而且经济活跃,商业繁荣。一些政治都会也开始兼有商业都市性质。如齐国国都临淄、秦国国都咸阳、赵国国都邯郸等。这种城市"自然生成"的特色是古代城市的超前发展,使过去"工商食官"的局面被打破。

## 二、中国古代城市的发展状况及特点

1. 概况

秦始皇统一中国后实行中央集权的国家制度,对工商业繁荣和城市发展起了一定作用。中国古代城市数量、规模及发展速度在此时都大大超过早期,城市建设内容也不断丰富,出现了北京、西安、洛阳、开封等一些布局严谨、建造精巧、具有世界影响的大城市。日本的京都、奈良就是仿照唐代长安城建造的。中世纪时西安、开封、杭州等都曾先后排入世界最大城市之列。南京在明政权建立后十年左右就赶上了开罗,成为当时世界最大的城市，直到 15 世纪才由北京取而代之。此后北京一直居于世界大城市之首，直到 1800 年前后才被工业革命后迅速崛起的伦敦超过。此后中国城市在世界城市发展的进程中逐渐失去了领先地位。

2. 特点

从公元前 5 世纪到鸦片战争大约 2300 多年，中国城市形成了自己独特的发展道路，有着不同于西方中世纪城市的自身特点，主要表现在以下几方面。

(1) 政治、军事因素是城市产生的主要原因，但后期城市功能趋于多元化。

世界早期城市的产生有两种类型，一是依靠经济力量集聚人口形成城市，二是以政治、军事为基础，以法律、宗教、行政或暴力等强制手段实现人口聚集。中国古代城市大多属于后一类型。中国古代城市大都是为满足统治者的需要而兴建的，是中央、州、县统治机构的所在地，政治职能突出，经济职能明显处于依附于地位，所谓"筑城以卫君，造郭以守民"。中国历史上出现的几次产生建设高潮都与当时统治者巩固政权、进行战争有关。当时全国最大的城市几乎都是王朝国都，如咸阳、长安、洛阳、汴梁、临安、南京、北京等。历代帝王建国后首要任务之一就是大兴土木，营造宫殿和都城。另外，城市也始终由政府管制，城市人口组成主要是手工业者和商人，目的是为满足统治者的生活服务需要。从城市建设看，城市布局、市场、居民区管理、道路修建及城市设施兴建等都是从统治者的利益出发的，很少考虑城市自身特点和规律。在城市规划理念上，古代城市规划多是遵照"前朝后市，左祖右社，宫城居中，对称布局"的制度设置。

尽管如此，城市的兴起仍然为工商业发展提供了便利条件，使城市经济职能逐渐加强。从宋代开始，中国城市功能发生变化，表现是工商业的繁荣。这对城市规划建设影响巨大。随后各朝不断出现因经济要素集聚而产生或繁荣的城市，导致社会结构多元化，以工商业者为主的市民不断壮大；城市空间结构也不断适应职能转变，如不规则城址形态的出现、坊市制的解体、市肆的广泛、街道尺度的变化、无城墙市镇的出现等等。但总体而言，古代城市职能由政治、军事向经济的转换缓慢而不彻底，且是自发的、不完善的和脆弱的。

(2) 城市建设受到社会周期性危机的影响，呈波浪形曲线发展。

中国城市发展同社会发展相一致。社会繁荣、稳定时城市发展快，而社会动乱时城市就遭到破坏。自秦朝后每隔一段时期中国就要发生分裂和动乱，城市是首要的破坏目标，毁地屠城的记载不绝于书，几乎每个王朝末期城市都面临毁灭性的灾难，不少城市变成废墟，即使幸存也残破不堪。加之中国古代城市建设材料多以土木为主，与欧洲建筑多采用石质原料相比，更容易受到水、火、风、地震等自然灾害的破坏。因此，中国古代城市的辉煌总不能持久保持，随王朝兴亡而盛衰。当然这并不是说古代城市总停留在同一水平上，它还是逐渐向前发展的。从宋代到明清城市数量和类型增多，城市与城乡联系密切，关厢现象普遍出现，园林建设的大量增多等都是证明。只不过总体而言，城市发展步伐比较缓慢。

(3) 城市最初从以黄河中上游为中心，后开始由北方逐渐南移。

秦始皇统一中国后地域扩大，为便于行政管辖，在全国推行郡县制，形成自上而下的大小政治统治中心，初步建立了都城—郡制—县邑的城市体系。县城（郡制、县邑）数目因此剧增，约 800～900 个。由于秦朝政治中心在黄河中游地区，所以北方中原地区的城市占全国城市总数的3/5，而广大长江流域、珠江流域、东南沿海地区、西南地区城市数量较少。秦国都城咸阳为全国政治中心和最大城市。西汉时期城市在秦的基础上更加发展，在黄河中下游和淮河流域广泛崛起，长安、洛阳、邯郸、临淄相继成为全国最大的商业中心，奠定了北方城市的分布格局，同时南方城市也开始发展。东汉末年由于北方连年战争，大量人口被迫南迁，江南优越的自然条件又使得当地经济和文化迅速发展，因此南方人口大量增加，汉水、长江、珠江流域、东南沿海及四川盆地等地兴起许多城市，如长江流域的建康（南京）、吴郡（苏州）、江陵等，杭州、扬州（广陵）、明州（宁波）、洪州（南昌）、福州等也都相继成为大城市。三国后期，南方已成为我国城市发展的主要地区，其经济发展水平逐渐赶上并超过北方。隋唐以后我国经济中心彻底南移，尤其是大运河的开凿改善了南北交通条件，将黄河、淮河、长江三大流域的经济联系起来，有力促进了南方城市的发展。运河沿岸兴起了济宁、临清、德州等城市，其中"淮（安）、扬（州）、苏、杭"号称四大都市。当时对外贸易的需要还促进了港口和国际商业都市的兴起，如泉州、广州、扬州等。到北宋末年，我国城市体系已经改变完成。现今的历史名城在宋代均已初具规模。元、明、清时期，南方城市持续繁荣。由于经济重心在江南，因而东南部城市越来越多，西北部地区相对减少，形成了南密北疏的城市分布格局。

(4) 城市数量众多、规模宏大。

中国历代王朝并无设市标准。现代学者一般把建有县治以上的城邑作为城市。随着历代疆域变迁、人口增减、经济兴衰和行政区划的调整，城市数量变化较大。秦代有400多个县，汉代1500余个，隋代1200余个，唐代又增至1500余个，北宋1200多个，明代1100多个，清代又增为1500多个。若加上县治以上的郡、府、州治所，城市数量还要多一些。中国历史上城市数量除秦朝外，大体在1200个到1700个之间，清代则有2000个以上，数量之多在世界上无出其右者。

**历史上的大城市**

| 城　　市 | 人口/万 | 年　　代 | 城　　市 | 人口/万 | 年　　代 |
|---|---|---|---|---|---|
| 孟菲斯 | 3 | 3100 B.C | 长安 | 80 | 750 |
| 乌尔 | 6.5 | 2030 B.C | 巴格达 | 100 | 775 |
| 巴比伦 | 20 | 612 B.C | 开封 | 44.2 | 1102 |
| 亚历山大 | 30 | 320 B.C | 杭州 | 43.2 | 1348 |
| 长安 | 40 | 200 B.C | 南京 | 48.7 | 1358 |
| 罗马 | 45 | 100 | 君士坦丁堡 | 70 | 1650 |
| 君士坦丁堡 | 30 | 340 | 北京 | 110 | 1800 |

（资料来源：宁越敏. 中国城市发展史[M]. 合肥：安徽科学技术出版社，1994.）

我国古代城市中引人注目的是人口在100万以上的城市。南朝的建康、唐代的长安与洛阳、两宋的开封与临安、明初的南京和清代北京都曾达到百万人口规模。尽管数量不多，但在世界城市发展史上仍有数次领先。美国学者钱德勒在《城市发展4000年》中列举不同历史时期35个世界最大的城市，其中中国有5个城市先后8次位居世界第一位。特别是明清之际中国大城市数量居于世界第一位。与城市人口规模相适应，古代城市用地规模也很大。府城占地面积通常有数平方千米；省城面积往往超过十平方千米；都城面积则高达数十平方千米。隋大兴城、唐长安城达到 84 平方千米。汉长安内城 35 平方千米，北宋汴梁 40 平方千米，元大都 49 平方千米，明南京 43 平方千米，都位居世界前列。

（5）城市布局由封闭向开放发展。

在 2 300 余年的古代社会，中国城市内部布局也有变化。隋唐以前城市中统治者始终占据中心（内城）地位，一般居民、手工业者、商人只能聚居在城外。秦咸阳，汉长安、洛阳均是如此。隋唐时这种状况开始改变，部分手工业作坊和市场开始进入内城。政府为保护自身的安全，开始对居民区和市场进行管理，实行严格的坊市制度。居民区和市场四周都建有围墙，即"坊"，每坊设有坊门，朝开晚闭，实行宵禁。居民区称"里坊"，市场称"市坊"，政府派专人管理。坊市制使城市内部各区域间为高墙阻绝，呈封闭状态，在时间和空间上限制了工商业的发展，给市民生活带来不便。唐中叶以后坊市制度发生危机，部分地区出现了夜市和坊内开设店铺现象。北宋时这种制度被彻底废除，夜市、临街设店开始取得合法地位，城市布局出现开放的大街小巷形式。北宋汴梁、南宋临安都是这种布局。这是中国古代城市发展的一个转折，使古代"城市"开始具有了现代意义，成为辖区内经济、文化的中心。明清时期的城市不再有坊墙，开放的商业街布局延续下来并进一步发展成工商业集中区，如北京大栅栏等。这种开放的街道布局更有利于城市经济的发展。

**思考题**

1. 中国古代城市是怎样产生的？
2. 中国古代城市在其发展进程中有何特点？

# 第二节　晚清近代城市的形成

## 一、晚清的近代城市

### 1. 晚清城市状况

1840 年鸦片战争使中国古代城市开始向近代城市畸形转变。西方殖民侵略使得中国城市自身发展进程被打破，中国古代城市逐渐变为半殖民地半封建性质，殖民地和半殖民地色彩日益浓厚。鸦片战争后中国出现了为西方殖民者服务并受其控制的具有近代因素的城市，多集中于东北和东南沿海地区。这些城市近代工业、商业比较发达，而广大内地城市数量少、规模小，经济落后，基本保持封建时代的面貌。

出现于隋唐时期、多由自然因素造成的城市发展不平衡现象在近代由于商业发展的需要而进一步加剧。东南沿海设立通商口岸并开办工厂、银行、洋行，资本主义经济发展较快。内地城市虽也兴建了一些民族工业，但在社会经济中作用微小，不可能扭转这种不平衡局面。当时 100 多个大中城市中，10 万人口以上的主要集中在沿海、沿江地区，几乎包括所有帝国主义独占城市、租界及通商口岸。据统计，1919 年中国 10 万人以上的城市 19

座，5万~10万人的城市107座，2万~5万人的城市182座。大城市都集中在东南沿海，广大西南、西北等内地城市数量少、密度小、分布稀疏。

2. 晚清城市的特点

（1）出现了直接受西方殖民者控制的城市。这类城市分为两种：一是由某一个西方国家长期控制，如青岛、哈尔滨、大连等。它们是典型的殖民地城市，一般都有明确的建设意图，按照殖民者的需要制定城市规划并进行建设。二是由几个殖民者共同控制的城市，如上海、天津、武汉等。这些城市开始是由分属不同国家管辖的租界发展而来的，因此城市建设最初没有统一规划，建筑布局混乱，城市畸形发展，特别是基础工业极端落后，反而是为殖民者和买办官僚服务的商业及服务业十分膨胀。

但另一方面，殖民城市的出现也在客观上为中国传统城市增添了近代因素，开始改变了中国城市面貌，促进了城市建设向近代化方向发展。例如，鸦片战争后西方列强开始在通商口岸开辟租界，修建领事馆、工部局、公董局、洋行、银行、交易所、商店、百货公司、综合商场、饭店、旅馆、工厂、码头、仓库、火车站、汽车站、教堂、医院、学校、住宅、俱乐部、影剧院等。大批新颖的欧式建筑开始在中国出现，新的建筑材料、建筑类型和技术也得以引入，对中国传统的"秦砖汉瓦"城建模式造成了极大冲击，客观上促进了中国建筑业的转型，使中国城市固有的传统格局和城市景观发生变化，促进了城市功能的近代化。

此外，城市建设、经济发展及科学技术的应用还促进了近代市政工程建设的兴起。从19世纪60年代起，一些近代市政工程设施，如电灯、自来水、煤气、卫生设施、下水道和污水处理、电话、汽车、电车、新式道路等陆续在通商口岸城市出现。市政和公用事业建设开始改变了城市居民生活条件和方式，并进一步推动了城市近代化。

再有，以商品经济为特征的新城市中心逐渐形成，改变了传统的以官府衙门为中心的城市布局。外国商品和资本的输入使得中国近代城市兴起了新式工业和交通运输业，城市中出现工业区和交通运输枢纽。

以上海为例：租界开辟后工部局和公董局都以西方城市标准建设，街道一改局促狭窄的面貌。到1865年，上海租界内已有大街13条，以中国省会和大城镇命名，道宽可容三四辆马车并驶，路面用碎石铺平，下雨不会泥泞。在租界基础上发展起来的上海新城成为中国最大城市，拥有数量最多、质量最好的高层建筑和最繁华商业街道，特别是外滩一带高层建筑群、南京路、金陵东路、四川北路、西藏中路、淮海中路等繁华大街已初具规模。19世纪下半叶上海即在商业区和住宅区外向西沿苏州河、向东沿至黄浦江扩展。黄浦江两岸则是仓库码头集中地。1865年远东第一家煤气公司——上海自来火公司在租界正式营业，一方面向外侨供气，另一方面用于城市公共道路夜间照明。1881年上海自来水厂设立，1883年自来水供水网建成。1882年英商创设上海电光公司，电灯开始在中国城市出现，3年后开始向街道路灯供电。

（2）近代中国出现了依靠民族资本兴建起来的工商业城市，如唐山、焦作、萍乡、无锡、南通、石家庄、郑州、蚌埠等。它们不同于殖民地、半殖民地城市，是由本国资本兴建的，大多兴起于19世纪70年代以后。这些城市规模不大，经济实力较薄弱，无法与帝国主义控制的城市相抗衡，且在某种程度上依附于大城市。这些城市一般没有近代城市规划，布局混乱，基础设施也十分落后。

（3）大部分传统城市变化微小，有些只发生局部改变，如济南、北京、西安、成都等，有些仍然保持传统面貌，甚至在近代资本主义经济排挤下逐渐衰落。以前的工商业城市苏州、杭州、湖州、湘潭、佛山、顺德、松江、太仓等日趋衰落，失去了往日的繁华。

再如，由于商路改变和近代新式交通的兴起，一些传统城市日趋衰落。五口通商前广州是中国唯一外贸港口城市，内地货物大抵经两条商路运至广州，一是长江下游和福建及北方货物经江西赣江、越大庾岭到达广州，二是长江中上游的货物先集中于汉口，然后东运广州。但五口通商后上海取代了广州成为对外贸易的主要城市，长江流域货物直接运往上海，福建主要产品如茶叶等也取近从福州出口。原来通往广州的商路逐渐冷清。大运河本是连接南北运输的大动脉，两岸城市因此繁华。但清代大运河部分河段淤塞，只能分段航行。开埠通商后海轮、江轮运输量增大，加上津浦铁路修建，给大运河运输以很大打击。大运河沿岸城镇如淮阴、临清、扬州等日渐衰落。扬州19世纪末已从繁华的工商业城市退变成上海的卫星城。

总之，晚清城市的发展极不平衡，东南沿海、长江流域、珠江三角洲、东北南部、京津唐等外国势力直接渗透的地区城市发展较快，建立起近代工业、商业、金融、市政等城市设施，初步形成近代城市体系和布局。而广大内地及西北、西南等边远地区城市数量少，规模小，分布疏散，缺乏近代工业，商品贸易不发达，交通运输落后，几乎处于中世纪状态。这种二元结构的城市分布状况对中国近现代历史影响巨大。

## 二、民国时期的城市

民国时期中国城市既延续晚清以来的发展轨迹，也出现了一些新的因素，呈现出一些新特点，主要体现在以下几方面。

### 1. 西部城市发展继续滞缓

中国地区间政治、经济的不平衡导致了城市发展的不平衡。与沿海沿江及东部相比，辛亥革命后西部内陆和边远地区城市发展缓慢，城市人口减少。1930年初古都西安人口仅12.5万人，为1843年人口的40%，太原、兰州人口虽略有增长，但也只有13万和9.5万人，成都为35万，贵阳为8.8万，乌鲁木齐为4.5万人，都相当于或略高于1843年的水平，一些中小城市的衰退更为显著。西部城市发展缓慢的原因主要有以下几点。

第一，僻居内地，交通不便，与国内外市场联系薄弱，生产落后，资金不足，城市发展缺乏动力。西部城市与沿海经济中心相距数千里，有山河阻隔，地理位置不利，交通运输受到很大限制，经济发展速度远远落后于东部。当东部城市由于近代轮船航运业而繁荣时，西部城市仍采用畜力车作为运输工具。当铁路和公路在东部普及时，西部只能望路兴叹。20世纪30年代初，中国铁路主要修筑在东部，东北占全国铁路的40%，长江以北占32%，江南占22%，台湾约占4%，贵州、四川、广西、内蒙古、宁夏、新疆、青海等地还没有铁路。1937年时占全国土地面积60%的西南、西北地区，铁路线总长只占全国（不包括东北）铁路里程的6%。

第二，军阀割据，连年混战，对城市造成巨大破坏。北洋军阀统治时期中国政治混乱，皖、直、奉三大军阀派系及山西、四川、云南、贵州、甘肃、陕西、广西等各地军阀频繁征战，饱受战乱之苦的西南、西北混战更甚。四川从民国初期到1935年为蒋介石势力所控制间的 20 余年中，发生大小战争 470 余次，平均每个月 2 次，大城小镇屡遭破坏。

第三，农村经济日趋衰落，农村市场萎缩，农民购买力降低，不仅不能为城市发展提供足够的农产品，而且也无法为工业品提供足够的消费市场。民国时期中国农村封建土地关系没被打破，农民所受剥削越来越重，生产萎缩，赋税重繁，农民难以生存，农村经济已到崩溃边缘，不可能为城市提供粮食、农副产品及其他经济产品，也不可能吸纳城市工业品，成为消费市场。当时许多富商和地主又将资产向城市转移，使得农村资金日益贫乏，难以获得发展后劲。

### 2. 大城市建设的开始

国民党定都南京后开始了以上海、南京为主的大都市建设。特别是上海，1927—1937 年间市政焕然一新，初步具备了现代都市规模。

南京国民政府对上海的定位比较明确。1927 年 7 月黄郛就任上海特别市长后开始构建"大上海计划"，确立了上海都市建设基本框架，要把上海建成多功能、全方位、国际性的现代工商、金融城市，建设成中国第一位的现代城市。由于历史原因，上海租界已成为城市核心与灵魂，但"三国四界"的政治地理格局导致整个市政缺乏统一规划与长远目标，马路弯曲，公共空间狭小，港口、码头互不衔接，电压分别为 380 伏、220 伏与 110 伏，不同地区灯泡不能互用。这些都导致上海在城市生活、交通、生产、治安、卫生等方面出现一系列问题，城市功能难以发挥。为此国民政府决心另造新的市区中心，目的是分租界之利，引领繁华新上海。为此民国政府在"黄金十年"进行了一系列城市建设，如机场、车站、商业网点、住房、市内外水陆空立体交通、公用事业、公园及体育、娱乐、卫生设施等，并改造投资环境，吸引游资开发，建设充满活力的现代国际大都市。

"建设上海市市中心区域计划"共分水陆交通计划、道路系统计划、市中心区域分区计划三部分。此外上海还制订了单项建设计划，如"建设市中心区域第一期工作计划大纲"、"规定五年建设计划"、"上海市中心区域道路系统"、"上海市市中心区域分区计划"、"上海市区交通计划"、"新商港计划"、"京沪铁路、沪杭甬铁路铺筑淞沪铁路江湾站与三民路间直线计划"、"建筑黄浦江虬江码头计划书"等。这些一般被统称为"大上海计划"。到 20 世纪 40 年代，"大上海计划"因抗战而中断。"大上海计划"取得令人瞩目的成就。截至抗战爆发，部分项目已经完成。占地 300 亩的上海市体育场（今江湾体育场）1935 年告竣，"取现代建筑与中国建筑之混合式样"的上海市图书馆、上海市博物馆及上海市医院、市卫生试验所和新市府大厦等五大工程先后竣工；计划分 3 期 14 年完工、可泊万吨巨轮的虬江码头工程，1936 年第一期工程已经完工。截止到 1935 年，城市人行道植树 2 万余棵，栽花 22.56 万株，公园植树育苗 5.7 万棵。至 1936 年，上海全市（不包括法租界）新式道路里程为 712 千米，新建桥梁 254 座，码头 94 座，驳岸 48 处，下水道 31 989 米。1932—1934 年市内各类新建建筑面积 185 600 平方米，扩充了龙华、虹桥机场。整个上海"出现了前所未有的新气象"。

### 3. 抗战时期的城市破坏及变迁

抗日战争爆发后中国城市遭到严重破坏，原有厂矿或被日寇掠夺，或被战争摧毁，或随政府内迁。日军每攻占一座城市都要进行破坏性掠夺。攻占南京 1 个月内南京城 1/3 的房屋被烧，30 万人惨遭杀害。徐州、长沙、衡阳、金华、无锡等城市也遭到严重破坏。

陪都重庆屡遭日军飞机轰炸，造成大量房屋毁坏。沦陷区的上海、武汉、天津、广州、长沙等大城市也处于停滞或倒退状态。城市成为日本的战争基地。

抗战时期中国城市还曾一度出现布局西移的现象。当时沦陷区的政府机关、军队、学校、工厂企业及大批居民向西南、西北内迁，使这些地区的城市如重庆、成都、西安、兰州及集中了五六个流亡"省政府"的陕西豕虎镇等都得到很大发展。重庆成为陪都后人口不断增加，1937年为473 904人，1946年达1 245 645人，8年间增加了1.6倍。成都抗战前人口42万人，抗战中后期增加了76.7%，达742 188人。战前中国现代工业大都集中在沿海沿江城市。1937年全国企业3 935家，上海就有1 279家，占总数的32.5%，西南、西北仅273家，占总数的7%。抗战爆发后东部城市部分工厂、企业、设备和技术人员紧急内迁，历时3年。据不完全统计，抗战时期内迁工厂1 500余家，工人10万多人。1945年时大后方工厂已达6 000多家，资本总额85亿元。重庆的工矿企业1 690家，职工10万多人，占国统区工厂总数的1/3。此外，内迁工厂较集中的城镇还有四川万县、南充，陕西宝鸡，湘西沅陵、芷江、辰溪、邵阳等。湖南衡阳一度由10万人增至50万人；甘肃玉门因开采石油已形成一个新城市。

为加强后方联系和物资、人员的流通，国民政府开始建设西南、西北公路和水路交通。1938—1943年，西南地区公路由战前的2 700多千米增加到3万千米。交通发展引起城镇变化，宝鸡原是陕西北部一个几千人的小县城，抗战前为川陕公路起点，陇海铁路也由此通过。抗战期间这两条运输线凸显重要，宝鸡遂成为大西北的交通枢纽，规模迅速扩大，人口猛增至11万人。抗战还使中国海上国际运输线中断，于是西南滇缅公路、滇越公路就成为大后方的国际运输动脉，昆明遂成为进出口物资集散中心，人口由10余万猛增至40万，城市空前繁荣。此外由于战时公路交通突飞猛进而导致城镇繁荣的还有陕西双石铺，甘肃天水、华家岭，四川广元、绵阳，云南滕冲等。1946年抗战胜利后，原内迁的机关、企业、工厂、学校及成千上万的人口又相继回迁，导致西部城市人口减少。但总体看这些城市较战前还是有所发展。1948年重庆城市人口98万，比战时最高人口数减少21%，净减26万多人，但和战前相比仍然增加1倍多。1946年12月成都市人口726 062人，仅比1945年12月减少2.2%，净减16 126人。

4. 新中国成立前的城市格局

抗日战争胜利后国民党悍然发动内战，许多城市又遭炮火破坏，3年中城市建设不仅没有发展，反而停滞倒退。1949年全国共有132个城市（不包括港澳台地区），但城市设置没有明确标准，有些城市没有人口统计。

从城市分布看，南北差异逐步缩小，东西差异逐步扩大。1949年我国城市分布明显集中于东部，其城市数量占全国城市总数的53.8%，城市人口占69%，广大中、西部地区城市人口仅占20.7%和10.3%。从城市规模看，大中城市更集中于东部。当时5个百万人口的特大城市全部位于沿海地区；7个50~100万人口的大城市3个位于东部，而中、西部各占2个；20~50万人口的城市，东部10个，中部6个，西部2个；10~20万人口的城市，东部13个，中部5个，西部2个；10万人以下的城镇，东部33个，中部31个，西部5个。

总之，1949年时占全国面积五分之一的东部沿海地区和东北地区，城市人口占全国城市人口的四分之三，是中国核心地区，而东部城市密集区又是核心的核心。当时东部已初步形成4个城市密集区,即沪宁杭甬地区、京津唐地区、辽中南地区(沈阳至大连)、珠江三角洲地区。这4个城市密集区共有城市18个,城市人口1433.5万,占全国城市人口总数的52.3%。其中沪宁杭甬地区有11个城市,城市人口711.8万,占全国城市人口的26%,又是核心中的核心。

**思考题**

1. 中国近代城市有何特点?
2. 简述民国时期的现代城市规划及建设情况。

## 第三节　新中国的城市建设

1949年时中国城市只有130余座,60余年来随着国民经济发展与社会进步,中国城市发生了历史性巨变,新型城市完全取代旧中国遗留下来的衰微破败的城镇,在国民经济和社会生活中占据了举足轻重的地位。

### 一、城市发展的阶段

中华人民共和国成立前,中国城市畸形发展且布局不合理,城市面貌破败不堪,带有浓厚的殖民地和半殖民地色彩。城市基础设施落后,居民居住条件恶劣,城市化水平很低。解放初期城市人口只占全国总人口的10%左右,严格说来还没有开始城市化的进程。新中国成立后随着大规模工业建设的掀起,城市获得了前所未有的发展。特别是改革开放以来我国城市建设飞速发展,城市改造、新兴城市、城镇建设规模巨大。据统计,1949年全国共有135个市和2000多个镇,城市人口5765万人。到1998年城市数量达668个,建制镇1.8万个,城市化率30.40%。进入21世纪以后我国城市化进程依旧高速发展,目前城市化率已经超过50%。

建国60多年来我国城市发展可分为3个阶段。

(1) 1949—1957年是我国国民经济与城市化正常发展阶段,城镇人口急剧增长。随着新中国国民经济逐步恢复与发展,我国的城市化水平稳步上升,1949年为10.6%,1957年为15.4%,平均每年递增0.6%左右,速度较快,超过当时一些发达国家城市化的速度。国民经济经过3年恢复后开始大规模建设,"一五"期间各地陆续建成一批大中型工业项目,使得大量农村人口流入城市成为劳动力。工业区的新建又导致了新兴工业城镇的产生,使农村转化为城镇,从而城镇人口迅速增加。1957年年底我国城市人口增加到9449万,人口增长与国民经济发展基本适应。这一时期是城市发展的成功阶段。

(2) 1958—1977年是我国城市化不稳定发展阶段。"一五"计划后我国经济发展开始受"左"的思想影响,"大跃进"和人民公社运动使几千万农民进入城镇从事工业和大炼钢铁。仅1958年全国工业建筑企业就增加职工近2000万,相当于原有职工总数的2倍。1957—1960年全国城镇职工从3101万增加到5969万,增加2868万人,几乎翻了一番,平均每年增长近1000万人。1960年我国城镇人口13073万,城市化水平接近20%。城市职工的迅速增加造成了城市人口大大超过城市容量和负荷能力，结果不仅城市没有发展起来，农业生产也遭到了严重破坏，粮食产量连年递减，造成国民经济比例严重失调。从1961年开始国家被迫压缩城市人口，精简职工，动员部分家属返乡务农。经过3年的调整，我国城市化水平连年递减，从1960年的19.8%降到1963年的16.8%，1965年的14.0%，城镇总人口减少了1500万，平均每年递减3.78%，国民经济也逐步转入正轨。但1966年开始的"文化大革命"又使国民经济和城市化停滞，被"四人帮"迫害的干部和知识分子下放农村劳动，城市青年上山下乡也使得城镇人口增长缓慢，从1963年的11 646万增加到1978年的17 245万，共增加5 599万，年平均仅48万人，年增长率2.65%，城市人口机械增长为负数，城市化水平由1966年的13.4%下降到1976年的12.2%。

（3）1978至今是我国城市化恢复与快速发展阶段。中国共产党十一届三中全会后我国经济建设重新转入正轨，城市化水平正常发展，从1979年开始连年上升。1976年为12.2%，1987年为20.1%。改革开放30多年来，我国城市化率不断提高，从20世纪70年代末的20%左右提高到2008年的45%左右，设市城市从193个发展到655个，建制镇从2 173个发展到19 369个，城镇人口达到5.9亿。到2008年年底，中国城市化率已达到45.6%，中国的城市人口已达到6.07亿人。至2009年中国城市化率已经达到46.6%，且以每年一个百分点左右的速度增长。城市化建设也已成为推动我国经济增长、社会进步的重要手段。[①] 如果按照1%的速度增长，到"十二五"期末，中国城市化率将超过50%，中国的城市人口将超过农村人口。据世界银行预测，到2020年，中国市区人口超过100万的大城市数量将突破80个。除城市人口比重快速上升外，中国的城镇化进程还将向着国际化、群落化、生态化和现代化的方向发展。[②]

这一时期是我国城市化水平发展最快的阶段，其主要原因，一是国家经济稳步发展，农村和城市相继进行了经济体制改革，调动了群众的生产积极性。经济发展必然促使城市繁荣，全国城市数量增长近一倍，集镇数量增加了1.3倍。1998年初全国城市总数已达668个。第二个原因是乡镇企业的崛起促进了农村人口向城镇流动，从而加快了城市化进程。从80年代中期开始，沿海地区乡镇企业吸引了大批劳动力。据统计1995年我国人户分离已达7 073万，其中人户分离户口所在地为县一级的人口占61.64%，跨县人户分离人口中有2 651万人进入城市。1995年前后广东、江苏、浙江、福建、山东等沿海城市化水平飙升，五省平均城市化水平由1990年的34.41%升至1995年的55.99%。第三个原因是1984年我国放宽了建镇标准，实行县改市和乡改镇，造成集镇数量和人口剧增。20世纪90年代以来全国新设200多个城市和8 000多个建制镇。第四个原因是城市经济开发区不断增多，使城市面积和城市人口大幅度增加。上海浦东开发区、苏州新加坡工业园区、天津滨海新区、大连新区等开其先，全国各城市大大小小数以千计的开发区继其后，使得城市规模不断扩大。

---

① 余靖静、叶锋：《"二元结构"新挑战》。http://www.sina.com.cn 2010年10月02日。
② 《社科院报告称城乡分割及户籍制度制约城市化》。http://www.sina.com.cn 2010年10月03日。

**我国城市人口变化表**

| 起讫年份 | 城市人口总数（万人） | 平均每年增减（万人） | 城市化水平（%） |
|---|---|---|---|
| 1945—1957 | 5 765~9 949 | +523 | 10.6~15.4 |
| 1958—1960 | 10 721~13 073 | +784 | 16.3~19.8 |
| 1960—1965 | 13 073~10 171 | -580.6 | 19.8~14.0 |
| 1966—1976 | 9 965~11 342 | +138 | 13.4~12.2 |
| 1977—1987 | 11 495~21 755 | +672.4 | 12.2~20.1 |
| 1988—2012 | 29 545~71 182 | +8 327.4 | 25.81~52.57 |

**中国城市数量表（1978—2012）**

| 城市等级 | 年代 | | | | | | | | | |
|---|---|---|---|---|---|---|---|---|---|---|
| | 1978 | 1980 | 1987 | 1990 | 1991 | 1992 | 1993 | 1994 | 2007 | 2012 |
| 特大城市 | 13 | 15 | 25 | 31 | 31 | 32 | 32 | 32 | 36 | 88 |
| 大城市 | 27 | 30 | 30 | 28 | 30 | 31 | 36 | 42 | 83 | ~ |
| 中等城市 | 60 | 70 | 103 | 119 | 121 | 141 | 159 | 173 | 287 | ~ |
| 小城市 | 92 | 108 | 223 | 289 | 297 | 313 | 343 | 375 | 249 | ~ |
| 合计 | 192 | 223 | 381 | 467 | 479 | 517 | 570 | 622 | 655 | 661 |

依据《中国城市年鉴》、国家统计局《改革开放30年报告：城市社会经济建设发展成绩显著》等资料整理

## 二、城市发展的特点

第一，基本形成了完整的现代城市体系。我国古代城市体系形成较早，秦统一后初步建立了都城—郡治—县邑的城市体制，北宋以后更趋完善。但古代城市体系是靠政治及行政隶属关系联系起来的，更多执行着政治、军事职能。新中国成立后现代城市体系迅速形成，并在国民经济中发挥着重要作用。1998年底我国城市数量668个，建制镇18 000个，城市化水平为30.4%，2001年为36.09%，2003年为38%。在2001年召开的第十四届全国中小城市经济社会问题研讨会上，专家们预计未来20年我国城市化率将达到54%以上，城镇人口将首次超过农村人口，二元经济结构将被突破。

第二，基本扭转了城市不平衡布局。我国城市不平衡的发展趋势早在唐宋时期就已呈现，近代进一步加剧，表现为城市分布主要集中在东南沿海，几个大城市畸形发展，广大内地的城镇则发展缓慢，保存着大量传统风貌。新中国成立后，大规模的工业化建设逐步改变了这种不合理的布局。第一个五年计划期间为配合156项重点工程建设，国家规划和建设了兰州、西安、洛阳、包头、武汉、成都、太原、大同、湛江、株洲、长春、吉林、郑州、石家庄、鞍山等一批城市。经过60多年的建设，城市不合理的布局有了较大改善。

第三，生产城市代替了消费城市，城市经济职能明显加强。旧中国的城市基本属于消费性质的城市。新中国成立后在对旧城市进行改造的同时，着重加强了城市工业、商业、服务、交通运输、金融等行业的建设，使每个城市都开始具有生产和经济职能，成为经济建设的基地或中心。不同规模、类型、功能的城市都在当地发挥着经济中心的作用，带动和促进着周围农村经济的发展。

第四，重视旧城改造，注重城市现代化与保持传统风貌相结合。世界发达国家从20世纪60年代起就十分重视旧城改造并取得许多经验。我国有着悠久的建城历史，许多古代城市基本被保存下来，遗存着十分丰富的历史古迹，蕴含着丰厚的传统文化。在对这些旧城进行现代化改造和建设的过程中，政府越来越重视文化遗产的保护问题，在建设新区的同时对具有明显地方特色和建筑风格的旧城街道、建筑物予以适当的保留，并逐渐通过立法解决文化古迹保护所面临的诸多难题。

## 三、现代城市存在的问题

中华人民共和国成立60多年来，虽然在城市建设方面取得了巨大的成就，但由于历史原因和人为因素的影响，目前我国城市建设还存在许多问题。

第一，我国城市化水平还比较低。这具体表现在，我国城市总体发展水平与世界发达国家相比差距还很大。上海、北京、广州1996年人均国内生产总值分别为2 684美元、1 806美元和2 673美元，而发达国家城市一般都在10 000～30 000美元。新加坡为34 220美元，香港为21 766美元。其次，我国城市第三产业增加值占国内生产总值的比重较低。上海、北京、广州为50%左右，纽约为80%，汉城77%；城市就业结构也不合理，第二产业从业人员比重依然偏高，约占50%以上，第三产业从业人员比重偏低。再次，城市化水平与我国经济发展水平不相适应。1997年我国人均国民生产总值860美元，根据国际经验，此时期城市化水平应在44%左右，而我国实际仅为30.4%，也就是说城市化严重滞后于经济发展。同时我国的城市化水平还落后于工业化发展水平，城市数量少，小城镇多，不适应工业化发展的需要，达不到有效的集聚。城市基础设施落后，不能满足现代工业规模效益的需要。

第二，城市化地区分布不平衡。受历史地理条件和经济水平等多种因素影响，城市化在我国各地发展极不平衡。从城市和人口分布看，东部沿海人口稠密，城市密集，西部内陆人口密度小，城市稀疏，我国城市化进程总体差异明显，东部快于中部，中部快于西部，沿海快于内陆。1996年东部沿海城市占全国城市总数的44%，中部37%，西部只占19%。城市化水平也存在差异，东部沿海达52.80%，中部37.54%，西部仅为28.66%。[①] 城市是一个地区的经济中心，城市分布不均必然造成经济发展的不均衡。

2012年中国社会科学院公布了《城市蓝皮书：中国城市发展报告（No.6）》。蓝皮书指出，从全国城市发展总体情况来看，城市科学发展指数综合排名前10位的依次是：深圳、北京、上海、广州、杭州、厦门、青岛、佛山、珠海、宁波。在城市科学发展指数综合排名前100位的城市中，位于东部地区的城市占47%，位于中、西部地区和东北地区的城市占总数的53%；来自中部、西部和东北地区的城市连续两年占据排名领先城市的半壁

---

① 李青．"八五"时期中国城市分布格局［M］．北京：城市出版社1998年1月版．

江山。

2013年5月由中国社会科学院财经战略研究院、社会科学文献出版社与中国社会科学院城市与竞争力研究中心联合发布的《城市竞争力蓝皮书》指出,2012年中国文化城市竞争力排名中,东南地区和环渤海地区统领前十,香港独占鳌头。从我国文化城市分布的区域比较看,东部沿海地区文化开放程度最好,香港和上海分别排在文化城市前2名。从中国大陆285个城市的排名看,东南地区在55个城市中有29个排在前50名,占52.73%。其次是环渤海地区,在30个城市中排在前50名的有7个,占23.33%。东北地区在34个城市中,前50名的有3个,占8.82%。中部地区在80个城市中有6个排前50名,占7.5%。西南47个城市中4个排在前50名,占8.51%。西北39个城市中只有1个排前50名,只占总数的2.56%。从整体水平看,前10名几乎都是沿海城市,而中西部及东北地区城市文化开放程度普遍不高。在加权排名中,香港以绝对优势居于首位,上海、北京、苏州非常出众,说明这些城市文化的开放程度和多元化程度较高。

第三,城市化与现代化严重脱节。这主要表现在以下几方面:一是城市比较注重"硬件",即基础设施建设,相对轻视"软件"建设,即城市管理。主要是管理人员不足,法规不健全,缺少现代化的管理手段。二是比较重视城市的人口数量,相对忽略人口质量,使得不少地区的城市公民缺少市民意识。三是城市建设缺乏总体规划或没有长远目标,忽视城市环境保护,城市绿地少,水土流失严重,大气污染严重,水环境质量差。

**中国城市化率简表**

| 年代 | 1949 | 1950 | 1951 | 1952 | 1953 | 1954 | 1955 | 1956 | 1957 | 1958 | 1959 |
|---|---|---|---|---|---|---|---|---|---|---|---|
| 城市化率 | 10.64 | 11.18 | 11.78 | 12.46 | 13.31 | 13.69 | 13.48 | 14.62 | 15.39 | 16.25 | 18.41 |
| 年代 | 1960 | 1961 | 1962 | 1963 | 1964 | 1965 | 1966 | 1967 | 1968 | 1969 | |
| 城市化率 | 19.75 | 19.29 | 17.33 | 16.84 | 19.37 | 17.98 | 17.86 | 17.74 | 17.62 | 17.5 | |
| 年代 | 1970 | 1971 | 1972 | 1973 | 1974 | 1975 | 1976 | 1977 | 1978 | 1979 | |
| 城市化率 | 17.38 | 17.26 | 17.13 | 17.2 | 17.16 | 17.34 | 17.44 | 17.55 | 17.92 | 19.99 | |
| 年代 | 1980 | 1981 | 1982 | 1983 | 1984 | 1985 | 1986 | 1987 | 1988 | 1989 | |
| 城市化率 | 19.39 | 20.16 | 21.13 | 21.62 | 23.01 | 23.71 | 24.52 | 25.32 | 25.81 | 26.21 | |
| 年代 | 1990 | 1991 | 1992 | 1993 | 1994 | 1995 | 1996 | 1997 | 1998 | 1999 | |
| 城市化率 | 26.41 | 26.37 | 27.63 | 28.14 | 28.62 | 29.04 | 29.37 | 29.92 | 30.4 | 30.89 | |
| 年代 | 2000 | 2001 | 2002 | 2003 | 2004 | 2005 | 2006 | 2007 | 2008 | 2009 | |
| 城市化率 | 36.22 | 37.66 | 39.09 | 40.53 | 41.76 | 42.99 | 43.9 | 44.94 | 45.68 | 46.59 | |
| 年代 | 2010 | 2011 | 2012 | | | | | | | | |
| 城市化率 | 47.5 | 51.3 | 52.57 | | | | | | | | |

## 中国城市分省统计表

| 地区 | 合计 | 200万以上 | 100～200万 | 50～100万 | 20～50万 | 20万以下 |
|---|---|---|---|---|---|---|
| 全国 | 663 | 13 | 27 | 53 | 218 | 352 |
| 北京 | 1 | 1 | | | | |
| 天津 | 1 | 1 | | | | |
| 河北 | 34 | | 3 | 3 | 5 | 23 |
| 山西 | 22 | | 1 | 1 | 4 | 16 |
| 内蒙古 | 20 | | 1 | 1 | 7 | 11 |
| 辽宁 | 31 | 2 | 2 | 6 | 7 | 14 |
| 吉林 | 28 | 1 | 1 | | 11 | 15 |
| 黑龙江 | 31 | 1 | 1 | 6 | 10 | 13 |
| 上海 | 1 | 1 | | | | |
| 江苏 | 41 | 1 | 3 | 3 | 23 | 11 |
| 浙江 | 35 | | 1 | 2 | 7 | 25 |
| 安徽 | 22 | | 1 | 4 | 10 | 7 |
| 福建 | 23 | | 1 | 1 | 4 | 17 |
| 江西 | 21 | | 1 | | 8 | 12 |
| 山东 | 48 | | 3 | 6 | 23 | 16 |
| 河南 | 38 | | 2 | 7 | 8 | 21 |
| 湖北 | 36 | 1 | | 4 | 12 | 19 |
| 湖南 | 29 | | 1 | 3 | 8 | 17 |
| 广东 | 52 | 1 | 1 | 2 | 29 | 19 |
| 广西 | 19 | | | 2 | 4 | 13 |
| 海南 | 9 | | | | 2 | 7 |
| 重庆 | 5 | 1 | | | 2 | 7 |
| 四川 | 32 | 1 | | 1 | 12 | 18 |
| 贵州 | 13 | | 1 | | 3 | 9 |
| 云南 | 15 | | 1 | | 2 | 12 |
| 西藏 | 2 | | | | | 2 |
| 陕西 | 13 | 1 | | | 5 | 7 |
| 甘肃 | 14 | | 1 | | 2 | 11 |
| 青海 | 3 | | | 1 | | 2 |
| 宁夏 | 5 | | | | 2 | 3 |
| 新疆 | 19 | | 1 | | 7 | 11 |

（资料来源：中国市长协会编委会主编：《中国城市发展报告》(2001—2002)。西苑出版社 2003 年 1 月 1 版。）

在快速城市化的进程中，旧有的二元结构尚未完全打破，城乡之间由于户籍等因素形成的藩篱依然存在。大量城市外来务工者并未真正成为"城市人"，没有充分感受到城市化带来的积极成果。这个群体被专家们称为准城市人口。他们在城市化进程中土地被征用，一般就地转化为城镇户口，但并没有真正融入城镇生活。另外就是中国的"二代移民"同样面临着融入城市社会的难题。他们无法接受正规教育，又不满足于社会的低下地位，也无法回到乡土社会。大量农村产业工人虽然居住在城市，并未被计算为城市人口，但不能同等享受城市的公共服务，其收入水平、消费模式无法等同于一般城市人员。

第四，城市发展中土地利用率低。

在城市化发展较快的 1990—1995 年，全国净减少耕地 200 多万公顷，相当于广西耕地面积的 70%，相当于 50 个中等县的耕地面积。这直接影响了农业发展并制约城市发展。城市"摊大饼"式的扩展导致土地利用率下降。1986—1996 年间，中国 37 个特大城市用地规模增长弹性系数（城市用地增长率与人口增长率比率）已达 2.29，而合适的标准为 1.12，两者相差 1 倍多。城市建筑容积率 1996 年为 0.45，而一般可达到 1~3。这表明我国城市的土地利用集约化程度还很低。[①] 这种情况势必造成城市基础设施的建造和运营达不到最佳规模，生产成本和费用较高。

第五，城市趋同化现象较为严重。在城市快速发展的进程中不少城市在城市形态、产业结构、建设方式等方面表现出趋同化的现象，也就是重复建设严重，城市个性和特色不突出，城市之间缺乏区域协调和分工协作。

上述情况不仅制约着我国城市化的进程速度，而且影响到我国社会的经济发展，已引起学术界的高度重视。专家们认为，造成我国城市上述问题的主要原因，一是经济不发达，农业现代化水平不高，城市承载能力不强；二是城乡分立的二元结构影响了城市化进程。三是我国人多地少，对城市的地位与作用认识不足。专家们认为，中国城市有其自身的发展特点和规律，因此我国城市化道路也应有自己的特色。我国是一个发展中的社会主义国家，城市化道路与西方国家有着极大的区别。我国城市化从一开始就是以农业经济为基础、以农村繁荣促进城市化发展的，而不是像西方资本主义国家城市化初期那样，城市发展是建立在农村贫困和农民破产基础上的。20 世纪 80 年代后我国实行经济体制改革，农村实行联产承包责任制，农业劳动生产率大幅提高，商品经济得到发展。这些都为 21 世纪初的城市化加速奠定了基础。同时我国的城市发展不是盲目的，而是在国家计划指导下实现的，也就是说城市化进程要纳入统一的社会经济发展轨道，而不能盲目发展。

**思考题**

1. 新中国的城市建设经历了几个发展阶段？其成就如何？
2. 目前我国城市建设发展中还有哪些问题？其原因是什么？

---

① 陈书荣. 我国城市化现状、问题及发展前景 [J]. 城市问题. 2000 (1).

# 第四章 城市的特征与本质

## 第一节 城市的特征

### 一、城市的特征

城市与农村相比具有明显而繁多的特征,容易区别但又难以抽象地概括。对于这样一个包括经济、社会、政治、文化等诸因素的巨型系统,我们对城市的认识首先是从直观的表层特征开始。

从乡村进入城市,首先看到摩肩接踵的人潮,川流不息的汽车,鳞次栉比的高楼,琳琅满目的商品,其次是高科技的工业生产和完善的服务体系。这一切均是城市最直观的表象特征。随着城市生活经历的增加,人们对城市特征有了更深刻的认识,这就是城市的深层特征,可归纳为4个方面。一是城市生产和生活功能的多样化。二是生产日趋智力化。高、精、尖的科学技术被广泛用于生产领域,大大提高了生产效率。三是城市生活日趋社会化。广泛的分工合作提高了劳动技能,节省了时间,提高了效率,促进了生产和生活诸要素的凝聚,人与人之间的联系更加密切。四是城市系统日趋开放化,城市空间向周围农村延伸,功能辐射到整个区域。城市既是输入原材料、燃料、食品、信息等的中心,又是输出制成品和废料的中心。

### 二、城市与农村的差别

**城市与农村特征对比表**

| 类别 | 细目 | 城市 | 乡村 |
| --- | --- | --- | --- |
| 社会特征 | 社会主体 | 非农群体 | 农业群体 |
| | 社会组织 | 严密、复杂 | 松散、简单 |
| | 社会结构 | 层次复杂 | 层次简单 |

续表

| 类 别 | 细 目 | 城 市 | 乡 村 |
|---|---|---|---|
| | 社会性质 | 非农社会 | 农业社会 |
| | 社会活动 | 非农活动为主，分工复杂 | 农业活动为主，分工简单 |
| | 活动场所 | 城区 | 村庄、田野 |
| | 社会职能 | 提供满足人的发展需要的生活用品或服务，主导一个地区的社会发展 | 创造能够满足人的生存需要的生活用品，维持社会的存在 |
| | 影响范围 | 通常超出本市或本地 | 通常在本村或本地 |
| | 社会财富 | 丰富、多样 | 贫乏、单一 |
| 经济特征 | 主要活动 | 制造业、服务业 | 农业（含林、牧、渔业） |
| | 经济结构 | 复杂，行业多，按技术分工 | 简单，行业多，按自然分工 |
| | 活动主体 | 工人、商人 | 农民（含牧民、渔民） |
| | 活动场所 | 工厂、商店 | 农田（含牧场、渔场） |
| | 经济水平 | 高 | 低 |
| 文化特征 | 主要活动 | 都市文化 | 乡村文化 |
| | 文化结构 | 丰富、多元、现代 | 简朴、简单、传统 |
| | 活动主体 | 专业性文人 | 兼职艺人 |
| | 活动场所 | 专业场所 | 简易场所 |
| | 文化素质 | 高 | 低 |
| 建筑特征 | 主要建筑 | 房屋、厂房、店铺 | 房屋 |
| | 街道 | 宽阔，多呈网络状 | 短小，多呈枝杈状 |
| | 广场 | 多位于市中心，用于集会 | 常位于村旁，主要用于生产 |
| | 基础设施 | 齐全 | 贫乏 |
| | 建筑密度 | 高 | 低 |
| 聚落特征 | 人口规模 | 大 | 小 |
| | 人口密度 | 高 | 低 |
| | 空间结构 | 复杂，平面圈层状，立体多层 | 简单，平面均衡分布 |
| | 空间形态 | 多呈片状 | 多呈点状 |

（资料来源：牛凤瑞．城市学概论［M］．北京：中国社会科学出版社，2008．）

从上表可以看出，城市与乡村的差别集中反映在两方面：一是城市与乡村各具特点，风格迥异；二是城市与乡村发展水平有差距，品质有高下之分。通常情况下这两个方面的差异都有所表现，只是程度有所不同。在城乡关系协调的社会里，前者占主导地位，后者表现不明显。相反，在城乡关系对立的社会里，后者突出。

综合来讲，相对乡村而言，城市具有如下特征：一是关系复杂的人群。不同背景、不同职业的人聚集在城市，组成关系复杂的社会群体。二是发达的生产力。城市既是一个地区社会生产力发展水平的集中体现，又是孕育先进生产力的摇篮。三是先进的思想文化。城市社会成分多样，各种思想流派和艺术门类相互交融碰撞，由此不断创新，成为各种变革思潮的策源地。四是重要的社会职能。一般来说，城市是周围地区甚至更大范围内的政治、经济、文化或交通中心，在区域社会经济发展中发挥着龙头作用。五是完善的基础设施。城市集中了一个地区先进的生产力，有能力建造更适合自身发展需要的条件和设施，从而提高整体生产效率，增加居民的生活舒适度。六是庞大的规模。城市通常集中了一个地区主要的非农业社会活动，功能复杂，规模庞大。

当然，上述特征只是与乡村相对而言的，而不是绝对的。事实上，无论是城市还是乡村，都是居民点，都在发展和演变。乡村可以发展成为城市，城市也可能蜕变成为乡村。

## 思考题

举例说明城市与农村的差别，并进行归纳分析。

# 第二节　城市的本质

## 一、城市的本质

分析城市的表层特征和深层特征，不难发现近、现代城市诸多表象背后有着共同的本质——集聚。因此集聚就是城市的本质。

"集聚"（agglomeration）一词来源于城市地理学，是指某一确定地域中特定时间内经济、人口的快速集中现象。城市正是各种生产要素和生活要素集中的地方。这也是城市与乡村最本质的区别。

工业革命客观上加速了生产要素聚集的进程。"市场的兴起，又给第二次浪潮文明诞生了另一个原则：集中化。"① 据统计，1987年我国381个城市市区总面积仅占全国国土总面积的10.1%，却集中了全国24.3%的人口，70.3%的工业总产值，48.5%的社会商品零售总额，70.5%以上的固定资产，75.4%的工业利税，全国90%以上的高、中级科技人员及97.8%的高等院校生。②

## 二、集聚理论的阐释

集聚是城市的本质，这可以从经济和社会两个视角进行考察。

1. "区位理论"

现代工业企业一般都会出现地理集中的现象。对此德国著名经济学家阿尔弗雷德·韦伯用"区位理论"给予了很好解释。他在《工业区位论》一书中首次建立了有关集聚的一套规则和概念。

韦伯把工业的集中现象称为"集聚"（agglomeration），认为集聚是一种"优势"。集

---

① 托夫勒. 第三次浪潮[M]. 北京：三联书店，1983：99～101.
② 摘自1988年《中国城市经济社会年鉴》。

聚因素导致的工业集中可分为两个阶段。一是企业扩张引起工业集中，是集聚的初级阶段。同小规模生产相比，大规模生产具有显著的经济优势，即通常所说的规模经济效益。这会导致企业扩张，形成"最低限度的有效规模"。二是扩张的企业吸引工业集中，形成企业地方联合。韦伯称之为"社会集聚"，这是集聚的高级阶段。

为什么会产生集聚？韦伯认为有三个因素：一是技术设备的发展。一些专业设备即使在规模很大的工厂也不可能满负荷使用，造成资源的浪费。这就导致一些专门化部门从大企业中分离出来，提供专门的公共服务，而"最优最低廉的服务保证只有在城市"才有。二是劳动力组织的发展。人的专业化类似于专业设备形成的专业化部门，建立在劳动分工基础上的劳动力"交易关系"同样有助于社会集聚。三是市场化。比如批量购买和销售可以减少中介和库存，降低成本，提高信用。此外还有一个因素是"一般经常性开支成本"的降低。如煤气、自来水管道等。这些城市基础设施的共同使用会使单个企业负担减少，并体现出集聚效益。

另一方面，集聚也会引起相反倾向，即增加支出。土地增值会引起地租提高。韦伯称这些为"分散因素"。但认为分散因素只能"弱化"集聚，影响集聚规模，而不会影响集聚的发生。因为只有集聚才会使企业各种工业特定因素，如技术、资金、原材料、市场、生产链条、组织水平等相联系，而分散则与此无关。

韦伯用"生产成本"理论解释了工业的地域集中，尽管他提出这一理论时（1909年）人们还没有关注城市化问题，但近百年来区位理论也有新发展，可以为我们理解城市化动力机制提供简洁有力的说明。

2. 城市本质取决于人的社会性

城市是人的城市，城市的主体是活生生的人。因此城市的本质与人的本性有着密切联系。正是人的社会性决定了城市集聚这一根本属性。

（1）亚里士多德的观点

早在古希腊时期，亚里士多德就对城邦的本质进行过深入探讨。他认为城邦的产生在于使人类完成善业；人也只有在城邦中才能实现自身价值。他认为，人与动物的根本区别在于人类具备语言功能，能够说明正义与邪恶。"人类生来就有合群的性情，人类自然是趋向于城邦生活的动物（人类在本性上，也正是一个政治动物）"。人类存在的目的是为了实现三种善业，即物质的富足、身体的健康和良好的道德。而在这三者中良好的道德即灵魂的善又是本质性的。人只有实现了这三种善才能区别于动物，实现人的本质。"人类的每一种作为，其本意总是在追求某一善果"。人类组成各种社会团体的目的也是为了完成善业。人类进化经历了家庭、村社和城邦三个阶段。而城邦则是"至高而广涵的社会团体"，即政治社团，是人类从事善业的主要组织。城邦的公共生活是人类完善必不可少的，只有那些享有公共生活的公民才是真正意义上的人。总之亚里士多德认为，人是政治性的动物，人的本质是灵魂的善，而城邦则是完成这种善业的组织。人与城邦在本质上具有一致性。

（2）芝加哥学派的观点

20世纪20年代美国芝加哥学派开始了人类生态学研究。人类生态学的研究对象是人。人不同于动物之处在于能够创造自身的文化，有自我意识、能动性和实践性。他们把研究重点放在现代人即城市人上，指出："以人类为研究对象的人类学，迄今为止基本上只注重了原始人群的研究,而文明人类其实是更引人入胜的研究课题。同时,文明人类的生活也更便于考察和研究。城市生活和城市文化固然比较活泼多变,比较微隐,比较复杂,但就其基本动因而言,两者却大体相同。"[1] 帕克从城市外观结构看人类的特征,指出:"城市给人留下的印象,首先是它那庞大而复杂的结构。但是,这种结构特性终究还是发端于人类特性的,而且也就是人类特征的一种表现形式。"大城市的扩张也是如此:"人类特性发展的必然趋势会使这些建筑物和地区越来越难以控制。……久而久之就逐渐形成了大城市既无设计又无控制的人口组织和分布形式。"在他看来,城市建筑、街道、布局处处都体现着人性,城市组织、环境特性及秩序特性最终也都是由城市人口规模决定的。现代人的特征是自由与竞争,而正是竞争和分工发挥了人的潜在能力。人与生俱来的感情和欲求是不受约束、无所限制的,乡下的人们跑到城里正是出于这种动机,即希望在城市有机会展示自己。但另一方面,城市生活也会使人的本性、冲动和本能受到抑制。为此,只有将人的本性转化为代替性活动,如体育运动、比赛、艺术活动等,才能激发人本具有的天性。

总之,"城市生活使得各种人类个性与特征充分地展示出来,并将其放大,这些个性与特征在小型社区环境中原是模糊的、潜藏着的。城市则把人性中过度的善与恶都展示出来"。芝加哥学派是站在"人性"的基础上对城市的本质进行了揭示,认为现代城市是"放大"了人类自身具有的原始的各种"本性",从而把现代城市的本质与人类的本质联系了起来,并揭示了其现代性特征。

## 三、集聚的内容

城市的本质是聚集,但聚集的内容却是多方面的。

### 1. 城市聚集了人口

人是城市活动的主体。城市现代化大生产以人口的聚集为基本前提。

人类诞生的 300 万年中有 3 次人口集中浪潮,分别是新石器时代、18 世纪工业革命时期和 20 世纪中叶。古代生产力低下,医学不发达,人们无法抗拒自然灾害,人口增长速度缓慢。公元纪元初世界人口总数只有 1.5 亿,公元 1600 年为 5 亿,1800 年为 9 亿,1830 年为 10 亿,1930 年为 20 亿,1960 年为 30 亿,1975 年为 40 亿,1987 年为 50 亿。也就是说,自人类出现到公元 1830 年,世界人口只有 10 亿。可从 10 亿发展到 20 亿用了 100 年,从 20 亿到 30 亿只用了 30 年,从 30 亿到 40 亿用了 15 年,从 40 亿到 50 亿只用 12 年。可见随着科技进步,世界人口增长速度越来越快。我国夏禹时代人口约 1 300 万,战国时陡增到 3 000 万,汉唐为 7 000 万,北宋后期达到 1 亿左右,清乾隆初年陡增到 4 亿,1949 年为 5.4 亿,1987 年达到 10.8 亿,1995 年达到 12 亿。

到了现代社会,一方面人口不断增加,另一方面又多向城市集聚。城市人口的聚集可用城市人口密集反映。美国 20 世纪 80 年代末"80% 的人口住进了市区里。美国一半以上的人口居住在 1% 的国土上。新罕布什尔南部和弗吉尼亚北部之间的 1 万平方千米土地上

---

[1] 帕克等. 城市社会学 [M]. 北京:华夏出版社. 1987.

居住有 3 000~4 000 万人口"。① 1987 年我国市区建成区的人口密度,北京为每平方千米 17 636 人,上海为每平方千米 19 196 人。

2. 城市聚集了生产和流通

机器大工业为工业生产集中于城市创造了条件。工业是城市经济活动的中枢,商业则是经济运动的起点和终点。两者互为条件,互相促进。

美国最大的工矿企业约 1 千家,纽约、洛杉矶、芝加哥、费城、底特律、旧金山、达拉斯、休斯敦、波士顿、亚特兰大 10 大工业城市就集中了约 1/3。东京拥有的日本最大工矿企业和资金占全国总数的一半以上。法国 38% 的企业总部设在巴黎,巴黎工业产值约占全国的 1/4。伦敦集中了全国加工工业人口的 1/5,是英国最大的加工工业中心,工业产值大约是全部工业产值的 1/4。②

3. 城市聚集了科学和文化

城市还是科学技术进步的策源地。生产集中、规模庞大及专业化、协作化的现代工业既为科技进步提供了条件,也推动着科学技术向城市集中。城市集中了大量工程技术人员和科研人员、企业、科研机构、研究部门和高等院校等。1983 年我国北京、天津、石家庄、太原、沈阳、大连、长春、哈尔滨、上海、南京、无锡、济南、武汉、广州、成都、重庆、西安 17 座城市集中全国自然科学人才的 23.58%,全国高校在校生的 50.31%,全国高校教师的 55.55%。1987 年北京、天津、上海 3 市集中了 146 所高等院校,全国高校生的 15.8%。北京市中关村科技开发区面积 80 平方千米,人口 50 余万,拥有高等院校 27 所,国家级科研所 40 多个,科技人员 45 000 人,其中高级科研人员 7 000 人,大学生 6 万多人,研究生 6 千多人。1987 年我国 381 个城市集中了全国 90% 以上的高、中级科研人员,97.8% 的高校在校生。③

城市还集聚了文化。城市是人类智慧和文明的发祥地,拥有图书馆、博物馆、艺术馆、教堂、音乐厅、美术馆、展览馆等。现代城市还是文化设施聚集地,教育、卫生、体育、娱乐、广播、电视、电影、印刷、出版、医疗、信息服务等设施大都集中在城市。纽约文教事业在美国居重要地位,是美国电视广播出版中心,这里的《每日新闻》是美国销路最大的日报,出版非英文报纸 200 多种,有哥伦比亚大学、纽约大学、纽约市大学及许多大型文化娱乐场所、博物馆和图书馆。日本东京集中了全国约 1/3 的大学和近 1/2 的大学生,出版社占全国的 80%,还有规模相当大的图书馆。英国伦敦集中了全国多个最重要学术单位,如皇家学会、国立物理实验室、格林尼治天文台、皇家艺术学院、不列颠博物馆等,伦敦大学是英国大学中最大的。法国巴黎集中了全国 1/4 的公务员、1/3 的医生、1/2 的建筑师和工程师、60% 的艺术家和文学家、72% 的研究工作者及 55% 的专门人员。

4. 城市集聚了社会活动

社会交往活动联系着人们的正常关系。城市人需要经常交流思想、信息、经验、情

---

① 黑夫金、霍德华. 熵:一种新的世界观 [M]. 上海:上海译文出版社. 1987.
② 数据摘自 1988 年《中国城市经济社会年鉴》。
③ 同上。

感，建立信任与友谊。现代城市的生活方式、居住方式及工作压力和竞争使城市人普遍产生心理压抑和孤独感。他们需要最大限度地进行交往，寻求友谊和帮助。另外，各党派团体、民间机构也经常发生交流，包括对外联系和国际交往。城市社会可以说是各种社会交往关系的总和，城市的社会活动包括社会交往、民主政治、法制和行政等。

## 四、集聚的条件与机制

### 1. 集聚的条件

人口与工业向城市集中从根本上说是社会经济发展和科学技术进步的结果，具体包括三方面：一是人身自由。社会进步使人能够自由处置自身的劳动力，决定自己的居住和工作。这是人口向城市集聚的前提条件。二是工业革命与科技进步。蒸汽机为机器大工业生产提供了前所未有的动力源，使工业摆脱了地域限制。由此引发的工业革命使城市集聚内容从质和量上都发生飞跃。工业集中又拉动了人口集聚，使城市规模迅速膨胀。工业生产还刺激了商品经济，各种商业金融机构开始在城市集中，出现了机动交通工具及为之服务的线路、车站、码头等，使城市对外交流方便迅速。科学技术进步为第二、三产业向城市集聚提供了技术条件，工业的发展客观上也要求城市开拓第三产业，于是商业、交通、邮电、饮食、旅游、信息、咨询、教育、卫生、医疗、体育等很快在城市发展起来。三是服务功能加强。这主要指城市基础设施的承载能力和社会服务设施的质量水平。城市基础设施是城市赖以生存和发展的一般条件，是为物质生产和人民生活提供公共服务的，包括能源、水、交通、邮电、环境、防灾等6大系统。它虽然不是城市生存的条件，但却是工业高效运转和城市居民生活方便的保障，也是影响城市集聚的因素之一。

### 2. 集聚的机制

人口和工业向城市涌动，既有成功也有失败。这种状况是由集聚的内在机制和规律支配的，即由"利益吸引"和"选择排斥"两个互相联系而矛盾的"双向机制"所决定。

利益吸引机制是工业、人口向城市集聚有其内在驱动力，即各利益主体对利益的强烈追求。城市利益主体分为3类：企事业（包括工业、商业、科研、教育等）单位、个人和城市政府。城市可满足企业追求利润最大化的需求，这就是说企业在城市能够享受"集聚经济效益"。生产专业化及行业协作使城市每个企业都能享受"外部经济效益"，大大提高生产经营效率，降低生产经营费用，提升企业利润。城市的科研成果能尽快转化为生产力，产生经济效益。因此，对企业利润和利益的追求是企业向城市集聚的动因。

城市还使人的需求得到最大满足。人的需求分为生存需要、享受需要和发展需要3类。生存需要包括吃、穿、住、行，享受需要指文化娱乐，发展需要包括学习、工作、医疗卫生、体育等，而在这3方面城市无疑都比农村优越。城市还使政府功能强化，收益提高。行政管理是城市政府的原始职能。各种生产要素、生活要素和人向城市集中，便于政府管理，使市政公用设施投资大为减少，税源增加，财政收入提高。这种双重收益促使政府对适度集聚始终予以鼓励和支持。

选择排斥机制是指城市对涌入的人口与企事业单位自动进行客观选择或淘汰的客观规则，即吸收巩固有能力在城市发展的利益主体，排斥和淘汰竞争中无法立足的利益主体。排斥机制实质是优胜劣汰竞争规律在城市集聚中的体现。

城市空间能够最大限度地满足企事业、个人、政府的利益需要，但这些优越条件不是无偿的。现代城市高效运行需要较高费用，各利益主体进入城市发展就必须具备支付高昂费用的能力，而支付能力是由自身效益决定的。工矿企业和个人进入城市发展不仅要考虑城市可能带来的利益，还要计算要支付的成本。因此，城市对各利益主体需要的满足是有条件和代价的：有能力者来，无能力者走。另外，排斥选择机制在不同经济体制下作用和范围并不相同。经济的市场调节性越强，选择排斥机制作用就越大；经济行政调节性越强，选择排斥机制作用就越小。

## 五、城市的集聚效益

### 1. 集聚效益的内涵

城市的本质是集聚，但集聚终究是一个过程或现象，隐藏在背后的是经济利益，即能够产生集聚效益。集聚效益是城市各利益主体如政府、企事业单位、个人等能够获得高于农村的经济效益。城市之所以能够产生集聚效益，是因为在漫长集聚过程中利益吸引机制和选择排斥机制交互作用的结果。

### 2. 集聚效益的表现形式

集聚效益可理解为在一定集聚和协调程度上城市活动的效果和水平，是投入基础上产生的综合效益，是城市经济、社会和环境效益的统一。集聚效益的表现形式大体可分为15种。

（1）人口集聚效益：人口大量涌入城市导致需求膨胀，包括吃、穿、住、用、行、学习、工作、娱乐、文体活动、医疗卫生等各种需求，从而极大刺激生产。

（2）规模效益：即企业规模和城市规模。经济规模越大，经济效益越高。美国经济学家萨缪尔森（Paul A. Sameulson）曾提出"规模的收益递增"观点："假设我们紧紧增加'操作的规模'——这就是说，在同一时期以同样的程度来增加一切的生产要素。在许多工业过程中，当即把一切的入量加倍时，你会发现，你的出量不止增加1倍。这个现象叫作'规模的收益递增'。""规模的经济效益是非常重要的，它可以解释为什么我们购买的许多物品都是由大公司制造的。"经济规模之所以产生高效益，是因为它能以较少劳动消耗取得较好劳动效果，如节约设备、原材料和燃料，充分利用废料，节约管理费、基础设施费用等。

（3）专业化效益：机械、制造、冶金、电力、化工、纺织、能源、电子及服装、食品加工等行业客观上要求生产过程专业化。专业化可使每一行业劳动效益得到提高并享受"外部经济效益"。

（4）竞争效益：人口和工业高度集中导致竞争激化，这就能充分调动企业和人的积极性和创造性，最大限度地挖掘潜力，使社会生产率得以提高。

（5）技术效益：应用现代科学技术是提高生产率的关键。现代企业能否生存在很大程度上取决于能否迅速有效地利用新技术成果。

（6）信息效益：随着第三产业发展，信息经济应运而生并发展成重要产业，成为城市集聚效应的重要组成部分。

（7）市场效益：城市市场包括内部市场和外部市场。一般来说，扩大当地市场比开拓外地市场更可取，可以降低运输费用和经营成本。

（8）基础设施效益：即基础设施的共同使用给城市带来直接和间接效益。交通运输、供水、排水、供电、电信、邮政、供热、煤气、防灾、绿化、环境保护等设施都直接或间接与生产生活有关。基础设施本身效益很低，它主要是为服务对象提高效益。

（9）辐射效益：辐射效益是指交通和通信使城市企业享受其他城市发展的间接效益，可看作较大范围的外部经济效益。城市对周围地区的辐射作用能够带动周围地区经济社会发展。城市间相互辐射，相互受益。

（10）布局效益：布局效益是指城市空间因合理规划而产生的效益。现代城市规划理论重要原则就是发挥土地利用效益和靠近效益，寻求合理布局方案。

（11）结构效益：即城市因产业结构、人口与劳动力结构合理而产生的效益。

（12）人才效益：企业家、科学家、工程师、政治家、社会活动家、艺术家、教育家、哲学家等优秀人才在现代城市中的作用日益重大。他们是城市人口中的精英，是提高劳动生产率、产生集聚效益最活跃的因素。

（13）资金效益：城市集聚了社会财富的货币形式——资金，而资金流通和周转创造着巨大效益。工业和人口集聚使银行借贷能力和社会集资量大大增加，资金加速流通和周转，从而使货币财富滚动增长。

（14）文化教育效益：城市文化设施能够放松身心，陶冶情操，提高文化修养，从而提高工作效率。文化教育的经济效益是间接的、潜移默化的，而其社会效益却是直接的。

（15）环境效益：城市环境不仅影响居民身心健康，也直接或间接影响工作效率及投资效益。

上述15种城市集聚效益有的是内部效益，如规模效益、技术效益等，有的是外部效益，如市场效益、布局效益等，还有的既有内部效益因素又有外部效益成分，如专业化效益、基础设施效益等。从对城市影响看，有的是直接效益，如专业化效益、技术效益；有的是间接效益，如文化教育效益、环境效益；有的则是兼而有之，如结构效益等。不管哪一种，本质上都是由集聚衍生出来的。

## 六、经济效益、社会效益与环境效益的关系

从大的类别来划分，城市集聚效益又可分为经济效益、社会效益与环境效益三个方面。这三者是对立统一的关系，既有机交融又彼此制约，显示出以下规律。

### 1. 在工业化和城市化的不同阶段，三种效益表现为不同的主次关系

生产力低下时经济效益占重要地位，社会效益与环境效益相对次要。这是因为城市最重要的活动就是经济活动，没有一定水平的经济效益，城市社会与环境效益就无从谈起。有学者就3种效益重要度做调查，得出如下结果：三者中经济效益对社会发展的贡献所占

权重最高,达 0.39,社会效益次之,达 0.32;而环境效益在最后,为 0.29。

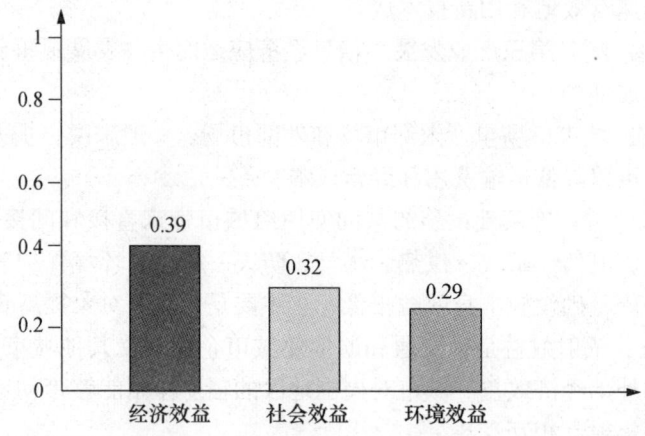

然而承认经济效益的重要并不能忽视社会效益与环境效益。对城市环境和社会进步起消极作用的经济开发也难持久。如果城市经济效益极大损害了环境和社会效益,矛盾必然尖锐化,最终将导致经济效益受损。从这个意义上说,社会和环境因素对城市集聚效益具有相当大的影响和制约作用。

2. 三种效益间表现为交叉关系,彼此交叉影响和相互作用

根据"交叉学"理论,组成一个系统的因素构成交叉关系,则系统所达到的水平是各因子交叉作用的结果;其中只要一个因子固定不变,则交叉效能(结果)就会饱和,不再提高。参见下图:

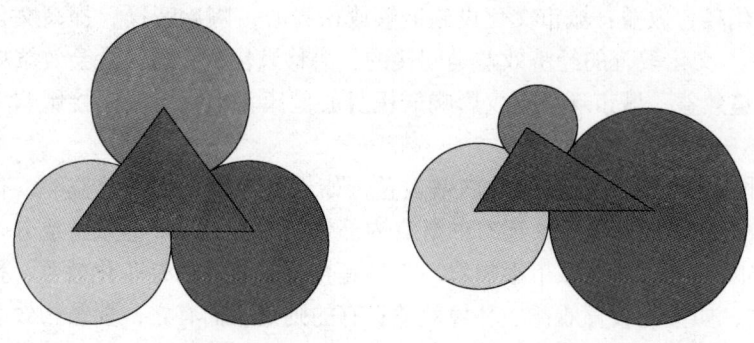

(图例说明:3个圆分别代表构成系统的3个部分,三角形为三部分交叉结合后的新效能。两图中3个圆面积之和相同,但3个圆分布不同,由此决定了交叉效能大小也不同。第2个幅图中最小的圆使三角形面积减小,这表明系统交叉能效受其最弱部分制约)

城市集聚效益正是由经济效益、社会效益、环境效益3因素共同决定的交叉效能。它不是这3种效益的简单相加,而是交叉融合后的新内容,其水平既取决于3个组成因素本身的高低,又取决于3者交叉作用的结果。城市集聚效益受组成因素最弱部分制约。

3. 在不同发展阶段3种效益重要顺序会发生变化

城市发展一般分为初建、发展、发达3个阶段。初建阶段时经济效益重要度远大于社

会和环境效益。到城市发展阶段，随着经济实力增长，经济效益和社会效益重要度依然增长，但社会效益重要度渐渐赶上或超过经济效益，而城市环境往往因污染而恶化，重要度相对下降。城市进入发达阶段后生产力水平已相当发达，人们对社会效益与环境效益要求日益提高，客观上也有提高社会效益和改善环境的经济实力。因此，环境效益重要度从低峰值迅速上升。当然经济效益权重始终占据主要地位。3种效益的重要度变化曲线如下图所示：

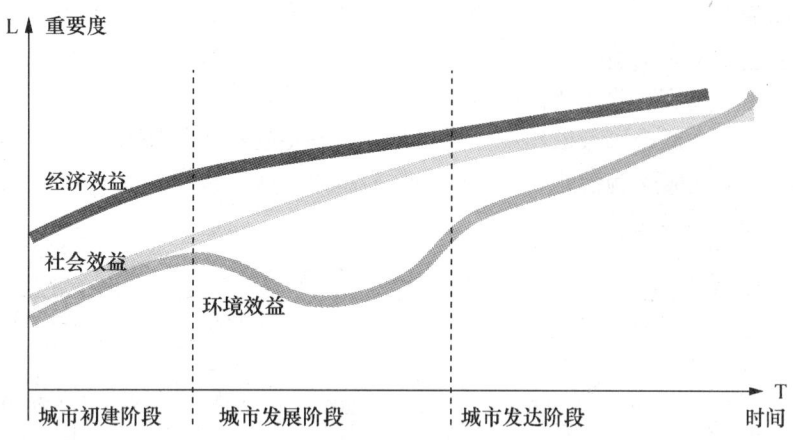

## 七、衡量城市聚集效益的指标体系

集聚效益是评价城市功能作用的重要指标，具有调节城市活动方式、反映城市发展状况的作用。建立城市效益指标体系是搞好城市规划、进行城市建设和管理的基础。评价指标体系的一般要求是完备、准确，全面反映城市面貌，同时又简明扼要，便于理解、统计和比较。

1. 经济效益

城市经济效益主要用7个指标反映。

（1）国民生产总值即GNP（gross national product）与人均国民生产总值：它们反映城市经济发展水平和实力，是综合性很强的经济效益指标。

（2）社会劳动生产率：即从事物质资料生产的劳动者平均每人创造的国民收入。这一指标反映城市物质生产部门实际生产水平和经济效果。

（3）人均财政收入：即按城市人口平均的财政收入。它是经济领域内分配效益的重要指标。

（4）能源利用效果：即每吨标准燃料消费量所提供的国民收入。它反映城市生产性消费效益。

（5）城市土地利用效果：即每平方千米城市土地所提供的国民生产总值，是反映城市土地经济效益的重要指标，可看出城市土地利用的有效程度。

（6）人均货物吞吐量：即城市人口平均的货物吞吐量（包括为本市服务的货物吞吐量和过境货物吞吐量2项），它反映经济领域的流通效益。

（7）人均社会商品零售额：即按城市人口平均售出的消费品。它反映商业流通水平，表明社会购买力的实现程度。

2. 社会效益

城市社会效益评价指标也有 7 个。

（1）恩格尔系数：这是 19 世纪德国统计学家恩格尔提出的。他对家庭收入和消费变化进行研究，发现随着收入增加，人们用于食品的支出占总支出的比例逐渐下降，用于住宅和衣服方面的支出占比基本保持不变，而用于其他商品的支出占比将会增加。于是经济学家将家庭食品支出占消费支出或收入的比例称为恩格尔系数，其一般规律为：收入越低的家庭恩格尔系数越高；收入越高的家庭恩格尔系数就越小。恩格尔系数在一定程度上反映了人民生活水平。联合国粮农组织用恩格尔系数判定生活发展阶段的一般标准为：60%以上为贫困；50%～60% 为温饱；40%～50% 为小康；40% 以下富裕。目前欧美发达国家恩格尔系数范围一般在 20%～30%。

**我国近年来的恩格尔系数**

| 年　份 | 1996 | 1997 | 1998 | 1999 | 2000 | 2001 | 2002 | 2003 |
| --- | --- | --- | --- | --- | --- | --- | --- | --- |
| 恩格尔系数（%） | 48.6 | 46.4 | 44.5 | 41.9 | 39.2 | 38.2 | 37.7 | 37.1 |
| 年　份 | 2004 | 2005 | 2006 | 2007 | 2008 | 2009 | 2010 | 2011 |
| 恩格尔系数（%） | 37.7 | 36.7 | 35.8 | 36.3 | 33..7 | 37 | 40 | 36.3 |

（2）城市就业率：即城市就业人口总数与总人口数的比率，是衡量城市满足人口工作需求程度的指标，也是衡量社会安定程度的指标。

（3）人均住房使用面积：即城市人口平均住房面积，反映城市人口居住水平和建设发展水平。

（4）人均出行时间：即城市职工平均上下班单向出行时间，反映城市服务水平和效率。

（5）人均受教育年限：即城市人口平均受教育年限，反映城市教育文化事业发展水平、城市居民文化修养水平。

（6）人均寿命：即城市人口在某一时期的平均寿命，反映城市医疗保健和卫生防疫水平及居民健康状况。

（7）城市犯罪率：即城市犯罪人口与市区总人口的比率，反映城市治安和安定程度，也是衡量城市社会效益的综合性指标。

3. 环境效益

城市环境效益可用 5 个评价指标反映。

（1）城市绿化覆盖率：即市区绿化面积占市区总面积的比率，反映城市绿化水平和城市环境质量。

（2）下水道普及率：一个地区能够利用下水道的人数与该区总人数的比率。这是反映城市排放设施水平的指标，有时也反映城市综合现代化水平。

（3）二氧化硫超标率：即二氧化硫日平均浓度超标值与日平浓度标准值的比率，是反映城市大气化学污染程度的指标，同时也反映工业生产废气排放状况。

（4）总悬浮微粒超标率：即城市总悬浮微粒日平均超标值与日平均标准值的比率，反映城市大气污染状况。

（5）交通噪音超标率：即交通噪音超标值与交通噪音标准值的比率，反映城市噪音污染状况。

## 思考题

1. 什么是城市的本质特征？如何理解城市本质？
2. 如何理解"集聚理论"？
3. 简述芝加哥学派的观点。
4. 集聚的内容包括哪些？
5. 如何看待经济、社会与环境效益的关系？

# 第五章 城市结构及运行

城市是一个开放的有机系统，由合乎规律的严密结构组成。分析城市结构如同解剖麻雀，可以使我们从局部开始了解城市的内部构成，了解城市每一部分的特点及部分与部分之间的关系，从而在深层意义上了解城市的根本属性。

从静态角度看，城市结构可分为地域结构和内部结构两个方面。从动态角度看，城市又处在不断的运动与变化之中。

## 第一节 城市地域结构

### 一、城市地域

城市地域是城市在一定区域内所处的位置和范围。城市不是一成不变的，而是不断变化的区域实体，城市地域在较短时间内表现为静态位置关系，而在较长时期则展现出动态的演化过程。早期城市地域划分标准主要是依据人口密度和土地利用状况。许多国家据此制定了城市地域划分标准。美国有"标准大城市统计区"和"城市化地区"；英国有"城市集聚区"；日本有"标准城市地区"。

美国标准大城市统计区（standard metropolitan statistical area，SMSA）是美国政府划分城市地域的方法，具体指标为：第一，具有5万以上人口的中心城市或由总人口5万人、两个相连城市共同组成社区，其中较小城市人口不低于1.5万人。第二，包括中心城市所在县（州以下最大行政单位）的其余部分。而城市化地区（urbanized area）则要具备以下条件：2500人以上的行政地区；2500人以下时必须是100户人家以上的集聚地；每平方英里1000人以上的统计合计区。日本政府参照美国SMSA提出"标准城市地区"，标准是：中心城市人口15万以上，是市政当局或县当局所在地；与中心市顺序连接、社会经济联系密切的城镇村落。

目前中国城市地域主要是从行政上加以划分。但不管从哪个角度、按何种方法来划分，城市地域都由两个相互联系的部分构成：一个是已经成为市区的建成区，另一个是正在城市化、与市区联系频繁的郊区。

## 二、城市地域结构理论

**1. 城市地域结构的内涵**

城市地域结构是城市功能组织在地域空间上的配置，是城市功能在地域空间上的表现。城市的各种功能都是由城市地域承担的。城市内部可分为执行商品流通功能的商业区、生产加工的工业区以及市民生活区等。它们之间存在明显差别。这些差别使城市地域内部出现不同的组合格局，这就是城市地域结构。城市地域结构是由城市职能分化带动形态分化造成的，且随着社会发展持续不断，现代化进程越快，变动的频率就越高。

**2. 城市地域结构理论**

为揭示城市发展规律，城市学家对城市地域结构提出了许多假说和模型，其中较典型的有以下几种。

（1）同心圆模型

美国社会学家伯吉斯 1923 年提出的同心圆模型是最早关于城市地域结构的理论。伯吉斯通过对美国芝加哥市的研究，总结出城市社会人口流动对城市的 5 种作用：向心、专业化、分离、离心、向心性离心。在这 5 种力的综合作用下，城市发生自内向外的同心圆移动。他认为城市内部功能地域都是按同心圆状配置的，围绕城市中心形成许多环带，包括：① 中心商业区（CBD）：一般位于城市中央，是城市商业、社会活动、市民生活和公共交通的集中点，是城市中枢，集中了商店、银行、办事处、影剧院、俱乐部、旅馆等等。这里地价高，为最大限度地利用城市空间，通常建造大量高层建筑，街道十分拥挤。② 过渡带：围绕中心商业区形成过渡带。这里是居住区，由于商业和轻工业不断侵入，这里的环境日益退化，居住条件恶劣，原居民逐渐迁出。但廉价的租金能吸引社会底层民众迁入，成为贫民区，从而出现服务不充分、秩序混乱、犯罪率高等现象。因此过渡带又被称为退化带。③ 工人住宅带：居民多数从过渡带迁居此地。这里环境较好，建筑彼此接近但不太拥挤。④ 中产阶级住宅带：这里是白领、职员和小商人居住的地方，条件远远优于工人住宅带，建筑宽敞、豪华，具有一流的旅馆和公寓，出现了地方性商业中心。⑤ 通勤带：它是沿高速交通线建设的高级住宅区。上层居民郊区住宅坐落于此，居民在城市中心工作，每天往返、通勤。伯吉斯的同心圆模型的优点在于动态分析了城市地域结构的变化，在一定程度上揭示了城市地域分化的规律，但缺点是划带过多，没有考虑城市交通对地域结构的影响。

（2）扇形模型

由美国社会学家霍伊特于 1939 年提出。他认为城市地域并非同心圆状的形态，而是受到交通线的影响。城市中心功能地域在向外扩展时由于土地使用的要求，使功能地域总会按一定方向延伸，具有很强的方向性。例如，低租金的地域可以从城中心一直伸向郊区，形成扇形，其原因就是交通干线从城中心向外辐射的影响。功能地域沿交通线路扩展，使城市地域呈扇形向外分布。扇形模型是在同心圆模型基础上发展起来的，强调交通线的作用，可以说是同心圆模型的变种，其缺点是只凭房租这一单项指标来研究城市运动，忽视了其他因素对城市地域分化的影响。

### （3）多核心模型

1945年由美国社会学家哈里斯（Haris）和乌尔曼（E. L. Ullan）提出。他们认为同心圆和扇形模型都认为城市只有一个中心，可是多数城市却拥有两个以上的市中心，或者一个市中心和数个副市中心。前者起源于两个以上的城市，当两个区域扩展连成一片时必然会有几个市中心。而后者则是由于城市扩展产生了副市中心以代替市中心的部分功能。多核心模型强调了城市地域分化发展到一定程度后会产生离心作用，强调了郊区的存在和交通条件、生态环境对城市地域分化的影响，缺点是对城市多核心间的职能联系讨论较少。

### （4）城市域模型

1977年由美国社会学家万斯提出。他首先提出了远方城市核的概念。万斯认为人口向郊外的扩展使城市郊外中心（核）得以形成，城市中心与郊区相互作用的等级和程度因此降低。其次是郊外城市的兴起。由于降低了与城市中心的联系，郊外城市逐渐加强"自我维持"并最终脱离中心商业区，形成新的城市中心，其功能甚至超过原来城市中心。现代大城市包括数个分离的城市域，每个城市域都有明显的经济、社会方面的重要性。

城市域模型与多核心模型既有联系又有区别。两者的共同点是都强调城市地域分化中离心倾向的存在与影响，并由此出现多个核心。但两者在表现城市地域离心化程度和阶段上又有差别：多核心模型描述的是离心化初期城市地域分化状况，当时城市次核心刚刚产生，还不具备与中心城市城区相抗衡的能力；而城市域模型表现的是离心化中后期城市地域分化状况，强调郊外中心与中心区域的抗衡。

归纳上述观点可以得出如下结论：城市内部结构随着新的分化因素逐渐产生和加强，从简单到复杂；城市地域分化过程一直存在向心力和离心力两种力量。向心力使城市要素得以集中，导致城市产生环状结构，而离心力则使城市要素外迁，导致多核心城市的产生，甚至形成远方核心的独立，并在功能和影响上超过城市中心。这些城市地域结构理论从这两方面揭示了城市的形成与发展过程，对于理解城市的发展具有启发作用。

### 思考题

城市地域结构理论包括哪些？

## 第二节 城市内部结构

如果从城市内部分析，城市又可以分为经济结构、社会结构、设施结构、空间结构和生态结构5部分。

### 一、城市经济结构

1. 经济结构的分类

城市经济是自然、经济、社会的复合系统，按照不同标准、采用不同方法、从不同角度可以划分为多种类型：从所有制角度可分为国有、集体、合营、外资、合资、私营和个体经营等；从产业结构角度可分为第一、第二、第三产业等。从城市学联系最密切的角度看，城市经济结构划分有以下3个视角。

一是依据经济社会职能和活动方式及对城市经济的作用，分成主导产业部门、配套产业部门和支持、辅助产业部门。主导产业是城市产生和发展的决定性部门。它决定城市的建立、性质和类型，也称作城市经济形成和发展部门。配套产业部门是围绕主导产业部门建立起来的，主要包括为主导产业配套的生产部门、专用或通用设备制造部门、综合性信息和咨询部门及综合利用部门等。支持、辅助产业部门主要是为大多数企业做一般性服务的，如船舶修理、包装、印刷、旅店等，也包括为城市经济和居民生活提供一般服务的部门，如交通、邮电、供水、能源及饮食、服务、园林、绿化、环境、环卫等。支持、辅助产业部门为各城市所共有。

二是根据城市设施可把城市经济结构分为上部结构和下部结构。上部结构主要指生产经营、商业、科研文教等，决定城市的产生、发展、性质和类型。下部结构包括道路、交通、排水、热力、煤气、电力、通信、园林和绿化等，是为城市服务的部门。

三是把城市经济结构划分为输出产业和地方产业。输出产业是把城市以外（全国以至国际市场）的需要作为对象从事商品和劳务输出的产业。地方产业是因输出产业而派生出来的，或者是为满足城市居民日常生活的产业。输出产业是城市持续成长的动因，处于支配地位。城市规模、性质、功能、类型等主要由输出产业决定；城市间的差别也通过输出不同产品来体现。地方产业是为输出产业服务的。城市间地方产业差别微小。

2. 经济结构的特点

第一，城市经济在国民经济结构中起决定作用。虽然城市经济结构和农村经济结构共同组成国民经济的总体，但其中最重要、起决定作用的是城市经济。

第二，城市经济结构是多系统、多部门、多层次的，规模大，结构复杂。城市经济综合体由许多产业、行业、部门和企业组成，每个产业、行业和部门不仅从事专门经济活动，而且相互依存、相互制约，构成一个整体。

第三城市经济是建立在市场经济基础上的，市场经济居主导地位。现代城市本身就是市场经济最发达、商品交换最活跃的地方，没有市场经济就不可能有现代城市。

3. 经济发展的动力和原因

关于城市经济发展的动力问题，学者们提出许多理论予以阐释。

（1）城市和区域产业部门理论

科林·克拉克（Colin Clark）和费希尔（A. G. B. Fisher）提出三大产业部类的划分。他们通过对许多国家和地区不同时期经济成长过程的研究，发现人均收入和人均生产能力的提高是伴随产业结构的改变而改变的。从发展趋势看，第一产业就业人口及投入资源所占比例逐渐下降，第二产业逐渐上升；随着第三产业所占比例的上升，第二产业和第一产业所占比例随之下降。部门理论认为，这种产业部类间相对关系的改变与劳动分工的发展演变是城市和区域发展的主要动力，而促使产业结构改变的原因是人们对各产业产品的需求弹性存在巨大差异。随着生活水平的提高，人们对第二、第三产业产品需求大大超出对第一产业产品（例如粮食等农产品）的需求，造成生产要素如劳力、资本等的再分配，促使需求弹性高的产业部类迅速发展。由于第二、第三产业部类生产力提高程度快于第一产业部类,因而这些部类容易获取较高经济效益。这也促使收益较低的产业部类劳力和资本向收益较高的生产部类转移,从而促进这些产业部类的扩张,改变各产业部类间的比例关系。

(2) 发展阶段理论

发展阶段理论是部门理论的发展和延伸。该理论认为区域发展是一种内部发展过程,共经历5个阶段:一是自给自足发展阶段,这期间区域经济比较封闭,几乎没有外来投资和贸易。二是简陋乡村工业发展阶段,这时由于交通发展产生了贸易、劳动分工和职能专门化,但新的劳动阶层与农业还有密切联系。三是农业结构变动阶段,这时贸易逐渐增多,区域内的农业逐渐从粗放型转向集约型生产。四是工业兴起阶段,此时人口增加迫使区域谋求发展工业并促使专业化程度不断提高。五是第三产业发展阶段,这是区域经济发展的最后阶段,第三产业得到发展并向不发达地区输出资本、技术及专业性服务。在上述发展过程中,工业组织结构也发生重大改变。伴随着这些变化及各产业部类间关系的调整,区域人口分布和聚居模式也发生重大改变,人口逐渐从乡村流入城市,从小城镇流向大城市。

关于城市经济发展的动力虽有多种观点,但其共同点是把经济发展看作城市发展的源泉,其中起决定作用的又是产业结构,特别是主导产业结构。

## 二、城市社会结构

社会结构可分为政治结构、文化结构、人口结构及职业结构。

1. 城市政治结构

城市政治结构有两方面内容:一是各种政治组织的构成及相互关系,二是社会成员间的各种政治关系。

不同城市的社会性质不同,政治关系和政治组织也不同。中国城市的政治组织主要有中国共产党各级组织、各级政权组织、各种群众组织(工会、共青团、妇联等)及各民主党派等。中国共产党是国家和社会的领导力量;城市的政权组织是城市最高行政机构;群众组织和民主党派则是各阶级、阶层的政治组织。城市各种社会组织成员之间的关系及与人民群众的关系,都是社会成员间的政治关系。此外还有宗教和民族关系等。

2. 城市文化结构

广义的文化包括人类全部物质文化和精神文化。狭义的文化专指精神文化,包括一切精神产品的生产、传播、利用和储存活动。狭义城市文化结构大致包括城市中从事精神产品生产、传播、利用和储存的行业构成、规模及相互比例、文化事业发展速度与社会需求的关系,文化设施的规模、配置和布局,文化指导机构设置及与文化事业单位的关系等。

3. 城市人口结构

(1) 城市人口结构的含义

人口结构可以分为人口内部结构和外部结构两方面。人口内部结构主要分为年龄、性别、民族、职业、文化、宗教信仰、生产人口与非生产人口、收入、技术等方面,其中年龄、职业、文化结构对城市影响最为明显。人口外部结构是指人口与外部物质条件的比例关系,如人均占有生产资料、生活资料的比例等。

(2)城市人口结构的重要指标

通常情况下,下列概念是衡量和分析城市人口结构的重要指标。

① 常住人口规模结构:指在城市常住的人口。它主要包括常住人口的增长(包括自然增长和机械增长)及控制城市人口规模等问题。

**2012 年主要城市常住人口统计**

| 城 市 | 北京 | 上海 | 广州 | 深圳 | 天津 | 苏州 | 成都 | 重庆 | 济南 |
|---|---|---|---|---|---|---|---|---|---|
| 常住人口(万) | 2 069.3 | 2 380.43 | 1 270 (2010 年) | 1 054.74 | 1 403.15 | 1 053.3 | 1 417.8 | 2 945 | 695 |
| 城 市 | 武汉 | 无锡 | 佛山 | 长沙 | 郑州 | 东莞 | 杭州 | 南通 | 福州 |
| 常住人口(万) | 1 012 | 646.55 | 726.18 | 714.66 | 903.1 | 829.23 | 880.2 | 729.7 | 727 |

资料来源:2012 年《城市国民经济和社会发展统计公报》

② 流动人口结构:城市流动人口有不同类型:一是"两栖人口",即农村人口进入城镇从事经济活动,但仍以农村为生活基地;二是"候鸟人口",即农村人口在一定时期内到城镇从事季节性或临时性工作,农忙时回去;三是准城市人口,即长期在城市工作但未取得城市市民资格;四是其他流动人口,包括旅游、因公出差、探亲访友、求医治病、过境及短期逗留等。这些人口会给城市增加经济收入,促进商业、消费服务及其他行业的发展,同时也给城市资源、基础设施和公共生活服务设施增加负荷。

③ 人口自然构成:包括人口的性别、年龄等。人口年龄结构不同,劳动就业、社会消费需求就不同。

④ 人口社会构成:包括人口职业、文化、家庭、民族和宗教结构等,对城市生产、生活有直接影响。

⑤ 城市年龄结构:常分为年轻型、成年型和老年型。国际上通行的划分标准如下表:

**城市年龄结构指标及数值标准**

| 城市年龄结构类型 | 老年人口比例 | 少年儿童人口比例 | 老少比 | 年龄中位数 |
|---|---|---|---|---|
| 年轻型 | 5%以下 | 40%以上 | 15%以下 | 20 岁以下 |
| 成年型 | 5%~10% | 30%~40% | 15%~30% | 20~30 岁 |
| 老年型 | 10%以上 | 30%以下 | 30%以上 | 30 岁以上 |

不同年龄结构具有不同的人口再生产规模、速度和发展趋势,导致不同的社会、经济和人口问题。年轻型人口类型的城市,少年儿童在总人口中比例较高,育龄妇女多,人口出生率和自然增长率高。这类城市拥有丰富的劳动力,但人口负担过重,社会抚养比高,未成年人问题及就业、住房等问题是巨大挑战。老年型人口的城市中,老年人比例高,育龄妇女少,人口增长率和出生率低,劳动力结构逐渐老化,劳动人口急剧减少,会加重医疗、保健和社会福利等方面负担。一般来说,绝大多数发展中国家的城市属于年轻型人口类型,大多数发达国家的城市属于老年型人口类型。

中华人民共和国城市人口年龄结构变化大体分为三个阶段:20 世纪 50、60 年代城市人口年龄属于年轻型,1964 年中国城市中未成年人口占总人口的 40.69%,老年人口占

3.56%。20世纪70年代后中国城市人口年龄结构完成由年轻型向老年型的过渡。1975年未成年人组的人口比例下降到36.8%，老年人口比例上升到7.6%。从70年代中期以后，未成年总人口组比重持续降低，而老年人口比重持续上升。1990年第四次人口普查时，人口年龄继续老龄化，到2000年第五次人口年龄普查时，我国人口老龄化速度仍在发展。一些大城市如上海、北京、天津、重庆等，65岁以上人口所占比重2000年已分别达11.53%、8.36%、8.33%和7.90%。据民政部《2012年社会服务发展统计公报》，2012年，全国60岁及以上老年人口19 390万人，占总人口的14.3%，其中65岁及以上人口12 714万人，占总人口的9.4%。

这些数据表明中国正快速步入老龄化社会，显著特征是老龄人口增长快于全国总人口增长速度；中国老龄人口增长速度快于世界平均增长水平；老龄化速度快于经济发展速度。人口老龄化必将带来一系列经济社会问题。首先，老龄人口比重上升将导致中国劳动力不足。据预测，中国劳动年龄（15～59岁）人口将在2020年左右出现拐点，2020年以后劳动年龄人口供给将出现下降趋势。其次，人口老龄化将导致供养系数升高，劳动力成本增加。中国老年赡养系数2010年约为17.4，2030年为37.0，到2050年进一步上升为47.5，劳动年龄人口与老年人口之比接近于2∶1。随着老龄人口增长，养老金和退休金支出也将相应加大。最后，人口老龄化将影响中国劳动生产率的提高。人口老龄化将导致劳动人口老龄化，中国是发展中国家，劳动密集型行业比重较高，劳动人口老龄化对提高劳动生产率的影响更大。

⑥人口在业结构：人口在业结构包括两方面，一是在业人口占总人口的比率，即人口在业程度；二是在业人口在不同行业、不同职业间的比例关系。人口职业结构是指在业人口在各工作类别中的就业比例，它反应具有不同技能的社会劳动者的数量及分布状况。中国将职业分成8大类：各类专业技术人员；国家机关、党群组织、企事业单位负责人；办事人员和有关人员；商业工作人员；服务性工作人员；农林牧渔劳动者；生产工人、运输工人和有关人员；不便分类的其他劳动者。人口在业程度用来反映劳动力资源利用情况。

根据第6次人口普查，全国总人口为1 339 724 852人，与2000年第五次人口普查相比，年均增长0.57%，处于低生育水平阶段。60岁及以上人口占全国总人口的13.26%，比2000年人口普查上升2.93个百分点，其中65岁及以上人口占8.87%，比2000年上升1.91个百分点。城镇人口比重大幅上升。居住在城镇的人口为66 557万人，占总人口的49.68%，居住在乡村的人口为67 415万人，占50.32%。同2000年相比，城镇人口比重上升13.46个百分点。从年龄结构看：大陆31个省、自治区、直辖市和现役军人的人口中，0～14岁人口为222 459 737人，占16.60%；15～59岁人口为939 616 410人，占70.14%；60岁及以上人口为177 648 705人，占13.26%，其中65岁及以上人口为118 831 709人，占8.87%。同2000年第五次全国人口普查相比，0～14岁人口的比重下降6.29个百分点，15～59岁人口的比重上升3.36个百分点，60岁及以上人口的比重上升2.93个百分点，65岁及以上人口的比重上升1.91个百分点。从受教育程度看，31个省、自治区、直辖市和现役军人中，具有大学（指大专以上）文化程度的人口为119 636 790人；具有高中（含中专）文化程度的人口为187 985 979人；具有初中文化程度的人口为519 656 445人；具有小学文化程度的人口为358 764 003人（以上各种受教育程度的人包括各类学校的毕业生、肄业生和在校生）。同2000年第五次全国人口普查相比，每10万人中具有大学文化程度的由3 611人上升为8 930人；具有高中文化程度的由11 146

人上升为14 032人；具有初中文化程度的由33 961人上升为387 88人；具有小学文化程度的由35 701人下降为26 779人。文盲人口（15岁及以上不识字的人）为54 656 573人，同2000年第五次全国人口普查相比，文盲人口减少30 413 094人，文盲率[8]由6.72%下降为4.08%，下降2.64个百分点。从城乡人口变化看，居住在城镇的人口为665 575 306人，占49.68%；居住在乡村的人口为674 149 546人，占50.32%。同2000年第五次全国人口普查相比，城镇人口增加207 137 093人，乡村人口减少133 237 289人，城镇人口比重上升13.46个百分点。近年来，由于积极推进人口城镇化和产业结构升级，实施城市带动农村、工业反哺农业的发展战略，人口城镇化率以每年超过1个百分点的速度增长。采取多种措施和合理规划，引导农村富余劳动力向非农产业转移，努力改善农民进城务工环境，促进农村劳动力有序流动。

中国城市在业人口的职业结构具有如下特点：一是体力劳动者多，脑力劳动者少。二是农业劳动者占有比例相当高。三是专业学术人员及管理人员比重偏低。这说明中国城市经济结构比较落后，知识密集型产业发展不充分。

### 三、城市设施结构

城市有大量构筑物和建筑物，形成许多永久性或半永久性的设施。这些设施的构成和分类就是城市的设施结构。城市设施大体分为3类，即主体设施、社会设施和基础设施。

城市主体设施包括工业、物资流通、建筑、旅游、科研单位、大中专院校、非本市机关等；社会设施包括住宅区、零售商业、饮食服务修理、中小学校、医疗卫生、文化、体育、本市机关等；基础设施包括能源、水、交通、邮电、环境、防灾等。

主体设施和社会设施主要是为城市经济和社会活动直接提供服务的，而基础设施则是为社会生产和生活提供一般服务，可分为生产性基础设施和社会性基础设施，前者包括能源、交通、邮电等，后者主要指商业服务、教育、科研、文化、体育、卫生等。世界各国对"城市基础设施"的定义和范围理解不同。城市基础设施指既为物质生产又为人民生活提供一般条件的公共设施，是城市赖以生序和发展的基础，包含7大系统：① 能源系统，包括电力生产及输变电设施，煤气、天然气、石油液化气生产及供应设施，集中供热的热源生产及供应设施。② 水资源及给排水系统，包括城市水资源开发、利用和管理设施，自来水生产和供应设施，雨水排放，污水排放处理和中水道等设施。③ 交通系统，包括城市对内对外交通设施。内部交通设施有道路、电汽车、轨道交通、出租车、公共货运汽车、货物流通区、交通管理等；对外交通有航空、铁路、公路、水运、管道运输等设施。④ 邮电系统设施，如市内、长途电话、国际电话、电报等。⑤ 环境系统，包括环境卫生、园林、绿化、环境保护等设施。⑥ 防灾系统，包括防火、防洪、防地面沉降、防风、防雪、防地震及人防备战等设施。⑦ 信息网络系统设施，这是20世纪末至今最具科学水平和潜力的设施。

城市基础设施与主体设施、社会设施相比有自己的特点。

第一，服务的公共性和两重性。城市基础设施为整个城市提供社会化服务，服务对象没有选择性，既为人民生活服务，又为物质生产服务，两者很难截然分开。

第二，效益的间接性和综合性。城市基础设施投资效果和经营管理效果往往不是表现为自身投资及利润的多少，而是表现为服务对象效益的提高，具有间接性特点。它不但产生经济效益，而且产生社会效益和环境效益，因而具有综合性特点。

第三，运转的系统性和协调性。城市基础设施在质和量、空间和时间上必须与城市人口、人民生活水平、城市国民经济、房屋建设成比例发展。城市基础设施内每项都自成体系，不能割裂，同时各分支系统间又互相制约、互为因果。

第四，建设的超前性和发挥作用的同步性。城市基础设施建设项目规模大，工期长，所以必须有一个超前量，并在计划安排上与其他设施保持同步，也就是说应该超前于城市其他设施进行建设。而这些设施发挥作用则是与城市的发展同步的。

第五，经营管理的多样性和垄断性。城市基础设施向社会提供服务获得的补偿有三，即市场补偿、财政补偿和市场、财政复合补偿。市场补偿是城市基础设施遵循经济规律获取利润。财政补偿则须搞好内部经营，减少国家补贴。为维持城市基础设施的相对稳定，要保持经营的垄断。政府须以法律形式明确规定城市基础设施经营者的权利和义务。

总之，主体设施是城市的开放性设施，社会设施和基础设施是城市的内部设施。主体设施是城市基本因素，它派生出社会设施和基础设施。主体设施决定了城市性质、城市规模和城市布局，是整个城市赖以生存和发展的基础。社会设施、基础设施则是保证主体设施正常运行的条件。

## 四、城市空间结构

城市空间结构是城市经济和社会物质实体在空间形式普遍联系的体系，是城市经济结构、社会结构的空间投影和空间形式，主要包括城市内各种物质实体的密度、位置（布局）和形态3个方面。

1. 设施密度

城市经济是密集经济，合理的密度便于生产协作和专业分工，便于利用公共资源、能源及基础设施和服务设施，节约成本，提高效率，也便于交流信息，互相学习和刺激竞争，还便于节约土地，减少远程运输，缩短流通时间，节约流通费用，便于资金集中和积累，加速资金周转，便于劳动者的培养和提高，增加就业机会，便于集中管理，提高效能。

但另一方面，如果密度不合理，不仅优越性得不到发挥，还会带来"弊端"。城市企业、人口和建筑物过密会产生一系列问题和负效益。如城市噪声会影响居民生活，大气和水污染会造成自然资源和社会财富损失，危害人体健康，交通拥挤会使事故增多，居民生活空间狭小则会使住宅困难、消费品供应紧张，等等。

城市经济发展与设施密度间有规律可循，需要寻找一个合理密度最佳值。这样城市经济密度的增加与经济效益的提高才成正比。如果超过合理密度最佳值，密度增加与经济效益提高就会成反比。

2. 设施布局

在一定密度下，不同布局会形成不同的经济效益，可分为正效益和负效益。城市经济网络和人文网络是由物质实体布局决定的。合理的布局和网络可以缩短人、物、资金、能源信息的流动时间和空间，提高经济效益。从国外资料看，工业组成布局合理一般可节约城市用地10%～20%，交通运输线可缩短20%～40%，工程管线网可减少10%～20%，节约工业用地 10%～20%，还可减少 20%～40% 的城市交通线路建设投资，长期节约 20%～40% 的城市交通运输使用费用，还可为企业节约大量资金周转时间。

空间布局不仅可以产生网络效益，还可以产生相邻效益，亦即各种物质实体由于毗邻关系而产生的效益。相邻效益也称配套效益，主要取决于生产设施与基础设施、社会服务设施和文教设施的配套关系。反之，不合理的空间布局会产生相邻负效益，也称相碍效应，从而给社会造成巨大经济损失。

3. 设施形态

城市形态是城市空间结构的整体形式，是城市内部空间布局和密度的综合反映，是城市平面的和主体形状的表现。

城市立体形态就是对城市三度空间的利用。城市地上和地下充分开发和利用使城市"厚度"增加。三度空间利用率越高，对经济的推动力越大。但城市"厚度"超过一定限度作用就会走向反面。所以研究和探索城市地面建筑物的适当高度和地下建筑深度和面积是关系城市全局的重要课题。

城市外貌是城市的"仪表"，是城市生活环境的重要组成部分。城市建筑错落有致，街道、公园、雕塑，布局合理美观，公路两边绿草林荫，会使人心情愉快。城市外貌是一种公共消费，不仅可供城市居民享用，还可吸引城外居民，成为旅游资源。

## 五、城市生态结构

生态（ecology）一词源于古希腊字，意思是指家（house）或者我们的环境。简单地说，生态就是指一切生物的生存状态，以及它们之间和它们与环境之间紧密的关系。19 世纪时生物学家用它表示"生物与环境的关系"，生物是"人"，环境是"住所"。后来日本学者把"生物与环境的关系"叫作"生态"，即"生存状态"，研究生物与环境的学科就叫生态学。20 世纪 20 年代一些社会学家和地理学家主张把研究人类与环境关系的学科也叫生态学。为了与生物学界的生态学区别开，就叫作人类生态学。生物与环境间的关系表现为生物消极、被动适应环境，而人与环境间则表现为人类积极、主动地改造环境。

环境是对主体关系而言的，任何事物都存在于一定环境中，环境就是占据一定的空间，是构成主体存在条件的物质实体和社会因素。对城市居民来说，整个城市的空气、水体、土地、树木、花草、建筑、道路等各种设施及社会秩序和风气等，都是生存和活动的环境。

生态系统结构由生物群落与非生物环境构成，前者包括生产者（能进行光合作用的绿色植物）、消费者（以植物为食的植食动物和以动物为食的肉食动物）、分解者（分解有机物的微生物）；后者包括无机物质（碳、水、氮、氧、矿物盐等）、气候状况（温度等物理因素）。生态系统的功能就是指生物与非生物之间的物质交换和能量转化。生态系统是动态的，结构和功能随时间变化。系统中的生物有出生、死亡、捕食、被食、迁入、迁出，而系统中的物质（水分、养料）和能量有迁移、转化、补偿、交换。当系统内外物质和能量输出与输入接近相等时，生物种类和数量将保持相对稳定，这就叫生态平衡。

城市生态系统是以人类社会为主体的，即人类生态系统。城市生态系统结构包括社会结构（人口、劳力、智力等）、人工结构（房屋、道路、管线及其他设施）、资源结构

（土地、淡水、食物、能源等）和环境结构（大气、水域、绿地等）4个方面。与自然生态系统相比，城市生态系统更为复杂，且有以下几个特点。

第一，城市生态系统以城市居民为主体，以城市自然和城市设施为环境。生物在自然生态系统中按照食物链和营养级关系形成生态金字塔，即植食动物总量小于绿色植物，肉食动物总量小于植食动物。各营养级产量呈金字塔式逐级递减。而在以人类为主体的城市生态系统中，植物和动物地位急剧下降，生物数量呈倒金字塔形。

第二，城市是具有人工化环境的生态系统。城市无机环境如土地、水体、大气等被人工改造，土壤被覆盖水泥或柏油，不仅抑制了微生物活动，而且减弱了地面吸水和吸热，增加了地面增温效应。城市地形被高楼大厦构成一道道人工悬崖，造成太阳辐射在建筑物间来回反射，加上人体和锅炉等热源，形成"热岛"效应。

第三，城市生态系统依赖性强，独立性弱。城市要依靠农田生态系统输入粮食、草地生态系统输入肉奶、矿山生态系统输入燃料、河湖水库生态系统输入淡水和水产，还要依靠其他生态系统接纳或排废物。其中某一环节发生变化都会影响人们的生活。

第四，城市生态系统是人类自我驯化的产物。在城市生态系统中，人类一方面为自身创造方便、舒适的生活条件，另一方面又抑制其他生物生长和活动，恶化了自然环境。这反过来又影响了人类长远的生存和发展。人类驯化其他生物，同时也把自己留在人工化的城市中。

## 六、城市内部结构间的关系

城市是一个有机整体，各结构间关系颇为复杂。

第一，城市和其各结构是整体和部分、全局和局部的关系；各结构之间及它和城市整体间又具有相对独立性。城市整体由各结构有机联系组成，没有城市各构成就没有城市，而没有城市这个整体也就不存在城市各结构。城市构成一旦按规则组成城市，它们就会按照自身在城市中的地位发挥作用。

第二，城市各构成相互依赖、相互作用。经济结构离不开社会结构，而社会生活、经济生活又以基础设施结构为载体。当然没有社会经济的发展，城市基础设施也无法建立。从城市地位、作用及功能来说，城市经济结构和社会结构是城市活动的内容；设施结构是城市组织形式和载体，空间结构是城市各种活动及设施在城市中的布局；生态结构是城市与其所在自然环境进行物质变换的表现。

第三，城市内部各结构间虽然相互依赖、相互作用，但有主从之分，其中起决定作用的是城市经济结构，而其输出产业又是城市的形成部门。而经济结构状况、发展水平及规模又决定城市的社会结构、设施结构，同时也决定城市空间结构和生态状况。

**思考题**

概述城市内部结构及其特点。

# 第三节 城市的运行

## 一、城市运行与城市结构

### 1. 城市运行的内涵

城市运行就是维持城市正常运作的各项事宜，是政府、市场与社会提供公共服务而共同作用于城市各结构要素产生的动态过程。它主要包括城市各结构的运行、发展，各结构间的协调及其管理。城市建设的目的是服务城市和市民，而城市设施建设完成并投入运行后方能发挥服务功能，保障市民正常生活。

现代城市作为区域政治、经济、文化、教育、科技和信息中心，是劳动力、资本、各类经济、生活基础设施、人流、资金流、物资流、能量流和信息流高度交汇的集聚地。现代城市的复杂性决定了城市运行的复杂性。城市运行主体包括政府、企业和社会；运行层次包括市、区、街道、社区等；运行维度包括城市结构各个系统、每个系统下的子系统。

### 2. 城市运行与城市结构的关系

一般来说，城市结构决定城市运行。城市结构质的规定性决定城市运行的性质。城市由于输出产业或形成部门不同，城市结构也有差别，这就造成城市性质的不同。城市结构还决定着城市各结构间量的比例关系。城市形成产业性质的不同决定着与它配套的各产业数量；形成产业和配套产业性质的不同又决定着为它们服务的城市基础设施的数量。这些量的比例差别决定了城市运行方式和运行状况。这就是说，城市各部门比例合理或各结构比例恰当，城市就能正常运行并取得理想的经济、环境和社会效益，否则城市就会陷入紊乱。城市各结构的比例不仅决定城市运行状态，而且还决定城市未来的发展方向。比如，石油开采城市如果水资源充足就能逐步发展成石油化工城市；钢铁城市也可能逐步发展成钢铁及机械加工城市；文明古城也可能发展为旅游城市；靠海的交通城市也可能发展成船舶修理及各种加工工业城市；等等。

另一方面，城市运行对城市结构也有重要作用，决定城市结构的建立和发展。城市发展要受地理位置、自然条件、社会政治历史状况等多方面因素制约。城市主导产业一旦建立就要求配套产业及服务性产业与之相配合，而主导产业、配套产业和一般服务性产业的不断调整、发展和壮大，都是在城市运行中实现的。另外，城市各结构间的比例关系及变化,即从平衡到不平衡再到新的平衡,也是通过城市运行来实现的。城市运行中各种正常或偶然原因往往会使城市原来合乎比例的结构被打乱,各系统间的结构变得不平衡。这时为使各部门合乎比例地发展,只能依靠加速短缺部门的运行来实现。

总之,城市运行和城市结构间的关系极为密切。如果从城市形成和发展来说,城市形成决定城市结构的形成和建立,城市运行决定城市结构。在城市已形成的情况下,城市结构就决定城市运行。而城市在运行过程中的调整又会打破旧有结构的平衡,实现从不平衡到新平衡的转变。

## 二、城市运行的内容

城市运行极其复杂,就其运行内容来说,可归纳为人流、物流、价值流、信息流几个方面。

### 1. 人流

城市运行首先是人的流动,包括人口流动、劳动力流动和智力流动。

(1) 人口流动包括常住人口流动和走动人口流动。常住人口流指出生、死亡、迁入、迁出,即城市人口自然增长和机械增长。走动人口流主要指居民日常走动,一是有规律的定时定点流动,如上班、下班、上学、放学等。二是无规律的流动,如购物、游乐、看病、访友等。有规律的流动最大的是早晨向心流,晚上离心流,形成早晚人流高峰。城区与郊区间还会出现周初早晨和周末晚上的更大高峰。节假日城市还会出现假期人流高峰。走动人口流动很重要的构成部分是"流动人口",即旅游、出差、探亲、过境、赶集的人口。

(2) 劳力流是指随年龄或职业变化而形成的特殊人流,包括青年就业和老年退休;农民变工人、学生变职员、军人变地方职工等。我国农业人口占总人口的80%,随着城市化的不断推进,会有大量农业劳力涌入城市,形成职业流动。这是我国劳力流的主要内容或巨大潜流。

(3) 智力流指随学业变化的特殊人口流,包括入学、就读、毕业、升学、就业等。另外,我国还发展各种职业教育和业余教育,这也是智力流的重要组成部分。

### 2. 物质流

城市物质流构成非常复杂,主要指各种商品。城市许多物质生产部门每天都生产各种各样的产品以适合社会生产或满足人们的生活需要。这是物质形态的变化过程。

在社会化大生产条件下,各生产部门及生产、分配、交换、消费间联系十分密切,并以商品流通形式实现。流通过程中产品发生位置变化,这就形成了物质流。流通领域的物质流可分为性质不同的两种:一种是从生产领域到达消费领域,内容主要是消费品;二是天然和经过加工的原料从产地或生产领域进入另一生产领域,内容主要是原材料和生产资料。物质产品的消费也是一种物质流,由消费者的消费行为构成,包括吃、穿、住、行,其行为是消费物质产品和劳务,再生产劳动者本身。

### 3. 价值流

商品经济下,产品作为商品具有两重性,即使用价值和价值。作为使用价值的运动构成物质流，作为价值的运动就构成价值流。价值流有时是伴随物质流而运动，有时又和物质流分离。城市中的金融、储蓄、信贷活动是价值流的基本形式，与物质流分离并显示出巨大作用。价值流有自己独立的运动形式和运动规律。商品经济越发达，价值流的运动越普遍、越重要。

4. 信息流

城市中的各种活动随时随地产生大量信息。这些信息不断传递、反馈，形成信息流。城市信息机构一方面不断输入大量、分散的无序信息，另一方面又要输出经过加工的、集中的有序信息。在信息时代，信息的收集、整理和传送是城市运转的重要内容。没有信息传送现代城市生活将无法进行。信息网络化则使这一信息达到了革命性的阶段，开辟了信息交换的新时代。

## 三、城市运行的条件

城市运行需要一定条件，包括两方面：一是城市各系统结构合理、比例恰当，如城市和外部关系比例合理、城市内部各结构比例恰当等；二是各系统内部发展协调。

城市和乡村、城市和城市间有着密切联系。它们之间的各种活动要求有一定比例，特别是主导产业的供、产、销主要依靠城市以外地区和部门，如果比例失调，主导产业就会受到影响，使整个城市运行受阻。城市主、副食品和一些产业原材料要依靠农村，这就要求城乡配套发展。

也就是说，城市内部的人口、社会、经济、设施、空间、生态环境等结构系统要与整个城市发展及子系统间的发展相适应，这是城市发展或运行的第二层比例关系。城市内部各子系统内部的比例则是第三层比例关系。各子系统间及各子系统内部的比例，特别是新的比例关系只能靠城市运行来调整。

总之，城市各结构、各系统由于运动条件不同，发展速度或增长幅度往往也不同步，造成比例失调，使城市运行紊乱。只有各结构及各子系统增长速度保持同步，各系统间比例协调，城市运行才能得到协调发展。

## 四、城市运行的调节机制

城市运行是一种综合运行，而各子系统具有相对独立性。要使城市运行协调就必须运用相应的调节手段。一般来说城市调节手段由3部分构成，即调节主体、调节客体和调节手段。城市运行调节的主体是城市政府，调节的客体是城市本身，调节方法和手段则根据调节对象不同而变化。调节城市运行的机制或手段主要有行政手段、经济手段、法律手段、思想和伦理道德手段等。

1. 行政调节

行政调节即国家机关凭借国家政权力量，通过制定、发布政策、命令、指示、规定等直接干预和控制社会活动。行政调节具有以下特点。首先，它是通过国家政权实现调节意图的，一经制定和发布，所有单位就必须执行，不能随意修改和抉择，具有严格的强制性。其次，它是通过直接作用于调节对象达到目的的，具有直接性特点。再次，行政调节的强制性和直接性决定了其作用过程比较短，具有快速性。

行政调节内容包括：政策和命令的制定与发布，行政管理，行政干预，行政奖惩，等等。

行政调节手段包括：第一，事前调节和事后调节。事前调节指先为城市运行规定框架，如制定城市规划、发展战略、各部门发展纲要等，为城市各部门运行规定大方向，使之协调发展。事后调节指在城市运行出现紊乱后通过行政干预和行政奖惩来纠正偏差。第二，调节运行过程和调节运行条件。对运行过程的调节指行政手段直接进入运行活动内部，直接进行指挥调度。对运行条件的调节指运用行政手段把握企业活动，如运用具体业务管理保护合法经营，通过价格、税收等手段调节企业的运行，等等。第三，具体调节和总体调节。具体调节指行政系统、行政层次、行政区划中的某一主管机构对所属单位进行调节，往往通过纵向和逐级下达方式实现。总体调节指城市通过政策和规定对运行总体活动进行调节，一般直接作用于调节对象，很少有中间层次。不同类型的行政调节手段对城市运行调节效果不同。事前调节要比事后调节损失少，有利于体现城市运行的自觉性。运行条件调节比运行过程调节更尊重企业和部门自主权，有利于提高部门积极性。总体调节比具体调节更能减少中间层次，有利于加强横向联系。

2. 经济调节

经济调节是通过各种经济手段调节城市的运行，包括国家直接掌握的用来控制和调节宏观经济活动的资金、外汇、重要物资、价格、税收、信贷、财政、工资、奖金等。

经济杠杆是人们通过国家和经济组织，自觉运用经济规律，确定经济参数，用它来诱导、调节和控制经济活动。经济杠杆具有以下特征：第一，由国家行政机构制定、颁发和实施，是人们自觉调节和控制经济活动的手段。它只能由政府制定、颁发和施行。第二，运用经济杠杆来调节经济活动时必须依据经济规律。经济杠杆虽然由政府制定和执行，但不能随心所欲，必须严格按照经济规律进行。第三，经济杠杆通过物质利益来体现和实现。物质利益关系归根到底是人们对物质财富的占有关系。经济杠杆就是通过物质利益来诱导、调节、控制经济活动。

由于经济杠杆有不同的作用范围、特点和局限，各种经济杠杆间也存在复杂联系并相互制约，因而在运用时必须统筹安排，合理组合，互相衔接，以达到调节系统的最佳功能。

3. 法律调节

法律调节是国家依据法权力量，通过立法和司法机构，运用法规来调控城市各项活动，其手段包括各种立法、民法、行政法及刑法。法律调节有如下特点：第一，法律调节具有国家意志属性，是社会生活的行为准则，具有普遍约束力。第二，法律调节的作用通过对法规的严格贯彻来实现，无论何时都存在，具有高度的强制性。行政调节的强制性是以行政手段的形式出现的，而法律调节的强制性则以法律形式出现，远远胜过行政手段的强度。第三，法律调节适用于最稳定的活动关系，往往是法律化的、经过实践充分验证的政策，因而具有相对稳定性。第四，法规的定性和定量性质很强，每个条文都有具体细致的规定和唯一解释，因而法律调节手段是给活动主体规定大致活动准则及方向。

4. 思想和伦理道德调节

城市活动的主体是有思想有意识的人,如果没有良好的道德,人的活动就不会有正确动机和行为,就可能干扰和破坏城市正常秩序。由于经济调节、行政调节与法律调节手段因本身特点限制,不可能无所不包,因而思想和伦理道德调节手段就显得更加重要。

从控制论角度看,社会活动控制分为外在控制和内在控制(或称自我控制)。经济调节、行政调节和法律调节属于外在控制,以利益制约和国家权威为后盾,城市活动主体主观上无论赞同与否都必须遵守,否则就会受到制裁。这种强制性调节不可能完全担负起城市活动的调节作用。思想和伦理道德调节手段则诉诸城市主体的自觉性和能动性,发挥内在自我调节作用,其调节手段的范围要广泛得多,还可涉及人的内心世界,使城市居民从思想领域真正认识是非对错。此外,经济、行政和法律手段是消极的调节方式,即通过对触犯规定和条例采取惩治措施来调整,而思想和伦理道德调节则是积极的方式,通过善恶评价来抑恶扬善。从这个意义说,思想和伦理道德调节手段有着经济、行政、法律等外在调节无可比拟的优越性。

## 思考题

1. 概述城市运行与城市结构的关系。
2. 城市运行的调节机制有哪些?

# 第六章 城市的功能和作用

## 第一节 城市的功能

### 一、城市功能和作用的含义

城市功能指由各种结构性因素综合决定的城市内部机能，而它在与其他区域或城市的联系中直接或间接的发生影响就是城市作用。城市功能和作用虽然有特定内涵，但关系密切。城市功能是城市作用的内部机制，没有城市功能做基础，城市对外作用就无从发挥，其内部机制的优劣与对外作用的大小成正比。城市作用则是内部机制的外在表现。开放性是城市的固有特性，因而内部机制必然表现为外部作用，对全国或区域产生影响，只有这样城市才能获得发展和繁荣。这也是由城市的主导产业的外在性决定的。

### 二、基础功能

1933年8月，国际建筑协会在雅典召开会议，制定了一份关于城市规划的纲领性文件——《城市规划大纲》，即著名的《雅典宪章》。它集中反映了当时"新建筑"学派的观点，提出要把城市与其周围影响地区作为一个整体来研究，并把居住、工作、交通、游乐四项活动列为城市的四项基本功能。这四大活动是研究及分析现代城市设计时最基本的对象。

1. 承载和包容功能

承载是城市最明显的功能。城市很像由区域构成的容器，依靠大地、岩基、山湾、水域等环境要素，包容、承载着人类各种生产、生活和文化设施。城市承载功能是有限的，由城市生态基础、环境要素的有限性所决定。所谓生态基础，包括空间尺度、水源数量及质量、岩基、土壤、大气质量和数量状况等。如果城市人口超过承载限度，城市承载功能就会遭受破坏。

2. 养育功能

城市是人类生活的地域，养育人类的功能占有重要地位。城市的生产和生活设施结构是否合理，数量是否充足，质量是否可靠，配置是否恰当，都影响城市的合理运营。发达的基础设施构成城市第一位的物质特征，其数量和质量决定了城市质量和居民生活质量。基础设施匮乏或出现差错都会给居民生活造成巨大影响。

3. 储存和延续功能

城市储存着人类物质文明和精神文明，并能把它传给后世，永久流传。这种储存和延续功能是承载功能的延伸和继续。储存和延续功能要依靠介质（手段、办法）来实现，包括物质的和非物质的，有形或无形的载体来实现，也依赖掌握文化技艺的人来传承。

4. 吸引和辐射功能

城市具有极大的吸引力，能够把周围人口、商品及资源等吸引进来，促使城市进一步发展。城市发展首先是人口增加，而人口机械增长则是快速发展的捷径。城市还能把各地优良产品吸纳到自身，形成庞大的商品流通网络。另一方面，城市又有辐射功能，把自身特色产品和文化传播开去，促进周边地带的发展。

## 三、实用功能

1. 居住和生活

居住：居住形式的创新是人类进化的里程碑，没有人类聚居便没有房屋密集的城市。房屋是城市发挥居住功能的物质载体。只有"安居"，才能"乐业"。

购物：人们在城市生活，不可避免地进行货币与商品交换，以获取生存、生活资料，这就是购物，是日常生活的一项基本活动，也是城市的基本功能。城市应为居民购物创造方便条件，加强商业设施网点建设，提高服务质量。

2. 就业和工作

城市是社会先进生产力的聚集地，也是物质财富的聚集地和创造地，因而也是人类生产和工作的主要聚集地。随着第二、第三产业的发展，越来越多的人来到城市谋求发展。因此为城市人口提供庞大的劳动市场就成为城市的基本功能之一。城市越大、实力越强、发展越快，它所能提供的就业岗位和类别就越多。这是由城市的主导产业和配套产业及一般服务业部门所共同决定的。

3. 交通和通信

交通：居民在城市进行政治、经济、文化和社会交往活动就有位置移动，人的位移形成客运交通，物的位移形成货运交通。城市为这些移动创造方便条件，提供必要服务，就是城市的交通功能。城市交通分为对外交通和对内交通，二者相互联系，不可分割，但又相对独立，自成体系。

城市内部交通是联结工作地与居住地及各类活动点的纽带。它是城市的循环系统，一时一刻都不能受阻，不能停顿，否则就会造成混乱。城市内部交通由道路系统、车辆结构、控制管理3部分组成，三者必须配套、协调发展。

通信：城市还是信息密集和信息传递与反馈频繁的场所。现在城市是"信息城市"。信息不仅是重要的产业，而且是重要的资源。信息在城市中的传递反馈有赖于通信建设，包括邮政、电话、电报、传真、网络等。通信是城市的神经系统，是城市重要的基本功能。

4. 休息和娱乐

娱乐既是恢复体力、调剂精神的积极休闲方式，也是人际情感、思想、信息交流的有效途径。居民需要劳动工作，也需要休息娱乐。娱乐还具有增长知识、陶冶情操、塑造心灵的作用，因此它也是提高市民素质的基本功能。一个城市如果没有足够数量和一定质量的娱乐设施就将没有生气和活力，对城市居民的思想品格将产生无形的、消极影响。

城市娱乐功能早在古代就受到重视。14世纪英国政府规定每个城镇必须为射箭比赛提供场所。20世纪六七十年代初，欧洲许多国家掀起加强娱乐功能的浪潮，除要求提供图书馆、游泳池、游乐场地、公园外，还要提供新的娱乐设施，如健身场所、游艇区、骑射场、野餐营地、大戏院、音乐厅等。各国政府也制定了一系列措施改善娱乐条件。后来一些英国城市还建立了"闲暇理事会"，为公众消遣提供服务。

## 四、潜在功能

城市的潜在功能属于更高级的文化人类学功能特征。

1. 交融和创新功能

交融和创新功能指城市各要素在密集环境中共处及产生的相互作用，包括物质之间（如自然地形、地势和城市轮廓之间），人群之间（如本地人和移民之间），物质环境与人类之间（如古城与其历代居民之间）的交互作用。它体现在当地的城市景观、人文精神、思想、地方观念和情感、民族风俗等诸多方面。人类文明是在不断交错、反复、互补、创新中进行的。这个过程中城市发挥了极其重要的作用。

2. 文化教育功能

城市区别于农村的重要特征之一是文化发达。城市之所以能流传文化和教育人民，是因为有历史积累和文化设施。这些设施包括文化机构、文化产品、纪念性历史建筑和文物实物。

3. 组织和控制功能

城市是政治控制和社会控制的中心，一般都担当周边地带行政领导中心的职责。与乡村相比，城市内部更富组织性，倾向于遵守共同的规律和节奏。城市居民由这些机构和制度组织到一个社会有机体中，按照基本统一的方式和节律生活和工作。这些都是城市高度组织化特点的体现。

**思考题**

概述城市的功能。

# 第二节 城市的作用

## 一、城市的中心作用

城市作用是城市功能（内部机制）和整体效益在与外部联系中的发挥和体现。城市对国家建设和社会经济发展的贡献主要取决于城市作用的大小，因此，城市作用是判断城市存在价值的重要标志。

城市的中心作用是由城市集聚的根本特征和能够产生集聚效益的本质所决定的，表现为城市的吸引力和辐射力。人口、人才、资金、物资、文化等总是向集聚效益高的地方即城市流动。从纵向看，城市中心作用将在人类社会进程中长期存在，直到城乡融合。从横向看，城市中心作用是所有不同性质、不同规模、不同等级的城市共同具有的普遍规律。

## 二、城市中心作用的类型

城市主导功能一方面决定城市性质，另一方面又在对外联系中体现为城市的中心作用。现代城市的复杂性使得城市的主导功能具有多类型特点，因此，城市的中心作用也是多类型的，这就是说，现代城市可以从政治、经济、文化、科技、信息等很多方面发挥辐射力。城市的中心作用大体上有以下类型：

**城市中心作用的类型**

| 城市主导功能 | 城市的中心作用 | 城市性质 |
| --- | --- | --- |
| 政治功能 | 政治中心 | 首都 |
|  | 行政管理中心 | 省会、首府 |
| 经济功能 | 工业中心 | 钢城、汽车城、纺织城、瓷都 |
|  | 能源中心 | 煤城、石油城 |
|  | 金融中心 | 金融城 |
|  | 商业中心 | 商业城 |
|  | 贸易中心 | 贸易城 |
|  | 信息中心 | 信息城 |
|  | 旅游中心 | 旅游城 |
| 文化功能 | 文化功能文化中心 | 历史文化名城 |
|  | 科技中心 | 科学城 |
|  | 旅游中心 | 文化旅游城 |
| 交通功能 | 交通中心 | 交通枢纽城 |
|  | 航运中心 | 港口城 |

城市中心作用随城市主导功能的变化而变化，具有以下特点。

1. 由单一的初级阶段向多元化的高级阶段发展

古代城市主要履行政治、军事防卫功能，发挥政治中心和军事中心作用，而现代城市已经作为工业生产基地和商业金融中心，主导功能和中心作用日益多样化、多元化。城市显示出多方面的吸引力和辐射力。比如首都或省会、首府城市一般都是经济中心、经济管理中心或信息中心；工业城市往往又是交通中心、流通中心、科技中心和信息中心；沿海港口城市为适应对外贸易的要求也多是航运中心；交通城市由于具有优越的地理条件，又往往成为商品集散和物资流通中心；具有悠久历史的古城必然是文化中心和旅游中心；等等。总之，现代产业间相互联系、相互渗透的普遍性和复杂性使城市中心作用具有较强的自繁趋势，现在很难找到只具有一种中心作用的城市。但在城市宏观管理和布局上必须突出城市的一两种中心作用，这样才能有利于自身建设和发展。

2. 城市中心作用随各种条件变化而变化

例如省会迁移，其原有的政治和行政管理中心作用就会消失。珍贵文物或古迹的发现会使原来文化古城进一步加强文化中心和旅游中心作用（如西安兵马俑的发现）。国家对小城市的重点建设也会使其增强或改变原有的中心作用（如保安县变为深圳特区）。此外，城市产业结构、生产能力、产品质量、经营方式、管理水平及人员素质等都是经济建设的可变因素，也可能引起城市功能和中心作用的变化。

## 三、城市中心作用的表现形式

由于机制不同，城市中心作用会表现为不同的形式。

1. 示范作用

示范作用是城市中心作用首要的表现形式。城市生产效率高、经济繁荣、科技先进、教育发达，在经济发展和城市建设方面积累了丰富经验，就会产生巨大的辐射力，在一定范围起到示范作用。虽然每个城市具体情况不同，但会有很多共性，因此，示范作用具有启发和推动的效果（如经济特区）。

2. 辐射作用

辐射作用是指城市经济、文化实力增强后以产品、技术、人才、社会意识等形式向周围地区和城市扩展，其作用大小取决于城市实力强弱。中小城市只要建设对路，发展较快，具备一定实力，也可以对大城市产生辐射作用（如沙市、无锡、常州、苏州等"明星城市"）。

3. 领导作用

领导作用是指在我国市管县体制下，城市建制的市对所辖县、县级市和农村发挥的作用。

## 四、城市中心作用的制约因素

城市中心作用的发挥要受某些因素制约，主要包括以下几种。

第一，城市本身的建设水平。城市外部作用与内部功能建设密切联系，不可分割。城市的中心作用首先取决定于城市本身的建设水平，如产业结构是否合理，基础设施运转是否协调高效，科学技术和文化教育事业是否适合城市发展，商业和服务业能否满足社会需要，自然环境与社会环境是否能为居民安居乐业创造有利条件，等等。

第二，城市的开放程度。城市的中心作用只有在城市与外界联系中才能体现出来。开放是城市的特性，而现代城市开放性更强。

第三，城市人的思想开放和文明程度等。

城市中心作用的发挥，还与城市人的思想意识和文明程度紧密相关。一般而言，城市经济越发达，城市化，国际化程度越高，城市居民的思想意识也就越开放，文明程度也就越高。同样的，城市居民的现代化意识和公民意识越强，对城市现代化进程的反作用也就越大，对城市文明、文化的推进力度，也就越大。

**思考题**

概述城市的作用及表现形式。

# 第七章 城市社区

## 第一节 城市社区组织

### 一、社区

#### 1. 社区的内涵

社区源于拉丁语,意为"关系密切的伙伴和共同体",英文是community,兼有公社、团体、公众以及共同体、共同性等多重含义。后来这一概念被普遍用于社会学、哲学、宗教及政治学中,在应用广泛的同时并没有共同而清晰的定义,有的社会学学者有时又在团体或非地域共同体这种意义上使用community一词。社区实质是一个小社会,社会学家常把它作为研究大社会的起点。美国社会学家帕克认为,社区是按地域组织起来的人群,他们不同程度地扎根在自己生息的土地上,每个人都生活在一种相互联系的关系中。也就是说社区是地域、人群汇集及相互间的互动。而中文"社区"一词是中国社会学者在20世纪30年代自英文意译而来,因与区域相联系,所以社区有了地域的含义,意在强调这种社会群体生活是建立在一定地理区域之内的。这一术语一直沿用至今。

总之,社区是指以一定地域为基础,由相互联系、共同交往、共同利益的社会群体、社会组织所构成的社会实体或共同体。

社区与社会两个概念有联系又有区别:"社会"中各种关系纷繁复杂,并不强调共同,而社区则强调共同文化和意识。"社会"不注重地域概念,社会空间通常指人们活动的内容范围及社会组织,而社区是社会空间与地理空间的结合,既为人群活动提供空间,也提供地理区域。社区中各种关系比社会更为紧密,人们交往更频繁。社区功能与社会相比更明确和专门化。

社区与行政区域有同有异。相同点是它们有重合,有些不大的行政区域也是一个社区,例如乡、建制镇、城市行政、街道办事处所管辖街区等。两者的差别体现在:行政区是为社会管理或因为某些政治经济历史原因人为划定的,边界规范清楚;而社区则是在长期共同生活中自然形成的,边界和范围比较模糊。另外,社区主要活动和生活方式基本属于同一类型,是单一形态,而行政区域为多形态。一个行政区可同时包括城市、乡村、城镇等不同类型的社区。

社区与社会组织也不相同。社会组织是为完成特定目标、实现特定职能而形成的社会单位,一般只能满足成员某种或几种需要。社区则是建立在多种社会关系基础上、实现多种社会职能的单位,比社会组织层次高,往往包含多种性质或形式的组织。

2. 社区的构成要素

社区必须具备以下几个要素:一是按自然与社会经济规律划分的人文区域。社区中的"区"并不是纯粹的自然地理概念,而是社会学上的人文区域,是人类在自然与经济规律指导下形成的区域实体。二是一定的人群,包括人口数量、集散疏密程度及人口素质等。社区内的居民是有共同生活方式、信仰、背景、利益及功能的,具有"集体身份"(collective identity)及归属感。三是社会活动的管理组织。人们在经济、政治、文化的各项活动和日常生活中聚集在一起,需要一个维护该地区和人群共同利益的管理组织,这是社区的核心内容。四是一定的公共设施。社区集生产、生活、工作、休闲等功能于一体,因此必须具备一套完整、完善的生活服务设施和公共设施,如商店、文化、娱乐、医疗、服务、交通等。五是地缘归属感和心理认同感。社区中的人群为共同需要结合起来,因此会产生共同的行为规范、生活方式及社区意识,如文化传统、习俗、归属感等。这就构成了社区人群的文化维系力。

3. 社区的历史沿革

社区是随社会发展而不断变化的历史范畴。社区是人类活动的产物,在人类漫长的历程中,社区大致经历了4个阶段:一是旧石器时代,人类靠水源、森林、洞穴而居住,空间广但人数少,一个家庭或若干家庭就是一个流动的社区。二是新石器时代,人类有了固定的洞穴、木棚或茅舍,出现半永久性村舍。三是文明时代,农业耕作使许多人永久性居住在一起,形成农村社区。四是工业革命以来的新型城市社区。

社区发展到现在,出现了传统社区与新型城市社区并存的现象。现代世界主要存在两类社区,一是与传统生活方式接近的农村社区,二是工业革命后的新型城市社区。两种社区无论在经济关系、生活方式还是组织结构、人口密度等方面都有差异。现代城市社区生活范围更大,生活频率加速。

4. 社区的分类

根据不同标准,社区可以按以下几种类型划分。
按社区发展的历史,分为流动型、半固型、永久型。
根据社区内部组织形式,分为整体社区和局部社区。
根据社区功能,分为文化、商业、工业、林业、旅游社区。
根据社区地貌,分为平原、山区、高原、滨海社区。
根据社区结构及综合表现,分为农村、集镇、城市社区。
从纵向划分,分为传统、发展中社区。
从横向划分,分为法定、专能、自然社区。

5. 社区的功能

社区功能表现在以下几方面。

第一，经济生活。包括生产、分配、交换、消费等环节，是社区主要功能，表现为通过生产和购进为成员提供衣食住行等基本生活品和相应服务。承担这一功能的主体是社区各经济组织，如工厂、商店、公司等，农村则是农场、家庭。

第二，社会化功能。社会化是人通过学习群体文化来承担社会角色，把自己社会化的过程，而社会化多是在社区进行的，主要包括家庭、邻里、学校等，还包括社区的大众传媒如广播、电视、报刊等。这些构成社区社会化的要素和网络，可使社区形成有机整体，在功能上达到最佳效果。

第三，社会控制功能。社会控制功能的目的是实现社会稳定。社区对成员的控制主要通过各种组织及规章制度来实现，其中地方基层政府和群团组织起到重要作用。

第四，社会参与功能。社会城市化和现代化程度越高，人们的组织程度就越高，社会参与意识就越强。社区是居民生活、交往、直接参与社会事务、进行各种活动的场所。人们通过参与社区事务来参与更大的社会。

第五，社会福利功能。社会福利包括社会保险、社会救济、社会服务、公共福利等，其特点是就地、直接、及时。现代社区对居民的救助主要由福利机构和团体承担，如政府民政部门、医疗卫生机构、各种宗教团体和慈善机构、街道居委会所属的社区服务组织，等等。

6. 城市社区

城市社区是指在特定的城市区域内，由从事各种非农业劳动和社会分工的密集人口组成的社会，即以非农业或第二、第三产业为基础的，规模较大、结构比较复杂的社区。

城市社区具有如下特点：第一，经济活动集中，人口密度高，聚居规模大，这是城市社区的显著特点。世界大多数国家都把人口密度和聚居规模作为城市社区的主要标准。第二，组织结构复杂。现代新型社区结构远比农村复杂。城市聚集众多工厂，密布商业网点，从生产到消费的链条把社区每个环节都联系起来。第三，生活方式多样化。生活方式指人生活活动的典型形式，包括劳动生活、消费生活、文化娱乐、人际交往等等。城市社区居民生活方式多样化反映了社会进步与文化的繁荣。

## 二、我国的社区组织

我国城市政府和社区组织由于历史与文化的原因，有着不同于西方的独特性。

1. 各级城市政府

（1）城区政府

我国市辖城区政权可追溯到中华人民共和国成立初期。1949年12月2日中央人民政府通过了《省、市、县各界人民代表会议组织通则》，要求各地迅速召开省、市、县、区、乡各界人民代表会议，建立地方各级人民政府。一些大中城市据此筹备召开城区人民代表大会和代表会议，开始筹备城区政府工作。1951年4月中央人民政府政务院发布《关于人民民主政权建立工作的指示》，规定10万人口以上的城市应该成立区级政府，召开人民代表大会会议。1954年颁布的《中华人民共和国宪法》第五十三条规定："直辖市和较大的市分为区。"同年颁布的《中华人民共和国地方各级人民代表大会和地方各级人民委员会组织法》规定，市辖区设区人民代表大会和区人民委员会，下设民政、生产合作、工商管理、建设、劳动、文教、卫生等科或股。1955年国务院《关于设置市、镇建制的决定》规定："人口在20万以上的市，如确有设区的必要，可以设市辖区"。1979年全国人民代表大会通过的《中华人民共和国地方各级人民代表大会和地方各级人民委员会组织法》规定，市辖区为县级以上行政单位，设立区人民代表大会常务委员会和区人民政府。1982年颁布的《中华人民共和国宪法》再次明确规定："直辖市和较大的市分为区、县"，市辖区设立人民代表大会和人民政府。

从历史上看，新中国将城市基层政权定在区一级是有原因的。因为城市街道大部分是在废除国民党保甲制度基础上由接管委员会演化而来的，管辖范围不大，人口不多，主要负责户政、调节、救济等工作。而城市需要高度的集中统一，因此建立区政权后没有必要建立街道一级政权。20世纪50年代我国城市主要通过"条条"即"单位体制"实施社会管理。随着国家工业化和向社会主义过渡，"单位体制"以外的社会闲散人口越来越少，"块块"组织即社区组织管辖对象很少，客观上也不需要建立街道政府。另外，50—60年代以前我国受苏联影响较大，当时苏联就是把城市基层政权设在区级。这一体制直至今天仍在沿用，并成为我国社区建设的重要特征。

城区政府在社区建设中的地位和作用十分重要。城区政府在社区建设中处于主导地位，是最具权威的政治组织，掌握着社区发展的主要经济和政治资源，能够运用经济、政治和法律手段协调各种力量，控制社区发展方向。这是因为我国社区建设以基层为对象，既不是单纯的政府行为，也不是单纯的民间行为，而是政府实施社会管理、推动社会发展和基层群众自治相结合，是政府主导下的"社会化"行为，这就决定了城区政府的主导地位。另外，社区建设是复杂的系统工程，需要权威性的社区组织从整体上制订发展规划和工作计划，而这也只有城区政府才能进行。

城区政府在社区建设中的作用主要体现在如下几方面：一是指导作用，包括指导社区建设发展、工作方案落实，指导各街道办事处和社团组织制订工作计划、实施方案；通过调查研究发现问题，解决问题；制定社区建设政策和规定；兴办社区建设骨干项目和社区建设示范工程等。二是宣传、发动、组织、协调作用，包括运用大众传媒等手段宣传社区建设，培养社区居民、企事业单位的责任意识和参与意识；发动社区主体积极参加社区建设；建立社区组织体系；协调社区各行各业的关系。三是管理、控制，包括对社区建设中发生的偏差实施预防，对出现的问题及时纠正等。

（2）街道办事处

街道办事处是由中华人民共和国成立以前城市接管委员会的派出机关演变而来的。当时为把工厂、企业、机关和学校的居民组织起来，减轻政府和公安派出所的负担，设立街道办事处。1954年全国人大常委会通过《城市街道办事处组织条例》，明确规定街道办事处是市辖区、不设区的人民委员会的派出机关。现行的《地方各级人民代表大会和地方各级人民政府组织法》重申"市辖区、不设区的市的人民政府，经上一级人民政府批准，可以设立若干街道办事处，作为它的派出机关"。

关于街道办事处的工作任务，《城市街道办事处组织条例》规定有三项：一是办理市和市辖区政府有关居民工作的申办事项，二是指导居民委员会工作，三是反映居民的意见和要求。当时工作对象基本限于老弱病残，内容是户政、调解、救济、市容等。随着城市经济和社区管理不断加强，现今街道办事处作用已相当于一级政府，承担至少10项任务：即发展街道经济、城市管理、民政工作、社区服务、人口管理、治安综合治理、精神文明建设、办理区政府有关事项、指导居民委员会工作和加强街道党的建设等。

（3）居民委员会

居民委员会是基层群众性自治组织。1954年全国人大常委会制定并颁布《城市居民委员会组织条例》，从法律上规定了居民委员会的性质、地位和作用。居民委员会的任务是：办理有关居民公共福利事业，向当地政府或其他派出机关反映居民意见和要求，动员居民响应政府号召并遵守法律，领导群众性治安保卫工作，调解民间纠纷。1989年我国又在《城市居民委员会组织法》中对居民委员会的性质、任务、构成原则、机构设置、经费来源等做出明确规定，其中关于居民委员会的任务主要有6方面：一是宣传宪法、法律、法规和国家政策，维护居民合法权益，教育居民履行依法应尽的义务，爱护公共财产，开展多种形式的社会主义精神文明建设活动。二是办理本居住地区居民的公共事务和公益事业。三是调解民间纠纷。四是协助维护社会治安。五是协助人民政府或派出机关做好与居民利益有关的公共卫生、计划生育、优抚救济、青少年教育等工作。六是向人民政府或派出机关反映居民意见、要求并提出建议。

在社区建设中，居民委员会与街道办事处同样发挥着重要作用。截止到1999年底，全国共有667个城市，749个市辖区，5904个街道办事处，11.5万个居民委员会。这些街道、居委会直接面对数亿居民，承担着建设社区、繁荣社区、服务居民的繁重任务。

2. 社区组织

城市社区组织是推进社区发展的重要基础，也是社区发展的核心。世界各国政体不同，经济水平不一，人文和自然环境存在差异，使得城市社区组织制度多种多样。20世纪90年代以来，中国各大中城市在推进社区建设管理体制改革的过程中因地制宜，建立了形式多样的基层社区组织及管理体制。

（1）社区组织的形式

我国在社区建设中建立的基层组织大致有：社区党组织、居民大会或居民代表大会、居民委员会等。

社区党组织：《中国共产党党章》规定，从有利于加强党对社区的领导，有利于加强社区建设，有利于发挥社区党组织和党员作用出发，根据工作需要、党员人数和社区规模，要建立社区党组织。社区党组织由社区党员大会或党员代表大会选举产生，每届任期3年。它是社区的领导核心，负责宣传党的路线方针政策，团结带领党员、群众完成社区建设的各项任务。社区内服务机构、物业公司、民办企业的党组织和离退休党员、下岗6个月以上的职工党员及尚未就业的退伍或转业军人、大学毕业生党员等，都由社区党组织实行属地管理。

社区自治组织：社区自治组织包括社区成员代表会议、社区议事协商委员会和社区居民委员会。社区成员代表会议是社区最高权力机构，代表社区成员的根本利益，对社区实行民主议事、民主管理、民主监督和民主决策。居民代表大会定期召开，对重大问题进行决议，选举产生社区居民委员会，推荐产生社区议事协商委员会，讨论社区建设事项。该代表按居民小组划分选区，民主推荐，任期3年。社区议事协商委员会主要由社区内有影响、有威望、热心社会公益事业的单位领导和知名人士、居民代表组成，由社区居民代表大会选举产生，行使社区的协商、议事和民主监督职能。社区居民委员会由社区居民大会或居民代表大会选举产生，任期3年，执行社区居民大会或居民代表大会的决定，对其负责并受其监督。它在政府部门及派出机构指导下工作，组织居民进行自我教育、自我服务、自我管理和自我约束。工作经费由市、区两级政府拨付，居民委员会成员享受市、区两级政府发给的生活补贴。

社区中介组织：社区中介组织也叫非营利组织，国外叫非政府组织，性质介于政府和营利组织（企业公司）之间，一般具有如下特征：一是组织归属独立性，即自主自治，不隶属政府也不隶属企业，只依据法律和本组织章程开展工作。二是非营利性。它的目标是为社会服务，不以营利为目的，即使有盈利也不被转移他用。三是价值取向公益性。它们大多是为某一领域的公共利益、公共服务和公共空间提供服务。我国中介组织尚处于起步阶段。

（2）社区组织的特点

当前我国城市社区组织具有以下几个特点。

第一，自上而下的行政主导性。我国城市社区组织建立的法律依据是《城市居民委员会组织法》，是在市政府统一领导下由上而下层层推进的，主要依托街道和居民委员会进行，具有明显的行政主导性。这是符合我国国情的社区建设道路，对推进中国特色的社区建设和保障体制改革起了很大作用。

第二，行政区域与社区的同一性。行政区与社区不同又有联系。我国社区建设是依托城市街道办事处和居民委员会，具有基层政权组织与社区管理组织地域空间的同一性。虽然我国宪法和《城市居民委员会组织法》规定，街道是政府的一级派出机构，居民委员会是城市基层群众性自治组织，但在城市政府推进下权力层层下放，城市纵向管理形成"两级政府，三级管理，四级网络"的格局，现行街道和居民委员会实际已成为城市基层行政区的延伸，承担着政府职能。

第三，社区组织的多样性。20世纪90年代中期以来，在民政部门积极推动和指导下，城市社区建设进入新阶段。各地因地制宜，建立了不同的组织模式。从社区空间规模和推进方式看有以下几种：一是上海模式，二是天津、青岛模式，三是南京鼓楼模式，四是沈阳模式，五是北京模式。这些实验社区的建设呈现出各自特点，体现出我国社区组织的多样性。

**思考题**

1. 什么是城市社区？其功能如何？
2. 概述我国的社区组织情况。

## 第二节 社区建设与社区服务

### 一、社区建设

1. 社区建设的含义

社区建设也叫社区发展（community development），是现代国际流行思潮和我国社会的热门话题。

社区发展的概念是美国社会学家弗兰克·法林顿在1915年《社区发展：将小城镇建设成更加适应生活和经营的地方》一书中提出的，原意是泛指社区内所有发展事物与过程。第二次世界大战后社区发展成为联合国倡导的世界性运动，宗旨是加强国家政府同社区的联系，充分发挥社区成员的积极性，利用社区自身力量提高经济、社会发展水平，改善居民生活，解决社区存在的问题。

第二次世界大战后西方许多城市面临人民失业、贫困，城市秩序恶化、经济增长缓慢等问题，仅仅依靠政府力量难以解决，于是一些社会学家提出了社区划分、社区发展、运用民间资源的构想。1951年联合国经社理事会通过390D号决议，即"社区福利中心计划"，希望通过建立社区福利中心推动全球、特别是发展中国家的经济和社会进步，开展地方建设，以乡村社区为单位，由政府同社区民间团体合作，发动居民自愿投入。后来联合国以"社区发展计划"代替了"社区福利中心计划"，1952年成立社区组织与发展小组，后改为"联合国社会局社区发展组"，在全球推动社区发展并取得显著成效。此后联合国在世界各地多次举办研讨会，先后发表《社区发展与国家发展》、《都市地区中的社区发展与社会福利》等报告。从此社区发展成为当代社会的一个重要运动。

1960年联合国出版的《社区发展与经济发展》对社区发展做出如下定义："社区发展是一个过程，即由人民自己的努力与政府当局的配合，一同去改善社区的经济、社会文化环境。这一过程包括：一是由人民参与，自己创造，以努力改进其生活水准。二是由政府以技术协助或其他服务，助其促进更有效的自觉、发展和自治。"

20世纪80年代以来，欧美一些发达国家又提出社区主义（communitarians），目的是加强社区居民间的交往以实现相互关怀。据不完全统计，目前全世界有100多个国家和地区实行了社区发展计划。这样社区发展就摆脱了传统社会福利服务的"补救性"特征，将社会福利服务功能改为提供防御性与发展性服务。

中国把社区发展称作社区建设，是20世纪90年代初在城市社区服务的基础上，借鉴国外经验而提出的。2000年《民政部关于在全国推进城市社区建设的意见》中指出：社区建设的含义是，在党和政府领导下，依靠社区力量，利用社区资源，强化社区功能，解决社区问题，促进社区政治、经济、文化、环境协调和健康发展，将社区建设成为管理有序、服务完善、生活便利、卫生整洁、环境优美、治安良好、人际关系和谐的现代化新型社区。它是社区资源和社区力量的整合过程。

2. 社区建设的模式

社区建设是中国城市体制改革的一大创造，兴起于20世纪90年代初。此后各地积极探索社区建设的理论和模式，主要有以下几种。

（1）综合模式：强调社区建设的全方位性，内容涉及政治、经济、文化、社会各方面，包括物质文明和精神文明建设；包括硬件和软件建设。按照社区建设要求，在处理问题时强调整体性功能和效益，使社区全面发展。

（2）特色模式：强调社区建设的某方面，如"发明之家"、"集报之家"、"教师之家"、"集邮之家"等，从不同角度、不同侧面优化社区环境，提高居民素质，倡导成员协调互补。

（3）共建模式：强调区域内各单位通力合作，如"街企共建"、"军民共建"等，注重区域内单位的互助性和互补性。

（4）连片模式：强调社区建设某些部分应连片发展，如农业部命名的全国乡镇企业示范区。

（5）互利模式：强调社区建设目的是满足居民的物质、文化需求，增加参与各方对社区的认同感、归属感和责任感，同时形成互助互利的投资利益共同体。

（6）住宅模式：这种模式强调以住宅小区为载体，开展全方位的社区建设，依靠社区居民和社会力量，形成网络型社区结构，通过民主自治、共建互动、自我服务而共同受益。

（7）社区重建模式：又称老区改造或都市更新，即在进行老区改造的同时考虑社区基础设施、服务设施的匹配，使新建区域具备现代化功能，为社区群众提供各种便利条件。

3. 社区建设的意义

社区建设是加强社会保障、社会就业、稳定工作的重大措施，具有重要的现实意义。

（1）社区建设是社会主义市场经济下加强社会管理和服务的必然选择。计划经济体制下的社会管理基本靠单位、组织或行业进行。单位类似社区，执行保障就业、劳保福利、住房分配、生老病死、子女上学等职能。政府对居民的管理也通过单位实行。但随着城市发展，企业开始职能转换，以往承担的社会事务和服务移向社会和社区；而经济体制的多样化也衍生出大量个体工商户、私营企业主、自由职业者等。他们的各种生活服务也需要社区解决。此外，外来经商、打工及从事经济活动的大量流动人口也须纳入城市管理和服务体系。这样原有的基层管理模式就必须转变，社区管理新模式应运而生。

（2）社区建设是扩大民主，促进政治体制改革的要求。社区发展涉及体制改革、职能转变，是城市政治体制改革的内容。社区居民委员会是实现自我管理、自我教育、自我服务的重要途径和载体。过去社区成员只有单位意识而没有社区意识。随着社区功能的加强，成员认同与互动不断增强，从而产生了责任心与民主参与意识。

（3）社区建设是提高居民生活水平的民心工程。随着经济发展和生活水平的提高，居民提高生活质量的要求日益迫切，如教育、体育、娱乐、休闲、养老等。而人口老龄化、独生子女、核心家庭人口结构与家庭结构的变化导致的一些特殊需要也只能由社区承担。

为此，著名社会学家费孝通曾说："今天的社区建设可以看做一个城市化过程的继续，既是城市发展的继续，也是市民现代化的继续。我们需要在都市形成、演化过程和这个过程中所生成的文化和社会遗产的背景上，探讨今天对社区建设的研究和理解。"[①]

4. 社区建设的内容

社区建设大致包括五方面：第一，社区服务：包括残疾人、老年人、优抚对象和社会困难群体的福利服务，全体社区成员的便民利民服务和社区单位的社会化服务，下岗职工的再就业服务和社会保障社会化服务等。第二，社区卫生：包括公共卫生、疾病预防、保健、康复、医疗和计划生育等。第三，社区治安：包括治安保卫、民事调解、帮教青年、防火防盗和其他综合治理。第四，社区文化：包括各种群众性的文化、教育、科普活动及文化建设等。第五，社区环境：包括净化、绿化、美化社区，进行社区保护等。

---

① 《江海学刊》，2002年第3期。

## 二、社区服务

### 1. 社区服务的含义

社区服务有广义和狭义之分。广义上的社区服务泛指为居民提供的所有服务,狭义上的社区服务主要是为居民基本日常生活服务,解决生活便利问题。社区服务既是社区建设的重要内容,又是城市基层管理的组成部分。

社区建设是在社区服务的基础上拓展而来的,不仅包括社区服务,而且包括发展社区卫生、繁荣社区文化、加强社区治安、美化社区环境等。社区建设还涉及社区划分、社区组织体系建设、社区居民自治、城市基层民主等。因此社区服务与社区建设是局部与整体的关系。

社区服务具有如下功能:一是我国社会保障制度改革的需要。这不仅包括传统的民政福利服务,而且还包括逐步建立和完善养老、失业、医疗等社会保险项目的保障服务体系。二是社区居民生活服务。居民需要就近方便的生活服务,社区利用本区域资源开展服务有着独特优势。三是为本区域内企事业单位服务。单位原有的部分后勤功能逐步转移给社区,逐渐形成社区共建双向服务机制,形成新的社会化服务格局。

由社区服务理念衍生出来的行业就是社区服务业,是在政府倡导下为满足社会成员要求,以社区组织为依托,具有社会福利性质的居民服务业。社区服务业由社区福利、便民利民和职工社会保险管理等服务业组成,是社会保障体系和社会化服务体系中的重要一环。

### 2. 社区服务的沿革

社区服务在西方被称为社区照顾(care by the community),在中国港台地区被译为社区关怀,是工业化和现代化的产物,最早起源于西方。随着工业革命和城市发展,失业人口日益增加,贫困问题层出不穷,作为社会福利方式的社区服务便应运而生。1869年名叫索里的牧师倡导英国伦敦成立第一个以济贫为主的社区服务组织——慈善组织会社。它将伦敦划分为若干个区,每个区建立一个分支机构和志愿委员会,主持救济分配工作。这种做法很快扩展到英国其他城市和美国。1877年美国在水牛城成立第一个慈善组织会社,并形成了慈善组织会社运动,带动了社区服务的兴起。继慈善组织会社运动后,英美又兴起睦邻组织活动。1884年英国的巴尼特牧师在伦敦东区贫民区首创社区睦邻服务中心——"汤恩比馆"(为纪念与贫民共同生活、为贫民服务但不幸因肺病致死的牛津大学经济学讲师汤恩比而命名)。社区睦邻服务中心大都设于贫民区,工作人员与贫民共同生活并开展服务,尽量挖掘社区资源,培养居民自发和互助合作精神。美国1886年创立了睦邻公社,1889年芝加哥成立"胡鲁邻舍会馆"。这类组织后来发展成社区服务中心。

第二次世界大战后西方发达国家的老年人、残疾人和妇女儿童保护问题进一步突出。一些国家开始建立社会福利制度,促进公共服务扩展,使社区服务迈向新阶段。但近年欧美的福利国家,感到财政压力,开始把社会福利工作推向社会,由地方政府委托给私人团体、慈善团体、教会和个人协办,政府予以适当资助。

总之,社区服务在西方非常普及,目标分为两类:一是过程目标(process goals),即改善人际关系、提高自信心及归属感,增强解决问题的能力;二是任务目标(task goals),即解决社区问题、改革社会政策、改善服务效率及社会资源的再分配。

3. 我国的社区服务

我国城市社区服务是在民政部门倡导下逐步发展起来的,时代背景主要有:一是人口老龄化、家庭结构小型化对社区服务的新要求。众多的老年人口不仅需要经济保障,也需要日常生活照料。核心家庭、空巢家庭、老年人单身家庭则使传统的家庭养老功能逐渐外化。二是居民生活现代化、消费结构多元化产生了诸多的社会要求,如养老、医疗保险、托幼、娱乐、婚丧、家务等。三是政府职能转变和企业经营机制转化要求社区承担起服务和管理的职能。

我国社区服务经历了三个阶段。

1983—1987年是酝酿产生阶段。1983年民政部开始酝酿城市社会福利改革,提出国家和社会力量结合、采取多种形式办社会福利事业的新思路。1987年武汉召开部分城市社区服务座谈会,总结交流武汉、上海、北京、天津、常州等20个城市的经验。这是我国城市社区服务开始的标志。

1987—1993年是普及推广阶段。许多城市民政部门开始在城区和街道进行试点,探索基层社区服务的模式。1989年天津市和平区新兴街道成立了我国第一个社区服务志愿者协会,拉开社区志愿者服务的序幕。1989年12月第七届全国人民代表大会常务委员会第十一次会议通过了《中华人民共和国城市居民委员会组织法》,明确规定"居民委员会应当开展便民利民的社区服务活动"。

1993年以后是巩固提高阶段。社区服务在全国推广后资金短缺与服务亟待扩展的矛盾日益突出,为此,国家计委、民政部、体改委、财政部等中央14个部委于1993年联合下发《关于加快社区服务业的意见》,明确了社区服务是社会保障体系和社会化服务体系的重要行业,明确了社区服务业的发展目标和基本任务,制定了相关扶持保护政策。这是我国城市社区服务发展的里程碑,即抓住国家大力发展第三产业的时机激发社区服务的内在活力,开始建立自我积累和自我发展的内部运行机制。1995年民政部颁发《社区服务示范城区标准》,在全国开展创建示范城区活动。

经过多年努力,我国城市社区服务已成为广为居民认知和依赖的切身事业。截至2000年底,全国城镇社区服务设施达18.1万处,从业人员75万人,安置下岗人员28.6万人,各类社区服务中心12674个,职工8.2万人,便民利民网点45.2万个,各种社会服务志愿组织6.6万个,志愿者377.2万人。目前全国每万城镇人口拥有社区服务设施4个,每10万城镇人口拥有社区服务中心2.8个。

归纳这些成绩,主要表现为:第一,许多社区从单项服务扩展为系列化服务,对象包括老人、小学生、优抚对象、残疾人等,内容包括卫生、便民、移风易俗、家政、救济等,形式主要有邻里互助、协同包户、热线电话等。第二,新建了大批服务网点和设施。许多城市在城区、街道、居委会3个层面建立了社区服务中心、服务站和各种专项服务设施。第三,社区服务队伍来源丰富,数量增多,专业化程度提高,形成一支由专职人员、兼职人员和广大志愿者组成的服务大军。第四,探索出一条"社会福利社会化"的改革之路。服务资金不依赖国家财政,由政府、集体和个人共同负担。

### 4. 社区服务人员

我国社区工作主要由民政部门、基层政权和群众自治组织承担。1987年后社区建设在一些大中城市陆续成立专业机构，建立了社区工作队伍。社区工作队伍有广义和狭义之分。狭义的工作人员指经过专门训练、专门从事社区工作的人。广义的社区工作者主要由以下几部分人组成：一是民政部门、社会福利事业单位的有关工作人员及各级社区工作组织管理机构的工作人员。他们主要负责制定社区工作的政策法规，指导、督促社区工作的开展，研究社区发展的问题，做好有关部门的协调。二是区、街道、居委会的专业工作人员以及分布在社区和服务机构的工作人员。他们是社区工作的基本力量。目前许多地方采取公开招聘、民主选举、竞争上岗等办法，聘请社区居委会干部。三是志愿工作者。他们有专门职业或已退休离休，定期或不定期地承担社区工作。四是社会中介组织。目前中介组织参与社区建设尚处于发育阶段。五是理论工作者。他们在介绍外国社区工作情况、推进社区工作本土化等方面具有先导性。

欧美发达国家的社区服务人员都已职业化和专业化，我国起步较晚，许多方面还存在问题。如社区工作者职业声望较低，难以吸引优秀人才；工作制度不健全，专业人才供给严重不足；政府部门对某些社区工作包办，客观上阻碍或推迟了各类服务组织的成长；半官方的群众团体以非社区工作手段涉足社区工作事务。工会、妇联等还是政府行为的延伸，工作方法非职业化专业化，客观上制约了社会服务组织的发展。

## 思考题

1. 什么是社区建设？在我国社区建设都有哪些模式？
2. 什么是社区服务？我国社区服务经历了怎样的发展阶段？

# 第八章 城市规模与城市体系

## 第一节 城市规模

城市结构与城市规模有着密切联系。城市结构量的大小及程度决定城市规模的大小；而城市规模是否合理又决定城市运转状况和城市经济效益。

### 一、城市规模及决定因素

1. 城市规模的界定

城市规模有两个含义：一是城市总规模，即国家城市数量和城市人口占全国总人口的比例，它表示城市经济在全国经济中的地位；二是单个城市规模，即每个城市的人口数量、用地数量和经济实力。本节论述的是单个城市规模。

城市规模由城市人口、用地和经济发展规模来衡量，通常以城市人口数量、占用土地数量和国民生产总值表示。由于人口数量（在我国主要是市区非农业人口数量）具有综合意义，容易统计和计算，所以是衡量城市规模的基本指标。世界各国一般都用此划分城市规模或等级，但标准并不一致。人口较少的国家城市起点低，10万人口以上的城市就作为大城市。苏联城市规模分为3大类型、8个等级。第1类为大城市，4个等级，一级超大城市人口超过100万；二级超大城市50万~100万；三级大城市25万~50万；四级大城市10万~25万。第二类为中等城市，分两级：五级中等城市人口5万~10万；六级中等城市2万~5万；第3类为小城市和镇，也分两级；七级小城市人口1万~2万；八级镇人口少于1万。

2. 中国城市规模划分标准

中华人民共和国的城市有如下几种划分方式。
（1）按行政等级划分，共有以下几类：
直辖市：是中国一级行政区，政治、经济各方面都直接与中央挂钩。如北京、上海、天津、重庆。

副省级城市：为中华人民共和国行政区名之一，受省级行政区管辖，副省级市的市长与副省长行政级别相同。我国的副省级城市有：广州、沈阳、南京、武汉、成都、西安、大连、长春、哈尔滨、济南、青岛、杭州、宁波、厦门、深圳。重庆曾经一直是副省级城市，1997年成为省级的直辖市。广州在这些城市中的规模最大，人口超过千万，全市的GDP位居中国第三。

计划单列市：为中华人民共和国行政区名之一。所有副省级城市早先都是计划单列市，后来规定省会城市不再设为计划单列市，所以上面10个计划单列省会都已经相继取消，现在计划单列市只剩下厦门、宁波、青岛、深圳、大连等5个非省会城市，其收支直接与中央挂钩，由中央财政与地方财政两分，无需上缴省级财政。我国目前计划单列市有深圳、大连、青岛、宁波和厦门。它们享受省一级的经济权限。

地级市：中华人民共和国宪法中"较大城市"。按照宪法规定，大陆实行省、县、乡三级地方行政区划体系。地级市作为区划概念代管县级市，应属于"准行政区划"管理，承袭原属准行政区划"地区"的管理体制。管理层级介于省级行政区与县级行政区之间，属于地方政权；因其行政地位和地区（地区行政专署）相当，故被称为地级市。地级市包括省会城市、副省级城市（含计划单列市）。辖域为县级行政区，包括市辖区、县（自治县）、旗（自治旗），代管县级市。

(2) 按IT级指数划分

"城市IT级别指数"是指综合人均GDP、国内生产总值、全市总人口、家庭年人均可支配收入、恩格尔系数、主要电子信息产品销量、软件业规模、上网计算机数量等各项指标，考察城市IT市场发达程度，并通过精细的调查研究、计量研究和案例研究，形成的对中国城市IT环境现状倾向性、变化趋势和规律性的判定，并由此形成城市分级标准。一般来说，城市IT级别指数在50以上的列为1级城市；城市IT级别指数在10以上的列为2级城市；城市IT级别指数在5以上的列为3A级城市；城市IT级别指数在3以上的，列为3B级城市；城市IT级别指数在2以上的列为4A级城市；城市IT级别指数在2以下的列为4B级城市。

(3) 按城市人口数量划分

按照城市常住人口，可分为特大城市、大城市、中等城市和小城市几种类型。特大城市（Megalopolis）是指其城市规模特别大的城市。联合国将100万人作为划定特大城市的下限，各国在各个时期的具体分级标准不尽一致。1980年中国首次规定城市人口100万以上为特大城市，但并没有对城市人口作出清晰界定；1989年制定的《中华人民共和国城市规划法》规定，特大城市在中国指市区中心城区非农业人口达100万以上的城市，大城市是指市区中心城区非农业人口50万以上的城市，中等城市是指市区中心城区非农业人口20万以上、不满50万的城市，小城市是指市区中心城区非农业人口不满20万的城市。但这部规划法已于2008年1月废止，同时实施的《中华人民共和国城乡规划法》没有设定城市规模的条文。也就是说，目前中国尚未从立法的层面对大中小等城市规模概念进行定义。2010年，由中国中小城市科学发展高峰论坛组委会、中小城市经济发展委员会与社会科学文献出版社共同出版的《中小城市绿皮书》依据目前中国城市人口规模现状，对划分界定大中小城市提出了新标准：市区中心城区常住非农业人口（含户籍人口和居住满9个月以上人口）50万以下的为小城市，50万~100万的为中等城市，100万~300万的为大城市，300万～1000万的为特大城市，1000万以上的为巨大型城市。我国现有上海、北京两座巨大型城市。2013年7月，据《经济参考报》消息，目前正在广泛征求意见并抓紧修改完善的"国家中长期新型城镇化规划"对城市规模划定标准进行了重新设定。《规划》中城市规模认定标准根据市区常住人口规模进行认定，其中对超过500万人的城市认定为特大城市。据此可以将中国的城市分为以下几级：

一级城市：人口在500万以上或经济发达、消费水平较高省会城市或大城市，如北京、天津、沈阳、大连、哈尔滨、济南、青岛、南京、上海、杭州、武汉、广州、深圳、香港、澳门、重庆、成都、西安。

二级城市：人口在300万以上或经济较发达、消费水平较高的大中城市或一般省会城市，如苏州、无锡、石家庄、长春、呼和浩特、太原、郑州、合肥、无锡、苏州、宁波、福州、厦门、南昌、长沙、汕头、珠海、海口、三亚、南宁、贵阳、昆明、拉萨、兰州、西宁、银川、乌鲁木齐等。

三级城市：人口在100万以上或经济较发达、消费水平较高的中小城市，如唐山、秦皇岛、淄博、烟台、威海、徐州、连云港、南通、镇江、常州、嘉兴、金华、绍兴、台州、温州、泉州、东莞、惠州、佛山、中山、江门、湛江、北海、桂林等。

四级城市：其他人口大于100万的城市，重点经济城市，如邯郸、鞍山、抚顺、吉林市、齐齐哈尔、大庆、包头、大同、洛阳、潍坊、芜湖、扬州、湖州、舟山、漳州、株洲、潮州、柳州等。

第五级：著名经济城市、重要交通枢纽城市、人口大于50万、重点旅游城市。如承德、保定、丹东、开封、安阳、泰安、日照、蚌埠、黄山、泰州、莆田、南平、九江、宜昌、襄樊、岳阳、肇庆、乐山、绵阳、丽江、延安、咸阳、宝鸡等。

第六级：其他城市。

（4）按城市综合实力和发展潜力，又可分为：

一线城市（核心型）：如北京、上海、广州、深圳等。

1.5线城市（过渡型）：如青岛、成都、重庆、沈阳、济南、杭州、天津、大连、武汉、苏州、南京等。

二线城市（增长型）：如厦门、西安、宁波、烟台、长沙、合肥、郑州、无锡、东莞等。

三线城市（新兴型）：如福州、昆明、长春、哈尔滨、佛山、石家庄、南宁、常州、南昌、呼和浩特、温州、淄博、南通等。

三线城市（起步型）：如珠海、贵阳、太原、威海、乌鲁木齐、绍兴、中山、嘉兴、潍坊、唐山、徐州、金华、泉州、洛阳、兰州、海口、吉林、襄阳、汕头等。

3. 城市规模的扩展的原因

城市规模随城市经济的发展而发展，但受社会经济多种因素制约，经历了复杂的历史变化。古代，世界上曾出现多个规模可观的大城市，但城市规模扩大并持续发展是在工业革命以后。城市规模不断扩大，本质上说是集聚效益造成的。科学技术和社会生产力高速发展导致工业设备日趋大型化、尖端比，生产过程日趋自动化、连续化，市场日趋整体化、国际化。这些都促进工业企业规模迅速扩大，并向联合化、综合化、协作化、集中化、社会化发展。同时许多城市往往成为地区、国家，甚至国际交易中心，城市多功能、多样化服务作用日益显著。这些都导致城市发展和规模扩大。总之，城市规模的变化由城市经济发展引起，由社会生产力发展水平决定，受一定社会经济规律支配和制约。

## 二、最佳城市规模

1. 最佳城市规模

最佳城市规模或称合理城市规模，对此许多学者都展开过探讨。1922年法国戈必依提出300万人口的"理想城市"。美国工程学家吉布森提出3万人口的城镇规模可以成为"人的尺度"，创造令人满意的环境；当城市人口达到25万人左右人们就会享受大城市的好处；接近100万人的大城市会比小城市有更多就业机会。最后他认为，按城市"自然规模"，不考虑经济因素，则5万人的小城镇最适当，从经济及其他因素考虑，城市最佳规模应为20~200万人，而以80~120万人为最好。

衡量城市最佳规模的标准一般有：① 职工通勤距离和时间，上班单程不超过1小时，否则城市过大。② 城市水源的远近。③ 交通运输、卫生工程、动力供应、道路桥梁等对城市人口、经济承受能力。④ 居民住宅拥挤程度。⑤ 城市卫生环境、生活服务设施质量。⑥ 城市病严重程度。

判断城市规模是否合理有许多指标，但最根本的是社会经济效益。因为城市产生和发展的关键是集聚经济效益，是经济效益、社会效益、环境效益三者的统一。

城市规模取决许多主客观因素，与国家生产力和科学技术水平有密切关系。决定城市最佳规模的因素是：① 国家和地区土地面积、人口数量及其构成。一般说一个国家和地区人口总数，特别是城市人口总数越大，分布到每个城市的人口数量就越多。我国人口基数大，因此城市人口绝对数很大。② 生产力发展水平、经济发达程度及城市在国民经济中的地位。城市发展有自身规律性、阶段性和地区差异性。③ 城市体系结构和城市性质、类型和功能。作为全国经济中心的城市比地区经济中心城市，综合经济中心城市比专业中心城市，综合工业生产基地比单一工业生产基地，省会城市比一般地区政府所在地城市，规模都要大。④ 自然条件，包括用地、气候、资源等。城市规模以自然条件为基础，受能源、水源、土地等各种自然资源制约。因此城市规模涉及环境、生态和卫生等因素。⑤ 国家行政体制。长期实行中央集权制的国家城市往往比较集中，而且大城市较多，规模较大；而联邦制国家由于行政权力比较分散，城市也比较分散，中小城市居多数，城市规模也较小。

2. 确定城市规模的方针

确定城市规模的方针包括两方面，一是城市历史状况，二是当前经济发展状况。城市规模归根到底是经济问题。根据我国经济现状及特点，城市化是必然结果，必然有大量的劳动力从农村涌入城市。城市规模的扩大和人口增加都是适应城市功能而出现的。但另一方面，大城市比例过高，规模过大，也会产生种种弊病。因此制定科学的城市发展规模方针是十分必要的。

## 思考题

1. 什么是城市规模？
2. 中国城市规模的划分标准是什么？

# 第二节 城市体系

## 一、城市与区域的关系

区域是指包括城市及周围农村和其他城市在内的空间实体。从宏观角度看，城市是点，区域是面，两者是点与面、局部与整体的关系。城市与所在区域不仅是地域空间的联结，而且存在经济、文化等多方面的相互依存和相互制约。

1. 城市与农村的关系

由于多种因素的影响，城市在经济、科学技术、文化、社会生活等方面都比农村先进。但另一方面，农村又是城市的"母体"，城市建设、发展都离不开农村提供条件。比如城市建设扩大地域就会占用农村土地；城市工业生产用粮和居民口粮都由农村供应，郊区是城市副食品基地；部分工业原材料也都由农业提供；农村劳动力也不断进入城市，为城市建筑、市政、商业及服务业贡献力量；工业品的国内最大市场也在农村；农村不断增长的各种需要又是城市发展的强大动力；等等。

2. 城市之间的关系

由于历史和现实因素的影响，各城市在发展进程中规模、产业结构、作用范围等多不相同，因而形成规模、等级、性质不同的城市。而城市与城市之间同样存在着紧密联系。生产社会化使城市间在更大范围和更多方面加强分工协作，取长补短，形成不同规模的城市体系。

3. 大城市连绵区

大城市连绵区（megalopolis）即以若干个几十万以至百万以上人口的大城市为中心，大小城镇呈连绵状分布的高度城市化地带。大城市连绵区一般都拥有国际性的大港口，它的职能和作用往往具有国际意义。

megalopolis 一词原是古希腊的一个城邦的名称，意思是"大城市"。该城邦为了防务集中了将近40座城市的居民。法国地理学家 J. 戈特芒于1961年援用此名来表述美国东北部大西洋沿岸高度城市化地带。这个地带北起新罕布什尔州南部，南迄弗吉尼亚州北部，长达1000多千米；东濒大西洋海岸，西至阿巴拉契亚山麓，宽约200千米；以波士顿、纽约、费拉德尔菲亚、巴尔的摩和华盛顿五大城市为中心，大小城镇连成一片，拥有人口近4000万。多数学者认为，够得上称为大城市连绵区的，人口应在2500万以上。当前符合这个标准的还有美国的大湖区（芝加哥-底特律-匹兹堡地带）；英国的伦敦-伯明翰-利物浦-曼彻斯特地带；日本以东京、名古屋、大阪为核心，包括横滨和神户等城市的东海道地带；中国的沪宁杭地区等。

大城市连绵区一般空间布局的特征是沿交通线发展，形成一系列综合性的城市。这些城市具有相对独立性和各自的特色，城市之间有绿化隔离带。在大城市连绵区内除了居住区、工业区和商业服务区以外，还有农业地区，反映了土地利用日益专门化。戈特芒称美国东北部大城市连绵区城市组合的形式为"居住空间组织中新秩序的摇篮"。大城市连绵区虽能获得较高的经济效益，但由于人口和经济活动过分集中，必须注意保持生态平衡。

## 二、城市体系

### 1. 城市体系的含义

城市体系是适应商品经济和现代化建设而形成的城市群。它不是单个城市，也不是多个城市松散自发的联系，而是同一区域内若干不同类型城市以分工协作为纽带而构成的城市群体。城市体系的出现一方面反映了生产社会化程度的提高，同时也是城市自身建设和发展的新阶段。城市体系可分为城市群、城市带或城市聚集区等不同形式。

### 2. 城市体系的基本特征

一是整体效应。城市体系内各城市紧密联系，构成一个有机整体。任何一部分发生变化都会影响到整体发展。二是层次性。大的城市体系还包含小城市体系。比如全国城市体系由大区级（东北、华北、西北、华东、华中、华南、西南）、省区级（省、自治区、直辖市）、地区级（地区市、自治州）、县级（县级市）等层次组成。各层次间应相互协调，共同促进整体发展。城市体系内各类型城市的多少依据区域历史情况和城市布局决定，没有统一模式。三是开放性。城市体系总与外部环境进行物质、能量、信息的交换。跨区域的、全国性的甚至世界范围的商品流通、分工协作、资本流动是其显著特征。也因为如此，城市体系很容易受外界不确定因素的影响。四是动态性。城市体系内部紧密联系和与外部环境的频繁交换使之处于不断运动变化之中。

### 3. 城市体系的内在规律

第一，城市体系的规模结构规律：城市体系中包含规模不同的城市，按其规模大小划分不同等级就是城市体系的规模结构，一般来说，一个城市体系中规模越大的城市数量越少、规模越小的城市数量就越多。

第二，城市体系的分布规律：城市体系规模分布规律一般有两个评价指标，即首位律和位序——规模律。首位律是1939年由马克·杰斐逊提出的。他在研究中发现一个国家最大的城市总要比第二大城市大得多。这个城市吸引全国人口很大部分，在政治、经济、社会、文化生活中发挥极其重要的作用。他将这样的城市称为首位城市。首位城市与第二位城市人口的比值称为首位度。首位度是衡量城市规模分布状况的常用指标。首位度大的城市规模分布称为首位分布。这种城市规模分布规律就是城市首位律。位序——规模律即将国家所有城市按人口规模排序，城市在序列中的位置与规模存在规则上的分布，称为位序——规模分布。

第三，城市体系的职能结构：各城市在区域所起的作用往往不同，这是因为城市与城市间存在密切的劳动地域分工。例如北京是全国政治、文化中心，天津是北方重要的工、商、贸一体综合经济中心和国际性海港城市，唐山钢铁工业发达，承德则是旅游胜地。城市体系中各城市的职能应有明确而协调的分工。

第四，城市体系的空间结构：一个城市体系中心点（城市）、线（联系通道，如交通线）和面（城市吸引区）三者的空间组合构成城市体系的空间结构。它主要反映城市体系在一定地域范围内的空间分布、联系及组合状况。城市体系空间结构类型主要有随机型、均匀型和密集型3类。随机型即城市分布没有一定规律；均匀型指同级各城市间距离大致相等；密集型指城市集聚成群或成带，内部城市间距小而密，群带与群带之间距离大而疏。我国城市体系空间结构属于密集型，城市多沿铁路干线、沿江、沿海岸线密集分布，存在着规模特别大的城市密集区。

第五，城市体系演化规律：城市体系处于不断运动变化中，从低水平均衡阶段起步，经过极核发展阶段、扩散阶段，最终到达高水平均匀阶段。低水平均衡阶段主要指农业社会的城市，商品经济不发达，城市体系规模小，等级少，职能单一，城市间联系主要以行政和商业为主，分工不明显。这一时期城市空间分布密度低，呈散点状均衡分布。

随着工业化进程，各城市间集聚，商贸、交通逐渐发达，经济部门增多，规模扩大，水平提高。城市体系进入发展阶段，城市规模急剧扩大，区位优越、经济基础较好的城市迅速成为区域的极核。而区位较差、资源缺乏、经济落后的城市则发展缓慢。低等级城市变化不大，城市体系规模等级增多；城市职能分工开始显现，但经济结构比较简单，城市间仍以不同等级城市纵向联系为主。从空间分布上看，这一时期的城市呈初步集聚的非均衡状态。当工业超过农业成为国民经济主体后，城市体系便进入扩散阶段，城市规模继续扩大，出现千万人口的特大城市，规模结构复杂，等级增多，职能分工明确，综合性增长。城市间联系密切，交通便捷，极核城市影响范围和强度不断扩展，距离较近、条件较好的低等级城市接受极核城市辐射扩散后迅速发展。从城市空间看，这一时期城市呈高度集聚极不均衡状态，某些地区城市密集，特大城市和大城市较多，形成城市密集区和都市连绵区。到工业社会后期，经济服务化、数字化和智能化特征日益显现，新兴经济部门迅速发展，取代传统工业，国民经济结构更趋复杂，城市体系进入高水平均衡阶段，最终形成以一个综合性中心城市或数个职能各异、相互补充的中心城市为核心的大、中、小城市相互依赖、共同发展的均衡体系。这一阶段规模结构较为均衡，职能分工合理，类型多样，中心城市职能综合性强，城市间联系密切，成为有机整体，城市空间分布呈多中心、网络化，城市化水平高，城市密度大而均匀。

4. 发展城市体系的重要意义

城市的存在与发展离不开城市与区域、城市与城市的相互作用。区域是城市发展的腹地，城市则是区域优势要素集聚的中心。规模不一、职能各异的城市通过各种经济、社会联系构成城市体系，是一个国家或区域经济、社会的骨架。因此城市体系可以看作是经济社会发展的空间表现形式。

建立规模结构合理、职能分工明确的城市体系，对生产力合理布局，区域均衡发展、提高整体效益具有极大促进作用。1984年中共十三届三中全会在《中共中央关于经济体制改革的决定》中明确提出："要充分发挥城市的中心作用，逐渐形成以城市特别是大中城市为依托，不同规模的开放式、网络型的经济区。"2000年10月中共十五届五中全会再次明确提出"在注重发展小城市的同时，积极发展中小城市，完善区域性中心城市功能，发挥大城市的辐射带动作用"，"逐步形成合理的城市体系"。

## 思考题

1. 概述城市与区域的关系。
2. 分析城市体系的内在规律。

# 第九章 城市政府与城市管理

## 第一节 城市政府

### 一、各级城市政府

城市政府包括各城市市府本身和其下属的政府机构。

1. 城市政府

城市政府是各个城市的最高行政机构。各个国家和地区的情况不同，城市政府的组成和机构也不尽相同。就我国而言，城市政府有不同的行政属性。

第一，直辖市政府：直辖市政府是中国一级地方国家行政机关，全国共有北京、天津、上海、重庆4个直辖市。直辖市政府执行直辖市人大及其常委会制定的地方性法规和决议，向直辖市人大及其常委会负责。直辖市人大及其常委会有权监督市政府的各项工作，改变或撤销市政府不适当的决定、命令。直辖市政府有权统一领导辖区的区、市、县、乡、镇等各级政府的工作，统一管理辖区内的经济、社会、文化建设等行政事务。

第二，副省级城市政府：副省级城市政府是较大的、由计划单列城市发展而来的城市政府。它行政层级低于省政府，但实际行政相对不受省政府控制，目前有沈阳、大连、长春、哈尔滨、济南、青岛、南京、宁波、杭州、厦门、武汉、广州、深圳、西安、成都15个城市。

第三，地级市政府：地级市是除直辖市、副省级市外的大中城市，一般具备如下条件：市区从事非农业生产的人口25万以上，其中市政府驻地从事非农业生产的人口20万以上；工业总产值20亿元以上；第三产业发达，产值超过第一产业，在国内生产总值中比例达35%以上；地方本级预算内财政收入2亿元以上，并已成为若干市县范围内的中心城市。地级市政府向本级人大及其常委会负责，向省级政府负责，同时接受国务院统一领导，职责是领导整个城市经济文化建设和市政工作；领导整个行政区域内各项行政事务，领导所属县、县级市政府。省、自治区政府所在地的市和经国务院批准的较大的市的政府，可以根据法律和国务院行政法规制定行政规章。

第四，地级市管理县、县级市：地级市管理县、县级市体制就是在省与县、县级市之间建立一级正式的地方国家行政机关，形成省-地级市-县、县级市-乡（镇）的地方行政组织体制。这一体制要求地级市政府同时具有管理农村和城市的双重职能。主要模式有：① 地市合并。将地区行政公署与行署驻地的地级市政府合并，建立新的地级市政府管理县、县级市。② 划县入市。将地级市周围一定数量的县、县级市划归原先不管县的地级市，由地级市政府管理。③ 建市领县。将县级市、镇升格为地级市，或将地区行署机关直接改为地级市政府机关，建立地级市政府，并管理县、县级市。

第五，县级市政府：县级市政府是符合国家设市标准的较小地域设立的城市政府。它一般由县属镇发展设立或撤县建市设立，有较强的农业地区行政管理色彩。县级市政府在国家行政组织体系中的地位大致可以分为三种情况：① 在没有设立地区行政公署地方的县级市政府，受省、自治区政府直接领导，受地区行政公署的监督指导。② 在没有设立或不再设立地区行政公署的地方的县级市，受省、自治区政府直接领导。③ 在实行地级市管理县、县级市体制和民族自治地方的县级市政府，受地级市、自治州政府领导。县级市政府下辖乡、民族乡、镇政府，也可以设立街道办事处。

2. 城区政府

区政府是在设区的市设立的、管理城市内部分地区的功能性地方政府。一般设立于直辖市、副省级市和地级市。区政府受直辖市、副省级市、地级市政府领导。按照所辖地域的性质，区政府分为城区政府和郊区政府。城区政府设于城市内，是城市地区的基层政府。它可以设立派出机构——街道办事处。在城市边缘的城乡结合地带一般设立郊区政府，下辖乡、民族乡、镇政府，也可以设立街道办事处。

关于街道办事处和居民委员会的介绍见第七章相关论述。

## 二、城市政府职能

政府职能亦称行政职能，是国家行政机关依法对国家和社会公共事务进行管理时应承担的职责和具有的功能。政府职能反映公共行政的基本内容和活动方向，是公共行政的本质表现，具有如下特点：第一，公共性。政府职能涉及大量日常公共事务，根本目的是为社会群体提供普遍的、公平的、高质量的公共服务。第二，法定性。政府活动要在宪法和法律范围内进行，使公共行政有法可循。第三，执行性。政府作为执行国家意志的机关具有明显的执行性。第四，强制性。这是以国家强制力为后盾的。第五，动态性。政府职能始终是变化的，取决于市场经济条件下政府与市场关系的动态性、政府与社会关系的力量对比以及政府与自然界的关系演变。第六，扩张性。这是因为现代社会中公共事务、公共问题日益复杂，公众需求日益个性化和多样化，政府承担的职能逐渐扩展。

城市政府职能的确定必须考虑两方面因素：一是适应社会经济大环境的要求，二是受城市功能、作用等客观规律制约。这两方面相互联系，相互影响。

第一，保证基础设施正常运转。基础设施是城市生产和人民生活时刻不能离开的系统，是城市主导功能和中心作用发挥的物质条件，也是城市基本功能的物质载体。科学规划、精心建设、努力管理城市基础设施，保证其正常运转，是城市政府首要的基本职能。

第二，宏观调控城市经济。城市是工业集中地，是商品、物资、资金集散中心，是各种经济事业密集场所。各种经济事业的发展和效益是国家和城市财政的主要收入，是城市建设资金的重要来源。这在客观上就要求城市政府必须具有经济管理职能。

第三，监督协调社会行为。社会行为指在一定社会意识和价值观念支配下有目的并直接或间接与他人发生联系、对社会产生影响的个人行为和团体行为。由于城市社会生活的复杂性，纯粹个人行为并不多见。因此社会行为内容非常广泛。从后果看，社会行为分为对社会发展起积极作用的正面行为，如努力奋斗，助人为乐，讲文化、讲纪律，爱国主义，和平理想等；也有对社会发展起消极作用的负面行为，如自私自利，两面派行为，嫉妒行为，流氓行为，违法犯罪行为等。所谓对社会行为的监督协调就是城市政府通过各种途径和措施，肯定、扶持、宣扬正面行为，批评、抑制、纠正负面行为。

城市政府监督协调社会行为可从多方面、多层次入手，主要有两种手段：一是加强法治，"以法治城"，主要是：加强立法，完善法律制度，提高执法水平，增强法制观念，强化居民法律意识。二是发展文化教育，包括文学、艺术、出版、新闻、广播、体育、卫生、普通教育、高等教育、职业教育等。这些可通过不同渠道、不同方式对社会行为进行引导。

一般来说，有效的政府是一个能够治理并且善于治理的政府。在市场条件下政府职能表现在两方面，即纠正市场失灵和超越、引导市场。首先，政府要纠正市场固有缺陷，担负起相应的经济职能，最大限度地减少市场经济的消极面。其次，政府要超越市场、引导市场，站在市场之上控制总体运行。这样可以缩小政府规模，减少开支，提高效率。因此有效的政府并不是"实干"或"执行"的政府，而是能够治理并且善于治理的政府。

另一方面，政府干预经济活动应该适度，在资源配置中不包揽一切，遵循以下基本原则：其一，干预范围应弥补市场缺陷和不足，对市场机制"拾遗补缺"，在市场机制不能有效配置资源的领域进行干预。其二，干预的目的应是促使市场机制恢复功能，而不是代替市场，干预方式和力度应随经济形势变化而变化。其三，干预的结果必须要比干预前情况改善或好转。

## 思考题

1. 我国的城市政府是如何组成的？
2. 概述城市政府职能。

# 第二节 城市管理

## 一、城市管理的定义和对象

城市管理即城市各职能部门对城市其各部分及各子系统进行组织、指挥、协调和控制，使城市能够正常运转。

城市管理对象是城市的全部社会活动及过程。城市生活包含政治、经济、文化、社会等各个方面。它由不同的城市结构组合而成，每个结构内部又可分为若干个子系统，如城市基础设施结构分为交通系统、通信系统、能源系统、给排水系统、环卫系统等等。这些系统层层联系，共同构成城市生活的整体。城市管理既是对城市整体的组织、控制与协调，也是对城市各组成要素、各子系统及其相应关系的组织、控制与协调。

城市管理的对象首先是城市经济、文化和社会实体。城市作为人口聚集区，由各类组织和各种系统组合而成，城市管理就是对各类不同性质的组织及系统进行协调和控制。因此，各组织和系统既是被管理的客体，也是实施管理活动的载体。其次，城市管理是对城市各类组织和系统进行的经济、文化等社会活动的管理。城市组织是静态的，而组织活动则是动态的。因此城市管理实际是静态组织管理与动态活动管理的统一。最后，城市管理不仅是对物的管理，还是对人的管理。城市管理的主要对象是人，因为人是城市组织和社会活动的主体，是城市发展的能动因素。城市管理由人来进行，也通过对人的管理体现出来。

## 二、城市管理的内容

根据宪法和地方人民政府组织法，城市行政管理职权包括以下几个方面：执行本级人民代表大会常务委员会决议及上级国家行政机关的决定和命令，规定行政措施，发布决定和命令。领导所属各工作部门和下级人民政府的工作。改变或者撤销所属各工作部门不适当的命令、指示和下级人民政府不适当的决定、命令。依照法律规定任免、培训、考核和奖励国家行政机关工作人员。执行国民经济和社会发展计划、预算，管理本行政区域内的经济、教育、科学、文化、卫生、体育事业、城乡建设事业和财政、民政、公安、民族事务、司法行政、监察、计划生育等行政工作。保护全民所有财产和劳动群众集体所有财产，保护公民私人所有的合法财产，维护社会秩序，保障公民人身权利、民主权利和其他权利。保障农村集体经济组织应有的自主权。保障少数民族权利和尊重少数民族风俗习惯，帮助本市行政区域内各少数民族聚居的地方依照宪法和法律实行区域自治。帮助各少数民族发展政治、经济和文化建设事业。保障宪法和法律赋予妇女的男女平等、同工同酬和婚姻自主等各项权利。办理上级国家行政机关交办的其他事项。

中国城市行政管理职能分为基本职能和具体职能。基本职能表现为三方面：一是规划，即制定某一时期城市建设和社会经济发展蓝图。规划是城市管理的基本依据，也是城市经济、社会发展的指南。二是建设，即促进经济、社会和其他事业发展，包括物质文明建设和精神文明建设。三是管理，即城市政府对政治经济文化秩序的维护，对建设事业的保障，对建设成就的保护和对社会问题的治理。治理又包括环境、市容卫生、交通安全、市场秩序管理等。行政管理的具体职能，则依据不同部门的分工具体而定。

## 三、城市管理的特点

1. 综合性

城市管理不仅要对社会生活各领域、各系统进行全面综合管理，而且也要综合运用多种管理方法和手段。管理结果是要创造良好的经济、社会、环境效益，达到综合发展目标。另外，城市管理依据的原则和运用的方法也带有综合性，要综合运用社会科学、自然科学和技术科学的原理与方法。

2. 系统性

城市管理是多层次的系统管理,按隶属关系可分为母系统和子系统。如果把城市管理作为一个母系统,那么系统下可划分为行政管理、经济管理、信息管理、文化管理、环境管理等若干子系统,在这一层次下还可以划分出第二层次的子系统,如经济管理还可分成工业管理、商业管理、金融管理、财政管理等,以此类推,还可继续划分。城市管理要注重系统间的联系和相互作用。

3. 中介性

城市管理是国家管理的组成部分,是国民经济的中间环节。它既要把国家管理的方针、政策、措施落实到城市中,又要根据城市类型和特点,有针对性地制定管理政策和任务。

4. 服务性

根据政府转变职能、政企分开的原则,城市管理并不直接干预企业活动,而是创造有利于城市生活正常运转的良好社会环境。这与国家宏观管理经济、文化实体有所不同。

## 四、城市管理的原则

城市管理既要遵循管理活动的一般规律和原则,也要依据自身特点制定相应的规范。

1. 城市管理的一般原则

第一,系统管理原则,即运用现代系统理论和方法,把城市作为由相互联系、相互制约的部分组成的系统来加以管理。城市管理的系统性首先表现在管理目标的确定性。现代城市管理必须有明确、正确的目标,使各子系统及组成要素明确发展方向,彼此形成合力。其次是管理效益的整体性,既着眼于提高城市整体效益和功能,促进各系统及要素合理搭配、协调运作。再次是管理职能的统一性,即内部所有组织机构及人员都要围绕总体目标进行,既注意纵向垂直的组织关系,又强调子系统及要素之间的横向联系,使彼此协调一致。最后是管理过程的适应性。现代城市是一个动态过程,城市管理必须适应外部环境的变化,并据此调整策略与方法。

第二,控制原则。控制原则是为了实现既定目标对管理对象施加监督与督促、支配与制约,使之按既定意图和方向发展。控制内容包括发现问题、分析原因、进行校正等。

第三,整体优化原则。这是指系统整体性能在满足所有约束条件的情况下得到充分发挥并达到最佳效果。城市管理要贯彻整体优化原则,树立整体观念和全局意识,根据城市具体条件和特点制订方案,找出最佳方案。

第四,封闭原则。封闭原则是指管理活动既有输出,又有反馈,形成循环。城市管理过程既有指挥、命令,又有反馈,做到上情下传、下情上达,快速灵便,避免责、权、利相互脱节,上下左右配合失调。

第五,激励原则。这是指通过一定方式和手段激发人的积极性、责任心和创造性。管理成效很大程度上取决于人的能动性。因此激发人的积极性是提高管理效率的关键,手段包括利益激励、精神激励、教育激励、事业激励等。

2. 城市管理的特有原则

第一，社会公益性原则。城市管理要以社会和居民普遍受益为出发点和归宿，这是与其他类型管理的重要区别，即在解决教育、就业、治安、卫生、福利等问题上强调社会性、公益性。

第二，综合效益原则。城市管理要兼顾社会、经济效益，将单项效益与相关效益、近期效益与远期效益结合起来，从总体目标出发综合规划和治理。

第三，因地制宜原则。要根据城市特点和具体情况管理城市。各城市都有自己的自然环境、历史背景及社会经济条件，只有根据自身特点进行管理才能建设特色城市。

第四，集中统一原则。这是指对城市进行宏观控制，实行统一规划、统一建设、统一投资、统一设计、统一施工，通过管理把各要素、各系统、各部门协调起来，做到整体利益与局部利益、宏观利益与微观利益相统一。

第五，效能原则。城市管理机构应提高效率，提高管理效能。

## 五、城市管理的基本方法

1. 行政方法

行政方法是指城市政府依靠行政组织、运用行政手段、按照行政方式来组织、指挥、监督城市各项社会经济活动。城市行政组织是按照管理需要建立起来的管理单位，职责是接受上级指令并向下级传达、布置。在行政管理体系中，每个行政组织和领导职位都有严格的职责和权力范围。行政手段是运用行政决议、命令、决定、规章、制度、纪律、工作程序和标准，实施对组织和个人的管理。行政管理的特点是强调纵向隶属关系和服从关系，具有权威性、强制性和垂直性。

2. 经济方法

经济方法是依靠企业等经济组织，运用各种经济手段，按照客观经济规律来管理城市。经济方法通常借助价格、税收、信贷、工资、奖金、罚款以及经济合同、责任制等经济杠杆来协调物质利益，影响企业和公司行为，达到控制与管理的目的。其核心是通过经济力量从物质利益上调节政府、企业、个人间的经济关系，把企业利益和个人利益与城市整体利益结合起来。

3. 法律方法

法律方法指通过立法和司法活动对城市社会生活和经济活动进行管理，内容包括对违法行为追究法律责任和实施制裁，对犯罪行为追究刑事责任或实施刑事制裁，保证城市生产和人民生活的正常秩序；运用法律手段控制和协调各种经济关系，把城市纳入法制管理的轨道。法律方法具有相对稳定性和普遍约束力。

4. 咨询方法

咨询方法指城市管理部门吸收研究咨询机构意见进行决策，以提高管理水平。面对城市这样的巨系统，单靠管理者个人经验、知识和智慧是不够的，应该充分发挥咨询结构的作用，使决策和管理建立在科学的基础上。各类研究咨询机构能在调查研究基础上对城市各种问题进行科学预测，制定城市发展战略，还可以从技术、经济、社会、环境等方面论证决策的可行性，根据决策目标制定可供选择的具体实施方法。

**思考题**

概述城市管理的内容、特点和原则。

## 第三节 城市行政体制改革

### 一、城市行政体制

城市行政体制是指由城市组织、群体和个人依据一定法律制度组织起来的承担城市政治与行政功能的有机体，是关于城市政府建制、地位、职责和内部责权关系的各种制度和规范的总和。城市行政体系是城市社会系统的重要组成部分，是支撑城市政府系统的骨架，其核心是权责配置问题。

1. 城市行政体制的内容

一般来说，城市行政体制具有以下3个方面的内容。

第一，城市建制体制，包括设市标准、城市的行政地位、城市的自治权利、城市与中央、省（州）的纵向权力关系、城市和下级行政建制（如市管县、市辖区、市辖乡、镇）的关系。

第二，城市政府构成体系，包括城市政权系统由哪些机构组成及其相互关系。从世界范围看有以下几种方式：由市议会、市行政、市司法3部分机构组成，各自分担一部分公共权力；只由一个议行合一的委员会组成，不包括城市司法系统；由市行政系统与执政党紧密结合构成市政府核心，而市权力机构和司法机构围绕这个核心运转，构成实质上的"城市政府"。

第三，城市行政管理体制，包括城市行政领导体制（如市长负责制、委员会制）；城市行政管理幅度和管理层次的结合；市政府各职能部门与本级政府和上级对口业务部门的权责关系及运行机制。城市行政管理体制是城市行政体制大框架里的小网络，关键是如何把国家赋予城市政府的职权落实到实处。

2. 城市行政体制的作用

城市行政体制对于城市行政管理作用十分重要。一是框定作用。城市行政体制把城市政府组织机构及人员按照人民意识和行政管理规律，用制度、规范连接起来，框定在一定范围高效运转。二是调控作用。城市行政体制对城市行政系统的机关、机构间的关系进行调整，使其在各自位置上按照规定进行联系和交流，使城市行政系统运转灵敏。三是制衡作用。城市行政系统内部及行政系统与其他社会系统间相互制约,彼此监督,保证城市行政系统的廉洁、高效和公正。

3. 城市行政体制的类型

当今世界采用的城市行政体制主要有以下 4 种。

(1) 市长——议会制。这是西方普遍采用的方式。市长由市民选举产生,是城市行政首脑;市议会是城市立法机构,行使立法权。

市长——议会制又可细分为下列 3 种形式:一是弱市长制,市长权力受到很大限制,是礼仪上的职务,几乎没有任何权力。城市市议会行使行政大权,除立法权外还有权任命全部重要行政官员,批准雇用或辞退下级雇员。议会为了更有效地控制和监督行政事务,经常划分为若干委员会,直接领导和监督城市行政部门。市长与市议会的唯一联系是市长担任市议会会议主席。这种行政体制缺少有力的指挥和协调领导核心,各委员会责任过于分散,容易造成工作重复和浪费。二是强市长制。市长是城市行政首脑,负责指挥和协调大部分行政事务,有权依法任免各级行政首长及委员会成员,监督各级行政部门修正概算、编制预算并提交议会,监督地方法规执行情况,在本市与其他市政府、州政府发生关系时代表本市政府。城市一般行政工作由政府专职人员负责。市议会只具有立法和监督职能。三是市长——行政长官制。由市长任命一名行政长官,或称首席行政官,对市长负责,在市长领导下监督市政府各部门工作,编制预算,安排人事,协调各部门关系,向市长提供技术或专业知识。市长的主要职责是全面考虑城市总体方案与政策。

(2) 市委员会制。市委员会制抛弃了分权制衡原则,将立法权和行政权统一由一个委员会掌握。委员会由 3~7 名经本市公民直接选举产生的委员组成,行使市议会职能,定期举行会议,制定城市规章制度和政策。委员会全体会议选举一名委员主持会议并被授予市长称号,但市长和其他委员地位平等,没有最后决定权。委员会成员行使双重职能,既主管市政府的一个行政部门,又与其他委员共同进行城市立法。市委员会下一般设有公共安全、财政、公共工程、公共事务、卫生福利等部门,分别由各委员领导,对委员会负责。委员有权任命所属行政部门的官员和雇员。

(3) 市经理制。市经理制是将企业管理方式移植于市政管理中,是委员会制的派生形式,既保持委员会制的优点,也吸收工商企业的管理经验。这种体制有两个特点:一是议会负责制定城市政策;二是由一个对议会负责的经理实行专业管理。选民通常以全市为单一选区,选举产生 5~9 人组成的市议会,有权聘任、监督、撤免市经理。市经理是专职的、"政治中立的"、受过良好教育和专业训练的管理专家,有权监督和罢免行政部门首长及官员。市议会一般不监督各行政部门工作,而是由市经理负责。市经理虽然拥有较大权力,但受制于市议会,必须按照市议会的意志行事,其任期与才干和政绩密切关联。

(4) 中国城市行政管理体制。中国国情与外国有很大差异,社会制度不同,因此具有自己的城市管理特色。

根据《中华人民共和国宪法》,市人民政府是城市最高行政管理机关,在市人民政府中设置若干平行的办事机构、经济综合管理部门和从事专业管理的厅(局)。直辖市和其他设区市,还在市人民政府下设区(县)人民政府及办事机构、综合经济管理部门和专业职能管理局(处)。城市人民政府对本级人民代表大会和上一级国家行政机关负责并报告工作，在本级人民代表大会闭会期间对本级人民代表大会常务委员会负责并报告工作。所有城市人民政府都是国务院统一领导下的国家行政机构，都服从于国务院。市人民政府会议分为全体会议和常务会议，由市长召集和主持。全体会议由市人民政府全体成员组成，政府中的重大问题由政府常务会议或全体会议讨论决定。城市人民政府有权根据工作需要和精干原则，设立必要的工作部门。这些工作部门受市人民政府统一领导并接受国务院主管部门的领导和业务指导。市辖区、不设区市的人民政府经上级人民政府批准，通常设立若干街道办事处，作为派出机关负责城市基层行政管理工作。直辖市、设区市的人民政府每届任期5年，不设区市以及市辖区（县）、乡（镇）人民政府每届任期3年。

中国城市行政管理体制主要由上述纵向和横向行政管理机构及职能、工作制度构成了总体网络。

## 二、中国城市行政管理的改革趋势

### 1. 行政管理改革的必要性

城市与城市、城市群与城市群之间更大的管理机制需要探索改革出路。随着社会主义市场经济的发展和改革的深入，中国城市行政管理体制，特别是行政管理机构的弱点不断显现，部门林立、机构重叠、职责不清、人浮于事，条块分割、部门壁垒，行政效率低下，官僚主义等严重妨碍了城市功能的发挥，因此必须对城市行政体制进行改革。

中国行政管理改革要从实际出发，遵循精简、统一、效能原则。精简是城市行政机构设置的根本原则。行政机构设置要根据城市发展需要，行政机构分工要合理，同类事务由一个机构管理，避免互相推诿；行政机构职责权限要分明，管理幅度要适宜。统一原则指市行政机构要上下贯通、左右协调。机构设置要服从中央统一领导与地方分级管理的要求，适应统一领导和分工负责的体制。效能原则是指行政工作的效率高低。影响效能的因素有机构设置是否合理、科学；行政工作人员素质是否优良、配置是否适当等。另外，我国现行行政区划体制对大都市带的形成有诸多不利影响。以省为单位配置的经济在很难达到资源优化。我国省区划分是因历史传统和行政划分形成的，未充分考虑社会经济因素，结果形成省与省间各自为政，不能统筹安排，许多项目重复建设，内耗竞争；省区内部分工协作也不合理，市、县、镇跨省合作成本因行政关系被人为抬高，阻碍统一市场的形成和发展。另外，省区内市管县体制造成条块分割，破坏了经济统一性和整合性。该体制使管理层次多，行政机构和行政队伍庞大，财政负担沉重，行政管理成本高。

### 2. 建立大都市带组织机构的意义

大都市带的发展是城市化进程的必然趋势，这样可以优化大都市带内资源配置，达到经济、社会、环境协调发展。建立大都市带组织机构，营建大都市带可持续发展的宏观社会经济环境，是解决大都市带稳定、高速、持续发展的关键，对整个社会经济发展也将起到重要作用。

第一，建立大都市带组织机构可以促进中国市制改革。大都市带是一种经济中心地带，各城市间主要以统一市场为纽带紧密联系，可充分发挥市场机制，在很大程度上改变市管县体制。

第二,建立大都市带组织机构可以协调城市间的分工合作。从博弈论角度分析,大都市带内经济主体间存在着非合作博弈,完全没有约束时各经济主体就不会达到利益最大化。而大都市带组织机构就是通过经济、行政手段创造一种制度,大大增加信息对称度,减少交易成本,将各经济主体间的非合作博弈转化为合作博弈,从而加强经济主体间的分工与合作。从系统理论看,大都市带作为复杂大系统,内部子系统要素繁多,关系复杂,微观上各要素运动呈无序状态,宏观上又遵循某种规律。大都市带组织机构就是把握这种规律,通过自组织作用,使微观的无序向有序转化。

第三,建立大都市带组织机构可以发挥大都市带和各级城市功能的叠加倍增效应。"叠加倍增效应"源于系统论,指城市功能从单一向多功能发展的过程中在已有功能上又叠加新的功能,使城市功能构成统一整体,以整体的非加和性增强城市能量,使各种功能优势互补,产生倍增效应。

3. 大都市带组织机构的设想

城市间区域的联合问题不仅中国存在,世界各国各城市也都存在。有鉴于此,城市学家提出建立大都市带组织机构的设想,具体有以下3种模式。

一是行政型为主、经济型为辅的大都市带联合政府,即对现有机构重组,尽可能改变市管县造成的条块分割体制,以有利于大都市带内统一计划。行政层次可分为中央→省→联合政府→市,或中央→联合政府→省→市。这样有利于在中短期执行,特别是在西部大都市带形成过程中,政府主导是必要的。

二是经济型为主,即有限行政的"都市联盟"。大都市带性质决定其组织机构应以经济目标为主。"都市联盟"主要应用经济手段并有一定行政权力。都市联盟应由经济、行政和非政府机构共同组成。经济机构主要负责制定经济发展的宏观政策;行政机构负责利用行政手段促进政策实施并进行监督;非政府机构则配合进行跨界(包括跨国界和跨市界)的公共服务合作,增强决策透明度,提高公众参与意识和监督职能。三者相互合作,形成大都市带综合管理目标,发挥出"叠加倍增效应"。

三是数字大都市带组织(Digital Megolopolis Organization)。这是一种通过信息技术联系起来的大都市带动态联盟,组织是网络虚拟的,因此称"数字大都市带组织"。它利用网络将大都市带内各城市信息进行加工、集成,形成共享的信息库,供带内企业等访问。这样做可以充分利用网络资源,使各级主体快速获取并增强信息对称程度,迅速做出决策,使资源配置形成动态优化。另外,它可与前两种模式兼容。

## 思考题

1. 城市行政体制包括几种形式?中国的城市行政体制有何自身特点?
2. 你如何看待中国城市行政管理的改革趋势?

# 第十章 城市建筑与建筑艺术

## 第一节 城市建筑

### 一、建筑与建筑学

建筑是由物质材料砌构的空间组成并占有一定空间的有体有形的实体。建筑艺术则是由线条、形体、色彩、质感、光影及装饰等因素，按照人的审美意识和审美理想构成的，具有实体与空间相统一的艺术形象。它既有实用价值又体现了特定的艺术。建筑造型中最基本和实用的建筑实体多是方形、长方形、圆形等基本几何形状。它们又由更基本的线条组成面，由面构成形。从人类最初原始房屋到现代高楼大厦，建筑造型由简到繁。

### 二、中国的城市建筑

中国建筑是世界建筑史上延续时间最长的建筑体系，可分为古代建筑与近现代建筑两部分。古代建筑体现出独特的文化积淀，从都城规划布局到建筑设计施工、装修装饰，都有自己的理论与方法。近现代建筑则受欧美建筑的影响，且与中国传统风格相互融通，相得益彰。

1. 中国古代建筑状况

商代时中国开始有确切的文字记载，考古资料丰富，城市建设初步兴起，建筑技术明显提高。郑州商城遗址和河南偃师二里头遗址都是商代都城或宫殿建筑。二里头一号宫殿是迄今发现的规模较大的廊院式木架夯土建筑；位于河南安阳小屯村的殷墟是商代晚期都城遗址，布局已有庭院式的雏形。西周社会宗法等级制度在城市规模上也有所体现，诸侯城郭按公、侯、伯、子、男的不同规格修建，不超过王城的1/3、1/5和1/9。西周最具代表性的建筑是陕西岐山凤雏村的"中国第一四合院"。这是一处二进院的宗庙建筑。此时瓦的发明使建筑脱离"茅茨土阶"的简陋阶段，形成春秋时期"高台榭，美宫室"的宫殿格局。高台建筑有利于防刺客与洪水，可供帝王登临享乐。

战国时期由于战乱频仍，"筑城以卫君，筑廓以保民"使城市建筑持续发达。西周礼制崩溃后诸侯国的城邑失去原有的人为束缚，城市规模不断扩大。齐国都城临淄南北长5千米，东西宽4千米，城内居民约7万户，街道上车轴相碰，人们摩肩接踵。陕西咸阳的秦一号宫殿以夯土台为核心，有采暖、排水、冷藏、洗浴等基础设施。河北平山县战国中山国王墓出土了一块铜板错金银的"兆域图"。兆域是墓地的界址，按一定比例制作，上有名称、尺寸、地形位置说明和国王诏令。此图被誉为中国最早的建筑总平面图。

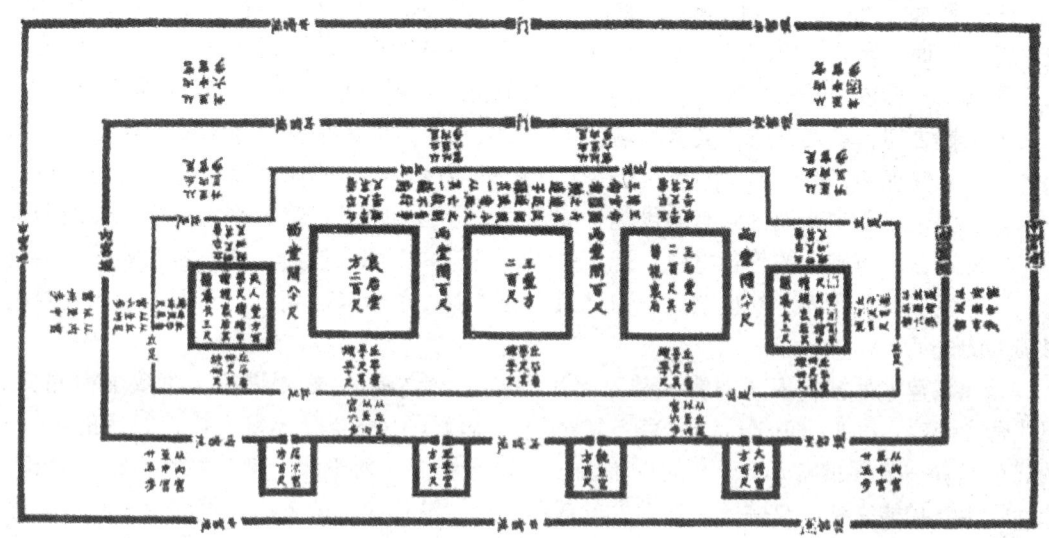

**战国中王山墓"兆域图"**

秦始皇灭六国时，每灭一国就在咸阳仿建该国的宫室，使各地建筑技术和风格迅速融合。阿房宫是秦始皇修建的朝宫前殿，《史记》说它"东西五百步，南北五十丈，上可坐万人，下可建五丈旗。周驰阁道，自殿下直抵南山。表南山之巅以为阙，络樊川以为池，自阿房渡渭，属之咸阳"，把数千米内天然地形组织到建筑空间来。据考古发掘，阿房宫虽未建成，但气魄之大还是令人赞叹。

汉代时中国建筑体系开始确立，即木构架体系、院落式布局形式。后期佛教传入中国，玄学开始兴起，使得建筑开始趋于雄浑而带巧丽。西汉在渭水西岸修建长安城，由于地形限制，城市外面轮廓曲折附会为北象北斗、南象南斗，俗称"斗城"。全城面积36平方千米，城门12座，内有5座宫城、八街九陌、168间里。东汉定都洛阳后也修建都城，皇宫中有温室殿、冰室等防寒祛暑的房屋，这说明当时建筑已开始注重改善居住条件。

河北临漳县城池原是齐桓公所置，后曹操以此为大本营，城市面积6.5平方千米，有中轴线和明确的区分，是中国第一座方形轮廓的都城，遵从了《周礼·考工记》的规制。两晋、南北朝时期中国内地出现大量佛寺、佛塔及石窟寺。据文献记载，南朝佛寺就有500余所，北朝时仅洛阳就有1 350所。石窟寺自印度传入后与中国开凿崖墓的技术相结合，并很快得到推广，以敦煌莫高窟、大同云冈石窟、洛阳龙门石窟最为著名。

唐代都城的规模在前工业社会堪称世界第一。陵墓、佛殿、石窟寺及城市宫殿工程浩大，布局、造型气势雄伟，雕塑、壁画精美，风格雄瑰丽，是中国建筑发展的最高峰。此时期中国建筑体系渐趋成熟。

隋代的都城大兴城面积84平方千米，外廓方正，内有纵、横干道各3条，108个坊和2个市，东南隅洼地被辟为供居民游赏的园林，这在世界城市建设史上都值得称赞。大兴城的功能分区明确，规划设计井井有条。唐朝建立后将隋大兴城改称长安城并继续扩建，在其东北修建大明宫并逐渐成为唐代的政治中心。大明宫主要建筑有含元殿、麟德殿等，规模比明清时期北京的紫禁城大得多。麟德殿并不是当时的主殿，但面积是太和殿的3倍。唐代最宏伟的木构建筑是武则天所建的明堂。它平面方形，98米见方，高86米，是底部方形、顶部圆形的3层楼阁。

宋代建都汴梁，即今天的开封。这里原为周朝的治所，但作为国都过于狭小，加之宋代手工业、商业繁荣，里坊制度遂被突破，城市坊墙被拆除，临街设市肆，沿巷建房的现象不断增长，形成了开放性城市格局。这是中国城市发展的重要转折。汴梁建筑介于南、北两种风格之间，受北方唐代建筑壮硕与南方五代建筑秀丽风格的双重影响，风格趋于精致绮丽，装修细巧，以山西太原晋祠圣母殿为代表。南北朝时胡床、交椅等高足坐具传入中原，逐渐取代了中原地区原有的供跪坐的几案。这也影响了建筑的室内高度。金破宋都汴梁后拆迁宫殿苑囿中的建筑材料，迁至中都，兴建"工巧无遗力，所谓穷奢极侈"的宫殿，用彩色琉璃瓦屋面，红色墙垣，白色汉白玉华表，色彩浓郁亮丽，开创了中国建筑色彩强烈的先河。

元代兴建大都城，依《周礼·考工记》的"王城之制"，规划周密，市政工程完备。明代曾在南京、临濠（凤阳）、北京三建都城，造就了一批经验丰富、技艺熟练的工匠。明北京城有一条南北长7.5千米的中轴线，重要建筑都分列于此。紫禁城宫殿设计严谨，造型壮丽，功能完备，是院落式建筑群的最高典范。清代建筑的突出成就是皇家苑囿。除北京城内"三海"外，还有西郊的三山五园和承德的避暑山庄；江南私家园林此时也达到极盛。

2. 传统建筑的类型

中国境内民族众多，地理幅员广阔，不同的环境、气候、风土人情和文化习俗造就了不同的生活环境；各地住宅也是因地制宜，因材致用，呈现出不同的设计理念和建造技术。普通民居建筑模式大致可分为以下几种类型。

（1）木构抬梁、穿斗与混合式：主要分布在北京、江浙、皖南、江西、湖北、云南、四川、湖南、贵州等地。抬梁和穿斗两种技术在汉代便已成熟，此后在住宅建筑上运用普遍。北方多抬梁式，以四合院为代表；南方多穿斗式，如云南白族和彝族住宅。

（2）竹木构干栏式：主要分布在广西、海南、贵州、四川等僮族地区。干栏式在民间住宅上以竹、木梁柱架起房屋，多用于潮湿区域。

（3）木构井干式：主要分布在东北、云南等林区，特点是用井干壁体作承重墙。

（4）砖墙承重式：主要分布在山西、河北、河南、陕西等地。明代砖砌墙普遍用于承重，在北方形成硬山式住宅。

（5）碉楼：主要分布在青藏高原和内蒙古。这些地区多山，石片易剥落加工。碉楼外墙为高大的石墙，内为密梁木楼层楼房。

（6）土楼：主要分布在福建、广东、赣南等地。这里土质多"红壤"，质地黏重，盛产硬木、竹材、糯米和红糖。这些构成了土楼的主要建筑材料。

（7）窑洞：主要分布在豫西、晋中、陇东、陕北、新疆吐鲁番一带。其前身是原始的穴居，以天然土起拱，主要流行于黄土高原和干旱少雨、气候炎热的吐鲁番一带。

（8）阿以旺：主要分布于新疆南部，是维吾尔族常见的住宅，土木结构，平屋顶，带外廊。"阿以旺"是带有天窗的夏室（大厅），中留井孔采光，供起居、会客之用，后部做卧室，亦称冬室。屋侧有庭院，夏日葡萄架下可作息生活。

（9）毡包：主要分布于内蒙古与新疆，是牧民居住的建筑。

3. 中国古代建筑的基本特征

中国古代建筑有以下几种基本特征。

（1）木构架体系。这是中国古代建筑的重要特征，主要类型有抬梁式和穿斗式2种，特点一是重视台基，防止木柱根部受潮。台基高低与形式渐成为建筑等级的标志。二是屋身灵活。由于墙不承重，可任意设置或取消，因此室内空间容易安排。三是屋顶呈曲面。"上欲尊，而宇欲卑，吐水疾而霤远"。屋顶以举折或举架形成上陡下缓的坡度曲线，使屋面雨水能快速下流。曲线坡度屋顶有如建筑的冠冕，优美而实用。屋角起翘，"如鸟斯革，如翚斯飞"。四是重要建筑使用斗拱。斗拱原为承重的构件，后演变成等级的标志。五是装饰构造而不构造装饰，即仅对必需的构造进行艺术处理，而不另外添加装饰物。

（2）院落式布局。用单体建筑围合成院落，建筑群以中轴线为基准，由若干院落组合，用单体建筑体量和位置区别尊卑。

（3）城市有规划。多数都城都遵从《周礼·考工记》的王城之制，大多外形方正，街道平直，有城市规划。州县城市也是如此。

（4）构造、部件与装修独具特色。① 屋顶形式有庑殿顶、歇山顶、悬山顶、硬山顶和攒尖顶五种形式。② 建筑色彩代表等级。清代黄色最尊贵，其次是赤、绿、青、蓝、黑、灰。③ 正脊两端有构件。晋代始用鸱尾；宋用鸱尾、龙尾、鱼尾；元用鸱吻；明、清用吻兽。建筑装饰有仙人骑鸡、龙、凤、狮子、海马、天马、押鱼、狻猊、獬豸、斗牛、行什。在装饰方法上，中国建筑采用石雕、木雕、砖雕、金属件、镏金、贴金、壁画、彩绘、琉璃、镶嵌、织物、编竹等多种手段，利用油漆、矿物颜料及金箔造成或鲜艳秾丽、或淡雅朴素的视觉效果。

4. 中国特有的建筑观

中国古人把建筑等同于舆服车马，只求应用而不求永存，不把建筑作为学术。中国人崇尚俭朴，把大兴土木视为劳民伤财，故对崇尚新巧的建筑贬多于褒。古代建筑技术一直是师徒相授，父子相传，心传口授，实地操作为主，往往人亡艺绝。读书人很少关注建筑，古代建筑术相关书籍很少。这些都在一定程度上影响了中国建筑的进步。

## 三、世界的建筑发展历程

世界古代建筑发达的地区是埃及、西亚、波斯、希腊和罗马。其中希腊和罗马建筑文化成为欧洲建筑学的渊源。

1. 世界古代建筑

古埃及产生了人类历史上第一批巨型建筑，有宫殿、府邸、神庙和陵墓。这些建筑以石块为材料，工程宏大，施工精细。古埃及人陵墓采用略有收分的长方形台子，经多层阶梯状逐渐演化为法老使用的方锥体式的金字塔，反映出当时几何、测量和起重运输机械已达相当水平。早在公元前4000年时，古埃及人已会用正投影绘制建筑物立面图和平面图，用比例尺绘制建筑总图和剖面图，有些建筑图样留传至今。

古西亚两河流域缺石少木，建筑开始以夯土墙为主，后来发展到做土坯砖、烧砖、沥青、陶钉、石板贴面及琉璃砖保护墙面，使材料、结构与造型有机结合起来，创造了以土为基本材料的结构体系和墙体装饰方法。代表性的建筑是亚述帝国的萨艮王宫。它由210个房间围绕的30个院落组成。新巴比伦城及城北的伊什达城门用彩色琉璃装饰，大面积采用动物形象装饰构图。王宫内建有"空中花园"。

公元前3000年的古爱琴海文化是欧洲文化的摇篮。希腊人高度的建筑才能和大量建筑活动在人类建筑史上占有重要地位。希腊盛产大理石，可加工成优质的建材和精美的雕刻；宜人的地中海气候有利于开展户外活动，这就需要各类公共建筑。克里特岛的米诺斯王宫依山而建，规模宏大，空间高低错落，厅堂柱廊组合多样，建筑风格精巧纤丽，色彩丰富。迈西尼的卫城风格粗犷，防御性强，因雕刻"狮子门"而闻名。古罗马建筑直接继承了古希腊的成就，建筑虽不如希腊精美，但规模宏大、气势雄伟，建筑类型、数量和规模都大大超过希腊。古罗马人发明了使用火山灰制作天然混凝土，并发明了与此相关的支模、土浇灌技术和大理石饰面技术；创造了拱券和穹隆结构，形成复杂的拱顶体系。当时罗马城人口达到百万之多，城市布满了世俗性的公共建筑，如集市广场、宫殿、浴场、角斗场、府邸、法院、凯旋门、桥梁等。它们同神庙一起构成壮丽的城市景观。古罗马角斗场和浴场及三层迭起连续拱券的输水道都被称为人类工程技术史上的奇迹。

2. 欧洲中世纪建筑

欧洲中世纪的宗教建筑是这一时期的最高代表。拜占庭继承了古希腊、古罗马的建筑遗产，同时吸取了波斯、两河流域的建筑经验，形成独特的建筑体系。教堂建筑中创造出4个以上柱墩通过拱券支承穹隆顶、中心对称的建筑形制，其代表作是君士坦丁堡的圣索菲亚大教堂。

西罗马帝国灭亡后古罗马建筑技术和艺术在西欧失传。10—12世纪时欧洲开始探索石拱券技术，形成了所谓的罗马风（Romanesque）建筑。它由罗马的巴西利卡发展而来，称为拉丁十字巴西利卡，即在罗马巴西利卡的东端建半圆形的圣坛，用半穹顶覆盖，前为祭坛。祭坛前增建一个横向空间，形成十字形平面，纵向比横向长而成拉丁十字平面。这一型制象征着基督受难，成为天主教堂的正统型制，特点是体型简单，墙体巨大厚实，门、窗用同心多层小圆券，内部空间阴暗而神秘。另外，欧洲中世纪教堂石拱券技术又发展成哥特式建筑。哥特式建筑采用框架式拱券石结构，窗花格和彩色嵌花玻璃窗，尖塔林立，外表使人感觉向上，体现出追求天国幸福的宗教意识，其代表作是巴黎圣母院。

3. 文艺复兴时期的建筑

14世纪欧洲文艺复兴运动的理念在15世纪初涌入建筑领域，作为基督教神权象征的哥特式风格被抛弃，体现和谐与理性的古罗马建筑风格再度风行。罗马圣彼得大教堂是集当时艺术和技术之大成，穹隆顶由米开朗琪罗等人设计，反映出文艺复兴建筑的技艺水平。

到文艺复兴晚期，由于追求奇特奔放的效果和崇尚豪华富丽的装饰，巴洛克和洛可可风格开始盛行。巴洛克（Barque）建筑是文艺复兴的支流与变形，反映天主教的思想意识和奢侈欲望。但它打破了古典形式，创造出富有生命力的建筑形式和手法，追求建筑形体和空间动态，追求自由奔放的格调，表达世俗的情趣，喜好华丽装饰和强烈色彩，其代表作是罗马耶稣会教堂和罗马圣卡罗教堂。17 世纪的法国出现了古典主义建筑，即路易十三、路易十四专制王权时期的建筑，其哲学基础是唯理论，强调君主制与等级制度。古典主义建筑风格推崇古典的柱式，建筑平面布局、立面造型，突出中心与几何形体，外形追求端庄、雄伟，内部空间与装饰有巴洛克的特征，其代表是卢浮宫东立面、凡尔赛宫等。洛可可风格（Rococo）产生于 18 世纪 20 年代的法国，特点是室内装饰色彩鲜艳纤巧、细腻柔媚，喜用嫩绿、粉红等浅色调，多使用弧线和 S 形线，反映出法国路易十五时代贵族的生活趣味，其建筑实例是巴黎苏俾士（Soubise）府邸客厅。

4. 近代欧美建筑

18 世纪下半叶开始的工业革命使城市建筑类型大量增加，建筑功能不断扩展，建筑形式不断创新。这些具体表现在：一是将建筑新内容从属于旧形式，产生了古典复兴主义、浪漫主义和折中主义建筑流派；二是利用先进科学技术，探求建筑的新形式、新材料、新的结构技术、设备和施工方法，为近代建筑发展开辟了广阔道路。19 世纪下半叶钢铁和水泥的应用为建筑革命准备了条件。1851 年伦敦为国际博览会建造的水晶宫采用铁架构件和玻璃，现场装配，成为近代建筑的开端。建筑高度与跨度不断突破传统的局限。1889 年法国举办世界博览会时修建的埃菲尔铁塔与跨度最大的机械馆，显示着"钢铁时代"的到来。

工业革命破坏了以家庭手工业为中心的城市结构与城市布局，城市内出现大片工业区、交通运输区、仓库码头区和工人居住区，结果造成原有的布局混乱，城市面貌与环境遭到破坏，绿化与公共设施凸显不足，城市处于失控状态。为此，欧洲主要城市开始了改建运动。1853 年法国对巴黎市中心进行大规模改建，拓宽大道，疏导交通。巴黎干道规划为十字形加环形路，以爱丽舍田园大道（Champs Elysees）为东西向主轴，重点改建卢浮宫至凯旋门间的道路景观，使它继承 19 世纪初拿破仑帝国的风格。道路、广场、绿地、水面、林荫带和大型纪念性建筑物组成完整的统一体。美国北部芝加哥取代了南部圣路易斯成为西部的运输枢纽。1871 年的芝加哥大火又使得城市重建问题特别突出。为解决有限空间问题，高层建筑开始在芝加哥涌现，"芝加哥学派"（Chicago School）也应运而生。该学派的重要贡献是在工程技术上创造了高层金属框架结构，在建筑设计上肯定了功能与形式间的密切关系。该风格的建筑造型简洁、明快、实用，很快在城市占据统治地位。

5. 欧美现代建筑

第一次世界大战后欧洲建筑出现讲求实用的倾向，德国和奥地利出现了表现主义（Expressionism）建筑，其特征是用新的表面处理手法替代旧建筑样式。第二次世界大战后欧洲各国掀起了新城建设运动（New Town Movement）。英国一些大城市在战争中受到破坏，战后随即开始城市修复与重建。大伦敦规划是在半径约 48 千米范围内将城市划分为内圈、近郊圈、绿带圈和外圈 4 个地域圈。内圈控制工业，改造旧街，降低人口密度；近郊圈作为居住区，绿带圈以农田和游憩地带为主，严格控制建设；外圈建设 8 个新城，从中心地区疏散的 100 万人要到此工作和居住。大伦敦规划结构为单中心同心圆系统，交通由 5 条同心环路与 10 条放射路组成。20 世纪 50 年代中期，伦敦周围 8 个卫星城，已拥有原计划人口的一半。60 年代下半期，面对拥挤的城市交通，英国开始建造架空的"新陆地"（New Land），上面是房屋，下面是机动车交通与服务设施。

此时期城市建筑也出现新的因素。如城市中心、广场、步行商业街区和地下街市。20 世纪五六十年代以来，为避免交通干扰，一些城市将平面型广场下沉到地下或上升到空间。美国明尼阿波利斯市在市中心区建筑物第二层采用密封式的玻璃步行天桥，把数十个街坊联系起来，既活跃了市场也便利了居民活动。加拿大最著名的地下街市被称为蒙特利尔地下城，有 6 个地下中心，总面积 81 万平方米，含 6 个地铁站，人行道长约 11 千米，千余家商店、上百家饮食店、餐馆、酒吧，直通各个旅馆、大剧场、电影院、银行、股票交易所和可容万辆汽车的地下停车场。该地下城能同时容纳 50 万人活动。由于当地冬季较长，气候严寒，因而地下街市特别受欢迎。此时还是城市高层建筑大发展时期，由于市区地价昂贵，建筑不得不向高空发展。

20 世纪 60 年代后期，欧美出现了明显不同于"二战"后的现代建筑思想和实践，学者们称其为后现代主义（Post—Modernism）。它是指由一系列批评现代建筑理论与实践而形成的新的建筑思潮，是西方对自身工业文明与现代化模式的全面反思。以美国为中心的后现代建筑思潮关注城市问题、环境破坏、能源危机及第三世界问题等，强调设计与建造技术及使用功能间的逻辑关系，强调建筑师的直觉与才能。

**思考题**

1. 概述中国传统建筑的类型及特征。
2. 举例说明世界古代建筑有哪些代表作。
3. 文艺复兴时期的欧洲建筑有何特点？
4. 欧美现代建筑有何特点？

# 第二节　城市建筑艺术

## 一、建筑艺术的内涵与分类

建筑艺术是指按照美学规律，运用建筑独特的艺术语言，使建筑形象具有文化价值和审美价值，借以体现出民族性和时代感，其特征是实用与审美相结合。

人类建筑首先是为了居住，最初不具有审美意义，只有到奴隶社会后古代建筑文化才逐渐显现，建筑开始超越实用需要而具有了精神象征，展现出时代和民族的风貌。埃及金字塔、狮身人面像，古希腊雅典卫城、帕提农神庙，古罗马图拉真广场等都是其杰出的代表。随着社会的发展，现代建筑从技术到艺术都产生了巨大飞跃，建筑形式和环境更加和谐。

建筑艺术类别繁多，从使用角度可划分为住宅建筑、生产建筑、文化建筑、园林建筑、纪念性建筑、陵墓建筑、宗教建筑等；从建筑建材划分有木结构建筑、砖石建筑、钢筋水泥建筑、钢木建筑等；从建筑风格分有中国式、日本式、伊斯兰式、意大利式、英吉利式、俄罗斯式等；从建筑时代风格分类又有古希腊式、古罗马式、哥特式、文艺复兴式、古典主义式等。从建筑流派分类就更多了，仅"二战"后的西方建筑流派就有历史主义、野性主义、新古典主义、象征主义、有机建筑、高度技术等。

## 二、建筑艺术的特点

建筑主要通过空间实体造型、结构及同自然环境的关联发挥审美功能，也通过实用功能和技术手段显示艺术水平。建筑主要由几何形的线、面、体组成，给人形式上的美感。建筑艺术通过建筑群体、建筑物形体、平面布置、立面形式、内外空间组织、结构造型、装饰、绘画、雕刻、花纹、庭园、家具陈设等综合表现出艺术特征，给人以视觉的美感，反映社会生活、精神面貌和民族文化。

### 1. 物质功能与审美功能相结合

建筑的物质功能是指实用性。建筑的目的是为了"用"而不是"看"，但建筑的实用性又影响人们的审美观。实用性是艺术性的基础，而艺术性常常包含着实用性。实用与审美紧密结合是人们追求的建筑理想。

### 2. 空间延续性和环境特定性相结合

建筑要占据一定的空间环境。人们在任何一点欣赏建筑其实都不完整，只有在各个位置，从远而近、从外而内、从上到下、从前而后地围绕观察，才能获得完整的感觉。人们就是在这种位置变换——也就是空间延续中获得美的感受。因为建筑的空间延续性，其艺术形象才和周围环境融为一体。比如金字塔必须修建于埃及广阔的沙漠中才有永恒的性格；欧洲哥特式教堂必须在中世纪狭窄、曲折的街巷中才能显示飞腾向上的气势。

### 3. 抽象性与象征性相结合

建筑艺术在空间塑造的是抽象形象，是由几何形的线、面、体组成的物质实体，通过空间组合、色彩、质感、体形、尺度、比例等造成独特的意境与气氛。它表现的时代与民族精神也是空泛、朦胧的，不可能像绘画、雕塑那样再现现实。因此建筑艺术常常使用象征、隐喻、模拟等手法。比如巴黎的凯旋门建造初衷就是象征拿破仑一世的军威、强权与傲世的特点。

## 三、建筑艺术及相关因素间的关系

建筑艺术及相关因素的关系有以下几方面。

### 1. 建筑与自然条件

自然条件对建筑结构、形式和布局有重大影响。人类开始建筑时就尽可能地适应自然，利用天然材料。两河流域的巴比伦和亚述地区缺少优质石料而富有黏土，导致该地砖结构的发达。古希腊石料丰富，石梁柱结构体系遂成其建筑特色。近代科学技术提供了多种人工建材及技术设备，帮助人类克服了自然条件的限制。但是协调人、建筑、自然之间的关系、利用自然条件，仍是建筑学的重要原则。

2. 建筑与社会环境

城市建筑的背后蕴含着社会、经济和精神力量，呈现着城市精神风貌。它是特定地域和历史阶段城市文化心态的反映。理解一个城市的建筑就要理解其中生活的人、文化、意识形态和宗教哲学。古代建筑师往往要受宗教权威、封建君主旨趣的影响，而现代商业社会则受建筑商、客户审美观念及市民大众舆论导向的约束。

3. 建筑与科学技术

建筑技术和建筑艺术密切相关，相互促进。建筑技术在建筑史上通常起主导作用，而建筑艺术又会促进建筑技术的发展。埃及金字塔如果没有几何、测量知识和运输巨石的技术手段便无法建成。现代建筑材料、施工机械、结构技术及空气调节、人工照明、防火、防水技术的进步，又使建筑可以向高空、地下和海洋发展，更为建筑艺术家的创作开辟了广阔空间。

4. 建筑与艺术

建筑艺术主要通过视觉给人美的感受，可以像音乐那样唤起人们的情感，创造庄严、雄伟、幽暗、明朗的气氛，使人产生崇敬、自豪、压抑、欢快等情绪。德国文学家歌德把建筑比喻为"凝固的音乐"，但建筑又不像音乐那样可以纵情发挥。它需要大量财富和技术来实现。建筑建成不易，保留时间也长。这就导致建筑美学的变革相对迟缓。

## 四、东西方建筑艺术的差别

东西方建筑艺术的差别体现在以下以几方面。

1. 建筑材料不同体现出中西方物质文化和哲学理念的差异

在世界古代成熟的建筑体系中，属于东方的中国建筑和印度建筑基本以砖木为主，属砖木结构系统。而埃及金字塔、古希腊神庙、古罗马斗兽场和欧洲中世纪教堂主要用石材筑成。"木头的史书"和"石头的史书"除建筑材料的差异外，还体现出不同的文化理念。以狩猎为主的西方原始经济造就出重物的原始心态。西方人对石材的肯定是求智求真的理性精神的反映，在人与自然的关系中西方强调人是世界的主人，人的力量和智慧能够战胜一切。以原始农业为主的中国造就的原始文明则衍生出中国哲学，即崇尚"天人合一"的宇宙观，认为自然与人息息相通，都是自然界的一环，选择木材作基本建材则是重视生命的亲和关系。

2. 建筑空间布局不同反映出中西方制度文化与性格特征的差异

中国建筑是封闭的群体空间格局，在地面平面铺开，从住宅到宫殿几乎都是一个格局，类似"四合院"模式，体现出"集体"的美；各种建筑有主有宾地排列，体现出古代社会结构形态的宗法思想和礼教制度。西方建筑则是开放的单体空间，并向高空发展。古希腊古罗马开始广泛使用柱廊、门窗以增加信息交流，这与西方人注重交往及社会内部实行奴隶民主制有关。古希腊的外向型性格和科学民主精神由此影响了整个西方世界。

#### 3. 建筑造型存在差异

中国古典建筑屋面有明显的曲线，屋顶上部坡度较陡，下部较缓。歇山顶与庑殿顶屋角明显起翘，形成翼角如飞的意境。西方建筑每每以巨大体量和超然尺度强调艺术的永恒与崇高，具有严密的几何性，常常以带有外张感的穹隆和尖塔来渲染房屋的垂直力度，形成傲然屹立、与自然对立的外观特征。

#### 4. 中西方建筑体现出的人生理念也不相同

金字塔与我国古代王陵不同，它不带有"入土为安"的阴柔之美，也不在陵墓中创造宛若人世的地下天堂，而是以简明的几何形式表现与世长存的永恒主题。尼罗河西岸的金字塔群以巨大、单纯、简洁、稳定的造型，在浑朴大漠中表现出一种超自然的阳刚之美。

## 五、世界建筑艺术流派和特点

### 1. 古希腊、古罗马的柱式和建筑美学思想

欧洲古代石质梁柱结构是建筑的重要特点，也是古希腊和罗马艺术风格的鲜明体现。古希腊庙宇除屋架外全部用石材，柱子、额枋和檐部处理基本决定了建筑外貌。这套做法稳定后即形成不同的柱式（order）。柱式包括柱、柱上檐部和柱下基座。成熟的柱式从整体构图到线脚、凹槽、雕饰都基本定型，各部分比例大致稳定。

希腊柱式主要包括形成于希腊的多立克柱式和形成于小亚细亚的爱奥尼柱式。它们都从木结构演变而来，于公元前5世纪中叶趋于成熟。

多立克（Doric）柱式在希腊各地庙宇中广泛使用，特点是较粗壮，开间较小，柱头为简洁的倒圆台，柱身有尖棱角的凹槽，柱身收分、卷杀较明显，没有柱础，直接立在台

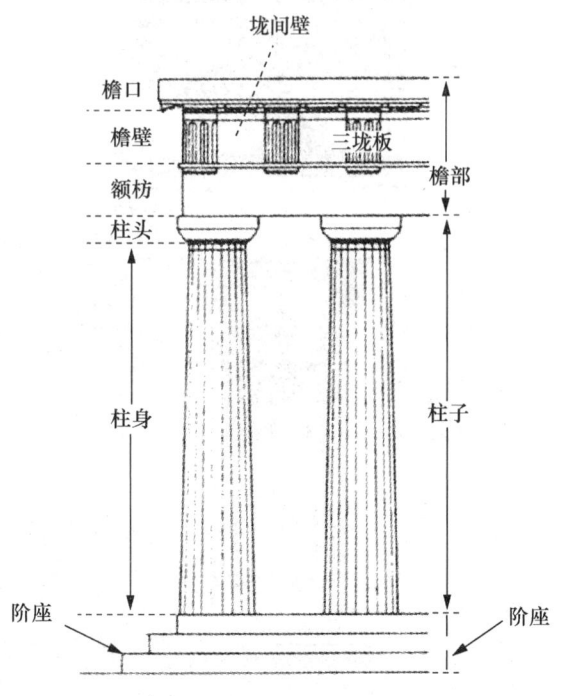

基上,檐部厚重,总体上力求刚劲、质朴、有力、和谐,具有男性的雄壮之美。

爱奥尼(Ionic)柱式比例较细长、开间较宽,柱头有精巧的圆形涡卷,柱身带有小圆面凹槽,柱础较复杂,柱身收分不明显,檐部较薄,风格秀美、华丽,具有女性的温柔之美。

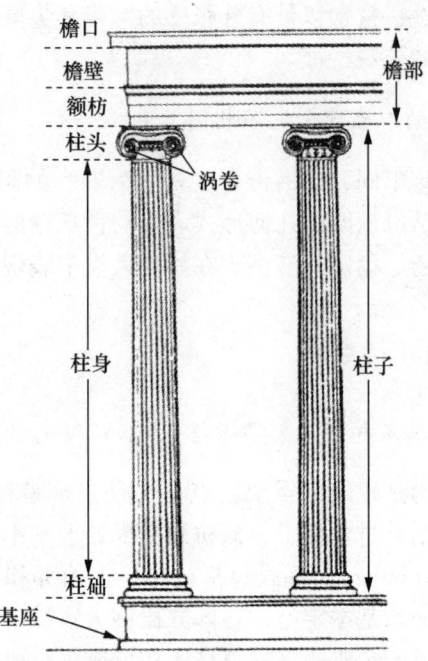

公元前 5 世纪下半叶,希腊还出现了科林斯(Corinthian)柱式,柱头由毛茛叶组成,宛如一个花篮,柱身、柱础与整体比例与爱奥尼柱式相似。

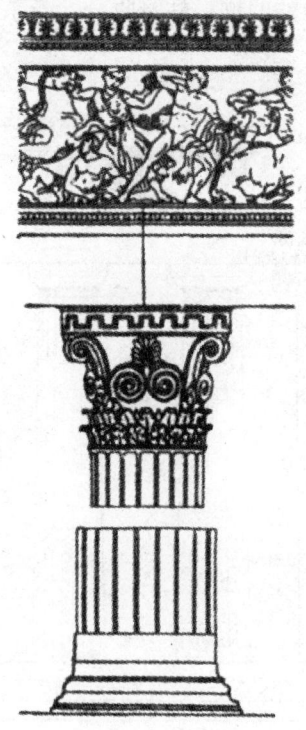

古罗马人继承了古希腊柱式，根据新的审美要求和技术加以改造，完善了科林斯柱式。他们在科林斯柱头加上爱奥尼柱头，创造出混合柱式，并在多立克柱式基础上参照伊特鲁里亚人的建筑传统，发展出塔斯干柱式。塔斯干、多立克、爱奥尼、科林斯和混合式被文艺复兴时期的建筑师称为罗马的5种柱式。

古希腊人具有朴素的理性哲学。他们关注人本身，声称"人是万物的尺度"，"美是由度量和秩序所组成的"，人体美是由和谐的数统辖着的。当客体和谐与人体和谐相契合时，客体就是美的。古希腊建筑师也从人体自然比例中受到启发并将其运用到柱式中。维特鲁威在《建筑十书》中指出，柱式构图规则包含人体对称和比例：多立克柱式是仿照男子脚长是身高六分之一的特点制作的。多立克柱式象征男人的形体，表现力量与健美；爱奥尼柱式象征女性的身体，表现优雅与修长；科林斯柱式则模仿少女纤细体态与轻盈的身姿。维特鲁威还指出，人体为建筑对称的圆形和方形提供了要素：人体的中心点是肚脐，如果人把手脚张开作仰卧状，以肚脐为中心点画圆，两只手的手指、两只脚的脚趾会与某个圆周相接触。如果从人脚底量到头顶，并把这一尺度移到张开的两手上，还能画出一个精确的正方形。通过圆形和方形定义人体的尺度，可以得出其他的对称要素。这种对人体的描绘在1000多年后达·芬奇绘制"维特鲁威人体比例图"中得以完美再现。

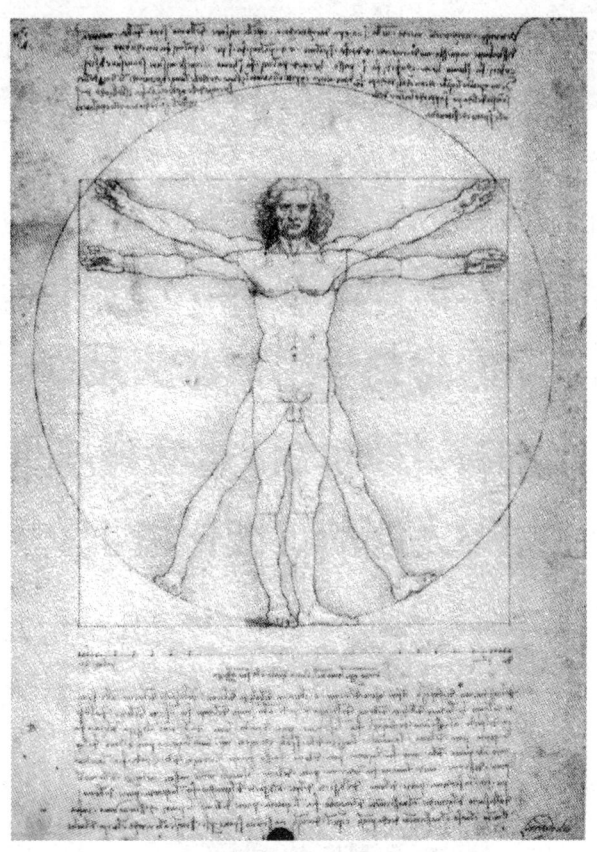

### 2. 拜占庭建筑风格

拜占庭帝国存在于330—1453年，5、6世纪时达到极盛，版图包括巴尔干半岛、叙利亚、巴勒斯坦、小亚细亚、北非及意大利半岛和西西里。拜占庭建筑继承了东方建筑传统并吸收了古罗马的某些建筑要素,对东正教国家影响很大。罗曼建筑、塞尔维亚建筑、俄罗斯建筑等都同它密切相关。君士坦丁堡圣索菲亚大教堂集中体现了拜占庭建筑的特点。圣索菲亚大教堂体量庞大,大穹顶直径31米,穹顶下部有40个小天窗,与罗马人建在筒形实墙上的穹顶效果不同。这种结构能在正多边形平面上使用穹顶,使建筑内外都有完整的集中构图,成为欧洲纪念性建筑的先导。大教堂内部装饰富丽堂皇,重点部位镶嵌彩色玻璃,衬以金色、彩色大理石墙面,与外部朴素的砌体对比鲜明。

3. 哥特建筑风格

这是11世纪下半叶起源法国,13—15世纪流行于欧洲的建筑风格,主要见于天主教堂和一些世俗建筑。法国哥特式教堂平面是拉丁十字形,西面是正门入口,东头环殿内有环廊,许多小礼拜室成放射状排列。教堂内部中厅高耸,有大片彩色玻璃窗。外观有许多大大小小的尖塔和尖顶,窗户细高,整个教堂雕刻极其丰富,向上的动势很强。西立面是建筑重点,典型构图是两边一对高高的钟楼。正门上面有一个大圆窗,称为玫瑰窗,雕刻

精巧华丽。

第一座哥特式教堂是巴黎郊区的圣丹尼教堂。亚眠主教堂是法国哥特式建筑鼎盛时期的代表作，是哥特式建筑成熟的标志。而广为民众所熟知的法国哥特式教堂则是巴黎圣母院。

德国最早的哥特式教堂科隆主教堂建于1248年，中厅内部高达46米，仅次于法国博韦主教堂。西面双塔高152米，极为壮观。

意大利著名的哥特式教堂是米兰大教堂，也是欧洲中世纪最大的教堂之一。教堂内部由四排巨柱隔开，宽达49米，中厅高45米。外部全由光彩夺目的白大理石筑成，高高的花窗、直立的扶壁以及135座尖塔表现出向上的动势。

意大利威尼斯圣马可广场的总督宫，其立面采用连续哥特式尖券和火焰纹式券廊，构图别致，色彩明快。

#### 4. 西方近代早期的欧洲建筑思潮

古典复兴主义（Classical Revival）是资本主义初期的建筑思潮，18世纪60年代至19世纪末在欧美盛行仿古典建筑。当时启蒙运动鼓吹自由、平等、博爱，唤起人们对古希腊、古罗马的礼赞，这是古典复兴建筑思潮的社会基础。

折中主义（Eclecticism）兴起于19世纪上半叶，20世纪初在欧美盛极一时。折中主义任意选择与模仿历史上的各种风格并把它们组合成各种式样，不讲求固定法式，只讲求比例均衡，注重纯形式美，所以折中主义也称"集仿主义"。随着资本主义的崛起，建筑开始商品化，希腊、罗马、拜占庭、哥特、文艺复兴和东方情调在城市中杂然并存；交通便利和文化发达使人们选择与模仿建筑式样更加容易；新建筑材料和技术也造成建筑艺术杂然并存和相互渗透。这是折中主义形成的社会基础。巴黎歌剧院是折中主义的代表作。它的立面是意大利晚期巴洛克风格，并掺杂烦琐的洛可可雕饰。此外，巴黎圣心教堂（Church of the Sacred Heart）则属于拜占庭和罗马风建筑风格混合的混合风格。

5. 现代主义建筑

现代主义是20世纪中叶西方占主导地位的一种建筑。它力图摆脱传统建筑形式，创造出适应工业化社会的新形式，具有鲜明的理性主义和激进主义色彩。

1919年德国建筑师W.格罗皮乌斯担任包豪斯校长。在他主持下，包豪斯成为20世纪20年代欧洲最激进的建筑艺术中心，推动了建筑革新运动。1928年12个国家42名革新派建筑师在瑞士成立国际现代建筑协会，"现代主义建筑"随之四处传播，其基本观点是：建筑要随时代发展，同工业化社会相适应；建筑师要研究和解决建筑的实用功能和经济问题，积极采用新材料、新结构，在设计中发挥自身特性；坚决摆脱过时建筑样式的束缚，创造新的建筑风格；主张发展新建筑美学。20世纪20—30年代，现代主义建筑师设计出的建筑特征相近：平屋顶、不对称布局、光洁白墙面、简单檐部处理、大小不一的玻璃窗等。现代主义建筑思想先在实用为主的工厂厂房、中小学校校舍、医院、图书馆及住宅中推广，50年代开始在许多国家普及。联合国总部大厦和巴西议会大厦就是其代表。到20世纪中叶，现代主义思潮在世界建筑潮流中已占据主导地位。

**思考题**

1. 概述建筑艺术的一般特点及与及相关因素的关系。
2. 举例说明东西方建筑艺术的差别。
3. 举例说明古希腊、罗马建筑美学的思想。
4. 欧洲中世纪的建筑风格有何特点？

# 第十一章 城市文化与文化建设

## 第一节 城市文化

城市是文化的载体,也是文化的结晶,更是孕育和推动人类文化的力量。

### 一、文化与城市文化的含义

我国古籍中"文"指文字、文章、文采,或指典籍、制度、礼仪,还指做记号、留痕迹。"化"有"教化"、"教行"的意思,又有改变、生成的含义。"文化"合在一起则是一个过程,指主体对自然界的改造,也包含主体自身的变化。"文化"一词最早出现在西汉,汉代刘向在《说苑》中说:"凡武之兴,谓不服也,文化不改,然后加诛"。这里"文化"与"武功"相对,含教化之意。总之,古人对文化的理解一是典籍制度,二是礼仪风俗,三是文治教化。

西方的"文化"一词来源于拉丁文 cultura,原义指农耕及对植物的培育,自15世纪后逐渐引申,把人的品德和能力培养称为文化。近代给"文化"一词明确定义的是英国人类学家泰勒(E. B. Tyor):"文化是包括知识、信仰、艺术、道德、法律、习俗以及作为社会成员的个人获得的其他任何能力在内的一种综合体"。1952年美国人类学家克罗伯(A. L. Kroeber)和 K. 克拉克洪(K. Kluckhohn)合著《文化:一个概念定义的考评》中列举161个文化概念,并下了综合定义:"文化存在于各种内隐的和外显的模式之中,借助符号的运用得以学习与传播,并构成人类群体的特殊成就。这些成就包括他们制造物品的各种具体式样,文化的基本要素是传统思想观念和价值,其中尤以价值观最为重要"。[①]这一文化定义为现代西方学者所接受。

文化有广义和狭义之分。广义文化是指人类在长期社会生活过程中创造的物质与精神财富的总和。狭义文化则专指精神财富。文化既是社会现象又是历史现象。城市作为人类

---

① 《中国大百科全书(社会学卷)》[M]. 北京:中国大百科全书出版社,1991.

生产、生活的集聚地，在自身形成与发展中形成了有别于其他文化的特征。城市文化也分为广义与狭义两种。广义文化是将城市文化看成城市物质和精神财富的总和，而狭义的城市文化则是城市群体意识、价值观念、思维方式、行为模式及生活方式等。从城市学角度看，广义地理解城市文化更能全面反映社会纷繁复杂的现象。

综上，城市文化应定义为：城市社会成员在特定城市区域内，在社会实践中创造出的为该社会成员共有的物质财富和精神财富。广义的城市文化不仅包括教育、科技、文学、艺术、戏剧、曲艺、体育、娱乐、道德、习俗、地方法规、规章、企业管理、政府形象等，而且还包括市容、市貌、建筑风格、街景美化、广场规划、雕塑等。

## 二、城市文化的内容与特征

### 1. 城市文化的内容

城市文化内涵丰富且表现形式多样，包括以下几方面。

第一，人文景观。也称城市环境文化，主要包括城市建筑风格、地域分布、历史遗迹与文物、艺术遗产、环境建设等。建筑风格和地域分布反映城市文化特色，历史遗迹与艺术反映城市文化传统，环境建设则反映城市文化风貌。

第二，公益文化。它是城市文化的核心内容，以各种公共文化设施和场所为依托，包括公共图书馆、博物馆、纪念馆、美术馆、文化馆、科技馆、展览馆、文化广场及在此举行的文化活动等。公益文化还包括科普文化，即为普及科技知识、提高市民素质而开展的文化活动。

第三，观念与制度文化。指城市人在思想观念、思维方式、道德风尚、人际氛围等方面的表现，体现着城市的开放与文明程度。制度文化包括普遍性制度和一个城市特有的地方管理行政法规及制度。城市地方制度是不同城市经济、政治、民族、文化等差异性的反映。

第四，娱乐、演出与休闲文化。它们是为满足城市人娱乐需求、丰富市民生活的娱乐活动，场所多为公园、歌舞厅、影视厅、酒吧、电子游艺厅、健身房、保龄球馆、娱乐园等。演出文化多是专业性的，涵盖歌剧、戏剧、音乐会、舞会、演唱会、马戏、杂技、魔术等多种文艺形式。娱乐文化能丰富市民业余生活，促进人际交往。休闲文化是市民广泛参与的文化形式，主要目的是满足个人生活旨趣，如养生保健、宠物饲养、盆景栽种、家庭绿化、个人收藏、琴棋书画、游山玩水、攀登探险等。

第五，专题文化与群众文化。专题文化指有计划、有组织地开展专题性的文化活动，往往配合重大主题或节日举行，如文艺晚会、座谈会、研讨会、艺术节、电影节、电视节、旅游节、食品节、服装节等，也称节庆文化。群众文化多指市民自发的文化娱乐活动，主要目的是丰富整个城市文化生活。

第六，社区文化。指城市某一局部社区、行业或区域组织或发展起来的、独具特色的文化，主要包括企业文化、校园文化、军营文化和街区文化等。企业文化又称公司文化、社团文化，指企业或企业职工在生产经营中逐渐形成的文化活动及现象，如企业目标与形象、素质与精神、环境与人际关系、价值观念、传统作风、行为规范与规章制度、口号与形象标识等。校园文化是学校特有的、长期形成的文化及观念，以师生为核心，包括教育目标、校园环境、校园思潮、校风学风及学生社团等。军营文化指驻城部队的文化建设和娱乐。它集部队与城市文化特色为一体，是军营文化与城市社区文化相融合的产物。

2. 城市文化的特点

城市文化具有社会文化的共同特征，同时又有独特性。

第一，地域性。城市文化是特定地域创造出来的，必然反映其地理环境、历史渊源、生产生活、社会制度、价值观念、行为模式等。不同城市的差异还会随着文化积累、传承、创新和发展而日益明显。

第二，群众性。市民是城市文化的创造者和载体，也是城市文化的评判者。没有市民参与的城市文化便是无源之水、无本之木。

第三，开放性和兼容性。现代城市的开放性决定了城市文化的开放与兼容。这是城市文化融合传统与现代、高雅与世俗、公益与消费、企业与社区、科普与休闲、本土与外来等多种文化因素的根本原因。

## 三、城市文化结构和功能

1. 城市文化结构

城市文化结构可分为以下3个方面。

第一，物质文化、行为文化与观念文化。物质文化又称表层文化，通过物质形态表现出来，由城市有形的基础设施构成，包括人文环境、总体发展规划、城市规章制度、文化设施、组织机构和管理体系、文化产业和文化网络等。行为文化是城市中层文化，通过市民行为表现出来，包括市民行为规范、人际关系、管理风格、文化活动、日常生活方式等。观念文化是城市深层文化，是通过市民观念表现出来的文化总和，包括市民的价值观念、价值取向、社会意识及城市凝聚力等。在上述城市文化链条中，物质文化是基础，行为文化是中介，观念文化是核心。三者相互联系、相互促进。

第二，城市的主文化与亚文化。城市主文化是在城市中占主导地位、为大多数市民所接受的文化，代表着城市典型特征和主流方向，反映着城市精神风貌和发展前景。城市亚文化是仅为城市中部分成员所接受或特定群体特有的文化，是城市文化的非主流成分，具有特殊的表现形式。它又可分为：民族亚文化，即城市少数民族群体特有的文化；职业亚文化，即城市各种职业群体文化；越轨亚文化，即城市越轨行为群体特有的文化；外来人口亚文化，即外来人口在城市中表现的生活方式、思维方式和价值观念等。

第三，城市文化特质、文化丛与文化模式。城市文化特质指组成城市文化的基本要素和单位，如北京的胡同、景德镇的瓷器等。城市文化丛是指因功能相关而组合的文化特质，它往往与人们某种特定活动相关，如城市节庆活动作为文化丛，包括群众演出、灯会、游园会、花展、成果展等。城市文化模式是指城市特有文化内容组合在一起形成的特殊形式和结构，是城市整体文化形象的反映，包括城市语言、生活习惯、科学、艺术、习俗、家庭与社会制度、生产生活方式、组织形式、城市冲突等。

2. 城市文化功能

城市文化是城市发展的动力之一，与城市可持续发展有着密切关系。城市文化具有多种社会、经济和生态功能。

第一，社会整合。城市成员存在着个体差异，而城市文化是市民共有的，是维持人们团结、协调彼此利益的重要手段。良好的城市文化环境能使市民产生亲和力和归属感，有利于自身素质提高和文明习惯的形成，有利于社会文明风气的巩固。

第二，社会规范。城市组织机构、管理体系、规章制度和政策法规都制约着市民行为。这就要求民众按照共同的社会规范行事，从而保障公共利益和正常秩序。

第三，休闲娱乐。社会越发展，人们对娱乐、休闲的需要也越高。城市文化既可促进市民知识能力水平的提高，又能满足他们休闲的需要。

第四，传承功能。城市文化是人类共有的文明遗产，必须长期保存、积累和传承。

## 四、城市文化的传播与变迁

### 1. 城市文化的传播

文化传播是人在社会活动中对文化的分配和享受，是人们社会交往中产生的文化互动，包括文化迁徙、采借、暗示及分布。它是市民在社会交往中形成的，既包括文化输入，也包括文化输出。

### 2. 城市文化冲突

由于城市类型和文化的差异，市民价值观念各不相同，因此文化传播不仅要受媒介等客观因素影响，还受传播主体的社会心理、群体意识、价值观念等因素制约。异质文化在交流时必然会产生冲突与碰撞。城市文化冲突是指不同城市文化在传播和交流过程中产生的矛盾。它既是文化传播的结果，也是文化传播的方式。它表现为城市主文化与亚文化、城市本身文化与外来文化的冲突等。城市文化冲突的普遍性是由城市开放性与多元性决定的，具有新陈代谢的时代性和不同文化传统的民族性，同时还具有不同特质、特点的区域性特征。

### 3. 城市文化融合

城市文化传播既会带来冲突也会促进融合，两者相伴而生。城市文化融合是指在城市文化互动过程中相互吸收、融化、调整与适应，表现在分化、整合、适应3个方面。文化分化是从旧有文化系统中分化出新的独立文化系统，产生新的文化特质，且能共存于大城市文化系统中，是文化子系统对母体文化的自我否定与更新。城市文化整合指不同城市文化相互吸收、融合而趋于一体的过程。整合表现为两种互动方式，一是文化采借（borrowing），二是文化涵化（acculturation）。文化采借指各种异质文化在交流过程中直接借用，而文化涵化是介于文化抗拒和同化间的整合方式，是各种文化在互动过程中自身的估价、反省、改铸、扬弃。城市文化适应是不同文化经过长期接触、联系、调整而改变原有性质、模式的过程。它不是简单地抛弃旧特质或采取新特质，而是新的文化综合。它既表现为对原有文化的批判，也表现为对原有文化合理成分的吸收与继承。

### 4. 城市文化变迁

城市文化变迁是指城市文化系统结构、模式、风格及内容的变化，是城市文化发展过程中的普遍现象，具有不同的表现形式：就文化变迁动力而言可分为自愿性和强制性。自愿性变迁指社会成员共同认识和主动参与的文化变迁；强制性变迁则是由部分社会成员认识并强制推动的文化变迁。就变迁速度和深度言，城市文化变迁分为渐进与突发两种。渐进文化变迁指城市文化逐渐、缓慢发生变化；突发式变迁则是急剧变化。渐进式文化变迁是量的积累，速度较慢，深度不够，新旧交替时间较长。就变迁方向而言，城市文化变迁又分为进步与退步两类。进步的变迁符合社会发展规律及社会成员需要，而退步的则不利于城市社会成员全面发展，违背城市发展规律，不能促进社会物质精神财富增长。就文化变迁的可控性而言，可分为有计划的变迁和无计划的变迁两种。通过社会成员参与、规划设计、目标选择和秩序构建进行的是有计划的变迁，反之则是无计划的变迁。

**思考题**

1. 什么是城市文化？概述城市文化的内容与特征。
2. 概述城市文化结构和功能。
3. 概述城市文化的传播与变迁。

## 第二节  城市文化建设

### 一、文化发展战略

城市文化越来越重要，因此它日益成为一种产业，成为未来城市发展和建设的重要方面。

城市文化建设需要发展战略的指导。20世纪80年代后随着我国城市化进程的加速，"文化发展战略"这一概念开始引起人们的关注。一些省、市先后制定文化发展战略并与经济发展战略、科教兴国战略、可持续发展战略一起纳入国民经济和社会发展的总体战略之中。

所谓"文化发展战略"是城市关于文化发展的长远性、整体性、系统性和战略性的谋划和安排。它必须充分考虑文化功能的各方面，包括思想、道德等精神文明建设，也包括文化经济和文化产业建设，还包括为其提供保障的文化制度体系建设。它不仅与政治、经济、社会紧密联系，而且涉及一系列文化权力变动、社会资源和结构重新配置等问题，而且与国际文化关系变动、国际文化竞争密切相关。文化发展战略的制定和执行主体是城市政府。

城市文化是构成社会文化和物质环境的总体特征，体现了城市的优势。城市文化特色在外观上给人以特有的文化形象，内涵上体现出鲜明的文化气质。培育一座具有文化魅力的城市，就需要发掘与认知、保持与维护、传承与弘扬、重塑与营造城市文化的特色。而正确定位城市文化特色是城市文化建设的前提。

## 二、城市文化发展战略特征

城市文化发展战略具有以下几个特征。

第一，全局性。这是城市文化发展战略最主要和最基本的属性。城市文化发展战略是城市政府对文化发展的长期谋划，着重解决文化与城市经济和社会发展的协调问题，克服文化自身及与经济和社会发展间的不平衡。这些都属于整体性、全局性的问题。

第二，前瞻性。城市文化发展战略要解决的是文化与城市经济和社会发展的协调问题，这就决定了这些问题只能在较长时间逐步解决，因此城市文化发展战略就要有超前的思路，一般而言都要有五年以上的前瞻期。

第三，政策性。城市文化发展战略是城市政府对文化发展的理想追求，是政府文化意志的整体反映，其中既有对现实文化情况的评判，也包含对文化现状的超越。政府应该优化文化资源配置，完成文化资源重组，通过政策调整促进文化产业发展。没有政府政策性的安排，城市文化发展战略就失去了合法性依据和实现的基础。

第四，可持续性。城市文化发展不仅要满足当代人的需求，还要满足后代人的文化需求；不仅要满足本市或某一群体的文化需求，还不能损害其他城市或其他群体的需求。

## 三、城市文化建设的意义

城市文化历史地反映出城市发展的脉络。用新的城市文化理念引导城市发展同样十分重要。

第一，城市文化建设可保存城市的记忆。城市历史遗存与文化印痕是"历史年轮"。保存城市记忆就是保护历史的延续性，保留文明发展的脉络。

第二，城市文化建设决定了城市品质。城市文化建设可以提升城市品质和市民的生活质量。

第三，城市文化建设展示了城市风貌，城市文化建设可塑造城市精神。城市文化折射着市民的价值理念、生活态度、审美水准，是城市外在形象与精神内质的有机统一，是反映城市历史传统和精神世界的窗口。深层的城市文化决定着市民性格和城市精神，代表着城市的精神核心和时代特征。

第四，城市文化建设支撑城市发展。城市可持续发展与城市文化密切相关。城市化快速时期城市文化更成为重要的社会资本，支撑和决定着城市的发展进程。文化遗产是不可复制的稀缺资源，为城市文化繁荣提供着永不枯竭的营养，是城市最宝贵和独特的资源优势。

## 四、"欧洲文化之都"

在全球化浪潮下，城市能否保持独具的文化特色？近年来国际领域"文化之都"活动的开展颇引人注目。

"欧洲文化之都"诞生于世纪之交。1985年由欧盟理事会在政府间发起"欧洲文化城市"活动。该活动基于两项共识：一是"欧洲过去是，今后也仍将是既丰富又风格迥异的文化和艺术中心";二是"城市在欧洲文化的诞生和传播方面发挥着关键作用"。活动的最初目的是展示欧洲相关国家、地区和城市文化的独特风采,首批当选者几乎都是世界著名城市,见下表。

| 年　代 | 城　　市 | 年　代 | 城　　市 |
| --- | --- | --- | --- |
| 1985 | 雅典 | 1993 | 安特卫普 |
| 1986 | 佛罗伦萨 | 1994 | 里斯本 |
| 1987 | 阿姆斯特丹 | 1995 | 卢森堡 |
| 1988 | 西柏林 | 1996 | 哥本哈根 |
| 1989 | 巴黎 | 1997 | 萨罗尼卡 |
| 1990 | 格拉斯哥 | 1998 | 斯德哥尔摩 |
| 1991 | 都柏林 | 1999 | 魏玛 |
| 1992 | 马德里 | | |

1999年欧洲议会和欧盟理事会对15年来取得的成就进行了总结,认为"这一活动可以强调人们所共同拥有的欧洲文化的丰富性及多样化的内涵,进一步促进欧盟公民之间的相互了解",决定给予其"共同行动"的地位。随后"欧洲文化城市"被改为"欧洲文化之都",每年由欧盟理事会根据推荐命名。此后新世纪当选"欧洲文化之都"的城市并不一定是首都,但城市仍拥有负责组织整个地区活动的权力。每个申请城市要制定持续12个月的文化活动计划,内容包括提倡欧洲人共享的艺术活动或艺术形式;保证欧盟成员国间长久持续的文化合作;支持并发展富有创造性的文化活动;确保动员多数公民参加;促进欧洲文化间及与世界其他文化间的对话;加强城市历史遗迹、建筑的保护。

此后"欧洲文化之都"模式已在其他地区被效仿与传播。例如美洲大陆三十几个成员国组成了美洲国家组织(OAS),1997年决定发起"美洲文化之都"的活动;阿拉伯地区的"阿拉伯文化之都"也持续了多年;俄罗斯联邦的伏尔加联邦区在2001年也宣布举行类似活动。越来越多的城市从这一活动中得到收获,扩大了影响,改善了城市环境,提升了城市形象,增加了城市文化氛围,也为城市注入了新的活力。这一文化交流活动既有助于理解自己国家和城市的文化,也有助于了解其他国家和城市的文化,借鉴其他城市的文化政策和实践,并由此带来更高层次的理解和借鉴,提高文化包容性,使世界各地的民族和国家间建立起牢固的纽带、关系和桥梁。

## 五、城市文化发展战略的制定

### 1. 战略目标的选择

文化发展战略目标的确定要注意其正确性和可行性。城市外部环境、自身要素和比较优势不同,因而文化发展战略目标的选择也不一样。

文化发展战略目标由一系列目标组成,包括:① 地位目标,即城市文化区域边界及对周边区域影响和辐射范围,以及由此所显示出的文化地位。② 功能目标,即文化发展对城市发展提供的支持及作用。③ 增长目标,即文化发展应达到的水平,如人均文化设施占有水平、人均文化消费水平、文化产业增加值在国内生产总值中的比重等。④ 意识形态目标，通常由国家文化战略体现。我国称为精神文明建设或思想道德建设。⑤ 文化产业目标，即国内外市场上的竞争力，以增加值为量化目标。⑥ 文化制度目标，即实现战略目标需要的制度保障。

2. 城市文化环境分析

城市文化战略目标的制定与实现取决于文化发展要求、环境与条件。战略目标体现城市需求，发展环境和条件揭示其可能性。这其中对国际、国内环境的分析尤为重要，包括政治、经济、社会和文化历史环境等。

3. 优势与劣势、机遇与威胁分析

优势（strength）与劣势（weakness）、机遇（opportunities）与威胁（threat）分析也称为"SWOT分析"，是编制发展战略的不可或缺的技术方法。

体现城市文化发展优劣的因素是文化态度和价值观，它们关系文化环境的价值判断。不同文化形态差异是文化冲突的直接动因，对其分析能反映文化内在能力在城市进步中的优势和劣势。

另一个体现城市文化发展优劣的因素是城市社会的融合性和凝聚力。一般情况下文化利益通过不同益集团反映出来，因此文化发展战略目标的实现就取决于这些利益集团是否协调一致。这就需要城市的融合性和凝聚力。

城市文化资源包括有形和无形的文化遗产、人口规模、结构变化、人力资本、物质资本、技术、基础设施等，这是构成城市文化发展优劣的第三个因素，其中文化资源丰富程度具有重要意义。

产业组织和城市政府的管理和领导是城市文化发展战略目标选择的又一关键因素。要完成文化资源的重新配置，必然要对现有文化产业组织进行调整，这就会造成权力结构的变动。文化产业组织设置是否合理，是否具有持续的创新能力，政府是否能为文化发展提供空间，都将直接影响目标的实现。

4. 制定城市文化发展战略的原则

制定文化发展战略要注意以下几个问题。

第一，文化发展与经济发展相一致。文化发展战略必须满足政治经济变革的需要。文化基础设施和产业既是经济发展的结果，又是未来发展的基础。国内生产总值规模、增长速度、人均收入和人均消费水平等都影响城市文化发展战略的实现。任何超出经济承受限度的发展战略都难以实现。

第二，目标先进性与可行性相统一。城市文化发展战略是全局性、长时期的总体部署，具有先进性，但同时又必须切实可行。

第三，利益需求、发展速度与整体效益相统一。追求文化发展速度和规模不可避免地会产生各种矛盾，应当注意处理经济收益、发展速度和社会效益三者之间的关系，在充分发挥市场资源配置作用的同时注重营造精神环境，防止为局部利益牺牲整体利益、单纯追求发展速度、片面追求经济效益的情况。

第四，战略目标的定性与定量相结合。文化发展战略目标有定性和定量的要求，要把两者结合起来，建立相应的文化发展指标体系。

第五，文化战略与相关战略要统筹整合，以相关经济社会发展作为参照系，既要考虑国际因素，也要考虑国家相应战略的要求，既要服从和服务于国家和高层次的文化发展战略，也要与下一层次战略目标相衔接，避免相互脱节或冲突，造成资源浪费。

5. 城市文化发展战略文本

城市文化发展战略以文本形式表现出来，一般包括四个部分。一是战略环境分析。这是制定城市文化发展战略的依据，包括国际和国内背景，城市经济社会发展的历史和现状、优劣势和机遇与威胁、主要限制因素和存在问题等。二是战略方针和战略目标设计。这是城市文化发展战略的灵魂，是城市文化发展战略的核心及体现。不同城市的文化发展水平不同，战略目标的具体内容要因市而异，不求内容、形式的一致。三是战略重点和阶段安排。战略重点是为实现目标须特别加强的部门、区域、方向或方面，如基础设施建设、产业布局调整和资源重组、文化功能开发、体制改革、文化信息技术等。一般来讲，战略重点也是战略创新的重要体现。四是战略对策。这是实现战略目标的手段、措施和途径，具有很强的针对性和可操作性。发展战略由于期限长，不确定因素多，实施风险较大，因此要注意战略目标的弹性和风险防范措施。

**思考题**

1. 什么是城市文化建设？概述城市文化建设的意义。
2. 简述"欧洲文化之都"项目。

# 第三节　文化遗产保护

20世纪以来，在文化遗产保护和城市建设方面，国际社会共签署数十个公约、建议、宪章、宣言、决议和原则，形成了关于世界文化遗产保护的理念与共识，对人类文化发展产生了积极影响。

## 一、城市历史文化遗产的内涵

1976年11月26日，联合国教科文组织在华沙内罗毕通过《关于历史地区的保护及其当代作用的建议》（简称"内罗毕建议"），指出："历史地区是各地人类日常环境的组成部分，它们代表着形成其过去的生动见证，提供了与社会多样化相对应所需的生活背景的多样化，并且基于以上各点，它们获得了自身的价值，又得到了人性的一面"；"历史地区为文化、宗教及社会活动的多样化和财富提供了最确切的见证"。《内罗毕建议》明确了历史文化遗产的内涵及其价值，向世界发出保护城市历史文化遗产的号召。

按照联合国教科文组织的定义，所谓历史文化遗产包含以下内容：① 文物古迹。从历史、艺术和科学的角度看具有突出的普遍价值的建筑物、雕刻和绘画，具有考古意义的部件和结构、铭文、洞穴、居住区及各类文物的联合体。② 建筑群。从历史、艺术和科学的角度看，在建筑形式、统一性及其环境景观结合方面具有突出的普遍价值的单独或相互联系的建筑群体。③ 遗址。从历史、美学、人种学或人类学的角度看，具有突出的普遍价值的人类工程或自然与人类的结合工程以及考古发掘遗址的地区。

一个文化遗存要成为世界文化遗产必须具备六个标准：① 代表一种独特的艺术成就，一种创造性的天才杰作。② 在一定时期内或世界某一个文化区域内，对建筑艺术、纪念物艺术、城镇规划或景观设计方面的发展产生过重大影响。③ 能为一种现存的或为一种已消逝的文明或文化传统提供独特的或至少是特殊的见证。④ 可作为一种类型建筑物或建筑群或景观的杰出范例，展示人类历史上一个（或几个）重要阶段的作品。⑤ 可作为传统的人类居住地或使用地的杰出范例，代表一种或几种文化，尤其在不可逆转的变化下容易损毁的地点。⑥ 与某些事件或现行传统或思想或信仰或文学艺术作品有着直接和实质的联系（一般情况下，此条款不能单独成立）。

在世界文化遗产的遴选中，真实性是一个十分重要的标准。这是指在设计、材料、施工或环境方面是真实的；重建只有根据原物完整和详细资料，且毫无臆测成分时才可以接受。历史文化遗产的保护包括史前遗址、历史城镇、老城区、老村庄、老村落及相似的古迹群等。保护（safeguarding）内容包括鉴定（identification）、防护（protection）、保存（conservation）、修缮（restoration）和再生（renovation），目的是维持传统地区的环境，并使它们重新获得活力。

## 二、文化遗产保护的历程与文件

### 1. 文化遗产保护的发展历程

欧洲对文物建筑和历史纪念物的保护可追溯到古希腊罗马时代，到文艺复兴时进一步发展。当时整理古代文化遗物和收集古玩非常盛行。18世纪中叶古罗马圆形剧场成为欧洲第一个被立法保护的古建筑，标志着文物保护从典籍、艺术品和器物扩大到了建筑领域，此后建筑和历史纪念物的保护成为政府的职责之一。19世纪中叶现代考古学诞生，现代博物馆设立，它们都兼有收藏、研究、教育的职能，古建筑保护也成为专门的科学。但20世纪上半叶人类战争频仍，文物遭到严重损毁，于是1954年和1956年联合国教科文组织先后通过《武装冲突情况下保护文化财产公约》和《关于适用于考古发掘的国际原则的建议》，力图减少战争对文物的毁灭及对地下文物非科学的发掘。

另一方面，现代文物建筑保护的理论与方法也在20世纪初逐渐形成。1904年马德里国际建筑师第六届大会通过的《关于建筑保护的建议》中，提出最小干预建筑遗迹并赋予历史性建筑物新使用功能的建议，1931年《有关历史性纪念物修复宪章》、1964年《国际古迹保护与修复宪章》先后形成，强调利用科学技术保护和修复文物建筑。

欧美通过国家立法保护文物的做法起步较早。1872年美国在设立"国家公园"（National Park）时就包括印第安人文化遗址，1906年通过《古文物法》，1935年通过《历史遗址法》，1966年制定《国家历史保护法》，保护范围包括历史遗产、手工艺术品和档案文献资料。1943年法国规定"历史建筑"周围500米半径内要采取保护措施，1962年又将保护对象从历史建筑扩大到历史地区，称为"历史保护区"。20世纪60年代法国还开展了"大到教堂，小到汤匙"的第2次文化遗产大普查，在摸清遗产基本情况的同时增强了民众的保护意识。英国1967年颁布了《城市文明法》，保护"有特殊建筑艺术和历史特征"的地区。"登录建筑"分3级，前2级严格保护，第3级可作内部改动。日本1966年颁布了《古都保存法》。

2. 文化遗产保护的重要文件

针对第二世界大战时文物遭破坏的情况，1964年5月联合国教科文组织在威尼斯第二届历史古迹建筑师及技师国际会议上通过了《国际古迹保护与维修宪章》，即《威尼斯宪章》，论述了文物保护的基本概念、原则与方法，认为古迹"不仅包括单个建筑物，而是包括能够从中找出一种独特的文明、一种有意义的发展或一个历史事件见证的城市和乡村环境。这不仅包括伟大的艺术作品，而且亦适用于随时光流逝而获得文化意义的过去一些较为朴实的艺术品"。《威尼斯宪章》是第一个保护文物的国际宪章，确立了国际性的保护准则。

1987年国际古迹遗址理事会在华盛顿通过《保护历史城镇与城区宪章》，即《华盛顿宪章》，这是第二个历史文化遗产保护的国际文件，阐述了历史地段及更大范围的历史城镇、城区的保护意义、作用、原则与方法。1972年在斯德哥尔摩召开的"人类环境"大会第一次将环境问题纳入国际议程，发表《人类环境宣言》；1976年温哥华"人类住区"大会形成《人类住区温哥华宣言》，1992年里约热内卢"世界环境与发展大会"通过《里约热内卢宣言》和《21世纪议程》，使可持续发展首次得到世界最高级别的承诺，并首次提出"文化多样性"概念。1999年北京国际建协第20届世界建筑师大会上通过《北京宪章》，提出整体思考、协调行动、创造和而不同的建筑环境理念。

20世纪60—70年代，联合国教科文组织（UNESCO）认识到保护文化遗产的重要性和紧迫性，在1972年巴黎举行第17届会议时通过《保护世界文化和自然遗产公约》（简称"世界遗产公约"），要求各缔约国保护、保存、展出本国文化遗产和自然遗产并传之后代；在充分尊重国家主权并不违背各国法律下承认这类遗产是世界遗产的一部分；建立国际合作和援助体系，成立保护世界文化与自然遗产政府间委员会，接受国际援助申请，设立世界遗产基金。经世界遗产委员会讨论通过后，该遗产可列入《世界遗产名录》。《世界遗产公约》提出遗产永恒的理念，即它们不仅是当地人的，也是全人类的，不仅是当代人的，也属于子孙后代。

近年国际社会对文化遗产保护日益关注，每次讨论入选《世界遗产名录》的过程实际成为不同文化、价值观念的对话过程。最初的欧洲标准不断被修正，发展中国家的遗产逐渐受到关注，《世界遗产名录》结构和数量不断增加。联合国教科文组织也逐渐修订入选标准，确保其代表性与平衡性，扩大发展中国家的份额。如今已有186个国家和地区加入"世界遗产公约"，截止到2007年7月，共140个国家和地区的851处遗产列入《世界遗产名录》。

从1954年《武装冲突情况下保护文化财产公约》到1972年《保护世界文化和自然遗产公约》，再到2003年《保护非物质文化遗产公约》，国际社会走过了从保护文化财产到"人类共同遗产"，从保护物质文化遗产到非物质文化遗产的历程。从《国际古迹保护与修复宪章》到《保护历史城镇与城区宪章》再到1999年《保护乡土建筑遗产的宪章》，文物保护从单体到历史城镇、历史城区；从名胜古迹、纪念性建筑到传统建筑、乡土建筑。

### 三、文化遗产概念的扩大与演变

"世界遗产公约"制定和实施以来,文化遗产保护理念不断发展,保护内容不断扩展,一系列创新理念相继出台,各国政府及非政府组织为此提供了强有力的支持。

1. 历史地区、历史城镇的保护

1976年《内罗毕建议》明确提出"历史地区"的概念,1987年《华盛顿宪章》又将这一概念延伸,包括地段和街道的格局和空间形式,建筑物和绿化、旷地的空间关系,历史性建筑的内外面貌(体量、形式、建筑风格、材料、色彩、建筑装饰等),地段与周围环境的关系(包括与自然和人工环境的关系),地段历史上的功能和作用等。日本1975年修订《文化财保护法》时增加了保护"传统建筑物群",将与周围环境一体的传统商业街、住宅区、手工业作坊区、近代西洋建筑群和历史村寨等定为"传统建筑物群保存地区"或"重要传统建筑物群保存地区"。区内新建、扩建、改建等都要经过批准;中央和地方政府各出一半资金补助传统建筑外部的整修费用。美国20世纪80年代设立"国家遗产区",保护有历史意义但仍有人居住的地区。法国1985年设立"历史艺术城市和地区"。①

2. 民间文化遗产的保护

乡土建筑的研究与保护逐渐列入国际文化遗产保护的范畴。1999年墨西哥召开国际古迹遗址理事会第12届大会时通过了《保护乡土建筑遗产的宪章》。该宪章指出在全球化趋势下乡土建筑对表达地方文化多样性具有重要意义和价值,提出保护的基本原则和行动指南。为此,国际古迹遗址理事会还专门成立乡土建筑委员会(CIAV),成员遍布40多个国家。目前乡土建筑保护已成为国际文化遗产保护的潮流。

3. 线形文化遗产的保护

为保护含有独特文化价值的线形景观,欧美国家提出"遗产廊道"的概念。遗产廊道是在绿色通道(Green Way)概念上发展起来的。1987年美国户外空间总统委员会发起绿色通道计划,根据功能分成生态绿道、休闲绿道和历史遗产廊道3类,历史遗产廊道又分为遗产线路和遗产运河。这是世界遗产保护的新类型。遗产线路是复合的连接历史与文化的途径,包括多个国家和地区交流和多重文化,从空间和时间上展现复杂的文化传播活动。2004年第29届世界遗产委员会第七次特别会议上,拉美6国提出"印加之路"系列申报项目,推出"跨国系列项目"(Transnational Nominations)的新概念。印加之路是印加帝国在1438—1532年间沿安第斯山脉修建的山路,是统治者传达政令和印加人贸易的交通动脉,大部分在秘鲁,沿线经过阿根廷、玻利维亚、智利、厄瓜多尔和哥伦比亚。这种文化相通但分布于不同国家的项目成为世界文化遗产的新品类。

4. 文化景观遗产的保护

"文化景观"是指出于社会、文化、宗教要求并与环境共同构成的独特景观,是自然

---

① 王景慧:《城市历史文化遗产保护的政策与规划》,《城市规划》2004年第1期。

与人类创造力的共同结晶,反映区域独特的文化内涵。1992年第16届世界遗产委员会首次提出文化景观遗产概念并将其纳入《世界遗产名录》。2005年《世界遗产公约实施指南》又将其分为"由人类有意设计和建筑的景观"、"有机进化的景观"和"关联性文化景观"3种类型,认为它更强调人与环境共荣共存、可持续发展的理念。①"有机进化的景观"主要是自然景观;"由人类有意设计和建筑的景观"包括园林和公园;"关联性文化景观"即"以与自然因素、强烈的宗教、艺术或文化相联系为特征,而不是以文化物证为特征"的景观。

5. 非物质文化遗产的保护

日本于1950年最早提出保护"无形文化财"的概念,包括传统音乐、戏剧和工艺技术等。"非物质文化遗产"概念提出于1982年墨西哥城召开的世界文化政策大会,其《宣言》将物质文化遗产和非物质文化遗产共同列为人类"文化遗产"。1989年巴黎通过了《关于保护传统和民间文化的建议》,1997年联合国教科文组织第29届会议通过《宣布人类口头和非物质遗产代表作申报书编写指南》,建立了"人类口头和非物质遗产"机构认证体系,2003年又通过《保护非物质文化遗产公约》。这些都是联合国有关非物质文化遗产保护最重要的文件。

## 四、我国文化遗产保护的历程

1. 早期的文物保护

"文物"一词最早见于《左传》,指礼乐典章制度中的礼器和祭器,唐代时指前代遗物。宋代将前朝器物统称"古器物"或"古物",明清时民间称为"古董"或"骨董"、"古玩"。近代西方考古学运用科学方法发掘获取古代遗存、复原人类历史后,现代意义的"文物"概念才正式形成。我国素有保护古代遗物的传统,商周青铜器常有"子子孙孙永葆用"的铭文,说明当时人们对前朝珍贵器物已有保存、永续的愿望。汉代皇室"创置秘阁,以聚图书",收藏的有典籍也有绘画。唐代文人已热衷收藏和鉴赏前朝器物,被视为考古学前身的金石学则形成于北宋。

2. 现代文物保护制度的建立

中国现代文物古迹保护已有百年历史,分为3个阶段。

20世纪初至30年代,中国首次把古建筑列入文物保护范围。1906年清廷民政部拟订《保存古物推广办法》;1905年张謇在南通创建博物苑,这是我国第一座博物馆;1912年国立历史博物馆开始筹建。1914年国民政府颁布《大总统禁止古物出口令》,1916年北洋政府颁布《保存古物暂行办法》。1922年北京大学设立考古学研究所,后设立考古学会。这是中国最早的文物保护学术研究机构。1926年中国学者在山西夏县西阴村对仰韶文化同期历史遗存进行了挖掘,这是中国学者首次考古发掘。1929年中国营造学社成立,后出版《中国营造学社会刊》、《清式营造则例》。1930年国民政府颁布《古物保存法》,把考古、

---

① 刘红婴、王建民:《世界遗产概论》,中国旅游出版社2003年版。

历史、古生物等有价值的文物作为保护对象。1935年的《暂定古物的范围及种类大纲》将文物分为12类。1932年国民政府设立中央古物保管委员会,这是我国由国家设立的第一个专门保护管理文物的机构。

20世纪50—60年代,中国初步形成了文化遗产保护体系。1950年政务院颁布《关于文化遗址及古墓葬调查、发掘暂行办法》、《关于保护文物建筑的指示》、《禁止珍贵文物图书出口暂行办法》。中央和地方设置负责文物保护管理的专门机构。中国科学院下设考古研究所。当时政府对历史文化遗产的保护还局限于文物和遗址,对古城价值认识不足。1966年"文化大革命"又使刚刚建立的文物保护制度遭受破坏,许多珍贵文物和名胜古迹遭到破坏,大量庙宇、古墓被捣毁或拆除,古籍、古画、经卷、档案被付之一炬。

20世纪70年代至今是文化遗产保护体系发展和完善时期。1976年《中华人民共和国刑法》第173条、174条明确规定对违反文物保护法者追究刑事责任。1982年《中华人民共和国文物保护法》颁布,使文物保护的法律制度进一步完善。同年国务院公布《关于保护我国历史文化名城的请示的通知》,正式提出"历史文化名城"的概念,北京、苏州、西安等24个城市成为首批国家历史文化名城,此后又公布了2~4批。各省、自治区和直辖市也公布了省级历史文化名城名单。这标志着中国历史文化遗产保护从文物建筑扩展到整个城市。1986年国家首次提出"历史文化保护区"的概念,将名城保护纳入城市规划,1989年颁布的《城市规划法》及《环境保护法》中都有历史文化遗产保护的条文。1993《历史文化名城保护条例》颁发。1994年建设部、国家文物局联合颁布《历史文化名城保护规划编制要求》。这些法律标志着中国已着手建立历史文化保护区制度,标志着保护体系更加完善和成熟。

1985年中国成为《保护世界文化与自然遗产公约》缔约国,此后连续8年当选"世界遗产保护委员会"成员国。1987年中国开始向联合国教科文组织推荐世界遗产名单,到1997年12月止已被列入19处。1984年中国城市规划学会成立"历史文化名城保护规划学术委员会",1987年中国城市科学研究会成立"历史文化名城研究会",1994年由建设部、国家文物局聘请专家共同组成"全国历史文化名城保护专家委员会"。

3. 多层次文物保护体系的建立

新中国成立后文物保护由政府统筹管理。1956年国务院发布《关于在农业生产建设中保护文物的通知》中首次提出"保护单位"概念,要求"在全国范围内对历史和革命文物遗迹进行普查调查工作",对重要的文化遗址、古墓葬、革命遗址、纪念建筑物、古建筑、碑帖等,由省、自治区、直辖市人民委员会定为保护单位。这是国家文物部门组织的第1次文物普查。根据普查成果,各省、自治区、直辖市文物保护单位共7000多处。1961年《文物保护管理暂行条例》规定,文物保护单位依据文物价值分为3个级别:全国重点文物保护单位、省级文物保护单位和县(市)级文物保护单位。这标志着我国不可移动的文物保护制度初步形成。1981年国家文物部门组织第2次全国文物普查,共登记不可移动的文物40余万处。1982年《文物保护法》规定:"文物指具体的物质遗存,基本特征是:第一,必须是由人类创造的,或者是与人类活动有关的;第二,必须是已经成为历史的过去,不可能再重新创造的"。1982年、1986年和1994年国务院又分别公布3批国家历史文化名城。2002年修订《文物保护法》,对文物概念和保护范围的界定进一步扩大,包括具有历史、艺术、科学价值的古文化遗址、古墓葬、古建筑、石窟寺和石刻、壁画；与重大历史事件、革命运动或者著名人物有关的具有重要纪念意义、教育意义或史料价值的近代现代史迹、实物、代表性建筑；各时代珍贵的艺术品、工艺美术品；各时代重要文献资料及手稿和图书资料等；反映历史上各时代、各民族社会制度、社会生产、社会生活的代表性实物。具有科学价值的古脊椎动物化石和古人类化石同文物一样受国家的保护；还要"保存文物特别丰富并且具有重大历史价值或者革命纪念意义的城镇、街道、村庄"。这就在国家层面建立起历史文化街区、村镇的保护制度，形成单体文物、历史地段、历史性城市的多层次保护体系。

目前我国共有全国重点文物保护单位2351处，省级文物保护单位8000余处，市县级文物保护单位60000余处。文物保护单位分为古文化遗址、古墓葬、古建筑、石窟寺及石刻、近现代重要史迹及代表性建筑、其他等6个类别。其中古建筑始终被列为文物保护重要内容，历次全国重点文物保护单位中古建筑比例最大，保护资金投入量最多。2006年5月国务院公布第6批全国重点文物保护单位名单，数量1080处，几乎达到前5批数量的总和。

1985年中国政府加入《保护世界文化和自然遗产公约》，1987年长城等6项遗产被列入《世界遗产名录》。此后世界文化遗产理念逐渐引起社会关注，成为对我国原有文物保护体系影响较大的又一保护体系。2006年后国家颁布实施《世界文化遗产保护管理办法》、《中国世界文化遗产监测巡视管理办法》、《中国世界文化遗产专家咨询管理办法》等，使我国文物保护体系与世界文化遗产保护体系相互融合与借鉴。

4. 新时期文化遗产保护的实践

一是长城保护工程。长城是人类历史上修筑时间最长、工程最大、对社会影响最深刻、留存历史文化信息最丰富的古代建筑，其保护状况直接反映出我国文化遗产保护和管理的水平。长期以来长城的人为破坏主要来自于取材、建设和旅游开发性破坏，而对长城性质、保护范围和长度的模糊认识也造成立法和管理的困难。长城有些区段为全国重点文物保护单位，有些为省级，有些为县（市）级，有的还未列入文保单位。近年来国家文物部门组织编制《"长城保护工程（2005-2014-14）"总体工作方案》，对长城资源调查、保护立法、保护规划编制和保护抢险修缮等做出系统安排。这一方案跨地域、跨部门、跨学科，具有开拓性实践意义。2006年12月该方案得到国务院批准正式实施。

二是"大遗址"保护国家项目库的建设。"大遗址"是文物工作者根据我国文化遗产特征及保护管理工作实际需要提出的重要概念，专指文化遗产中规模大、价值突出的文化遗址。我国大遗址具有年代悠久、分布广泛、数量众多、类型复杂等特点，集中代表了传统文化的丰富内涵和发展轨迹，具有不可替代的整体价值。大遗址保护是文化遗产保护工作的重点和难点，因其保护与城市建设、经济发展矛盾突出，多数已遭到不同程度的侵占和破坏。随着高句丽遗址、殷墟遗址、大明宫遗址等保护项目的实施，2005年国家开始设立大遗址保护专项资金和项目库，首批100处大遗址列入其中。通过编制针对性较强的保护专项规划，将其纳入城乡建设和经济社会发展规划，统筹安排与协调大遗址保护与城乡发展。

三是非物质文化遗产的保护。非物质文化遗产指各种以非物质形态存在的与群众生活密切相关、世代相承的传统文化表现形式，包括口头传统、传统表演艺术、民俗活动和礼仪与节庆、有关自然界和宇宙的民间传统知识和实践、传统手工艺技能，以及与上述传统文化表现形式相关的文化空间。我国非物质文化遗产源根植于民间，是民族精神的延续和对传统文化的弘扬。进入现代社会后，随着文化生态的改变，非物质文化遗产逐渐失去生存和发展的空间。2005年国务院发布《关于加强我国非物质文化遗产保护工作的意见》，要求建立国家级和省、市、县级非物质文化遗产代表作名录体系，逐步建立非物质文化遗产保护制度，确立"保护为主、抢救第一、合理利用、传承发展"的方针。2006年5月国务院公布《第一批国家级非物质文化遗产名录》，包括民间文学、民间音乐、民间舞蹈、传统戏剧、曲艺、杂技与竞技、民间美术、传统手工技艺、传统医药、民俗等，共518项。

5. 城市历史文化遗产保护存在的问题

虽然我国在历史文化遗产保护体系建设方面进展迅速，但由于现代化、城市化建设浪潮的影响，历史文物、古建筑和古城风貌遭到破坏的现象十分严重。另外在"申遗"时也有深刻的教训。1985年我国开始申报世界文化与自然遗产，迄今已有23项被列入《世界遗产名录》，在数量上排名靠后。《世界遗产名录》中约1/3是各国历史性城市或城区，我国100余座国家历史文化名城只有平遥和丽江列入其中，举世闻名的北京、西安、苏州等整个历史文化名城却未在其中，原因是古城保护没有达到"世界文化遗产"的要求。伦敦市区内泰晤士河上共有32座历史桥梁受到保护；巴黎市区3 115座历史建筑受到保护；柏林政府规定凡80～100年以上的传统建筑都必须无条件保留。而我国在发展地方经济过程中文化遗产数量日见减少，历史文化街区被拆除，古代文化遗址被占压、地下珍贵文物被盗掘，文化遗产环境被破坏，且尚未引起足够重视。

2005年《北京城市总体规划（2004—2020年）》明确了"旧城整体保护"，在世界文化遗产故宫附近保护设立"缓冲区"。所谓"缓冲区"是在世界文化遗产周边规定范围保持其原有的历史环境。故宫保护范围86公顷、缓冲区1 377公顷，总计面积1 463公顷，含皇城、什刹海、南北锣鼓巷、国子监等多个历史文化保护区。缓冲区内限制对历史街巷和传统民居拆建，禁止建设高度超过9米的新建筑，逐步整治不符合规定的建筑。近年来北京市在故宫缓冲区内开展一系列保护整治。

中国列入世界自然与文化遗产的文化遗产名录

| 序号 | 文化遗产名称 | 文化遗产类别 | 列入时间 |
| --- | --- | --- | --- |
| 1 | 泰山 | 文化和自然遗产 | 1987年12月 |
| 2 | 长城 | 文化遗产 | 1987年12月 |
| 3 | 明清故宫 | 文化遗产 | 1987年12月 |
| 4 | 莫高窟 | 文化遗产 | 1987年12月 |
| 5 | 秦始皇陵 | 文化遗产 | 1987年12月 |
| 6 | 周口店"北京人"遗产 | 文化遗产 | 1987年12月 |
| 7 | 黄山 | 文化和自然遗产 | 1990年12月 |
| 8 | 九寨沟风景名胜区 | 自然遗产 | 1990年12月 |
| 9 | 黄龙风景名胜区 | 自然遗产 | 1992年12月 |
| 10 | 武陵源风景山庄及周围寺庙 | 自然遗产 | 1992年12月 |
| 11 | 承德避暑山庄及周围寺庙 | 文化遗产 | 1994年12月 |

续表

| 序 号 | 文化遗产名称 | 文化遗产类别 | 列入时间 |
| --- | --- | --- | --- |
| 12 | 拉萨布达拉宫 | 文化遗产 | 1994年12月 |
| 13 | 曲阜孔庙、孔林、孔府 | 文化遗产 | 1994年12月 |
| 14 | 武当山古建筑群 | 文化遗产 | 1994年12月 |
| 15 | 庐山风景名胜区 | 文化遗产 | 1996年12月 |
| 16 | 峨眉山—乐山大佛风景区 | 文化和自然遗产 | 1996年12月 |
| 17 | 平遥古城 | 文化遗产 | 1997年12月 |
| 18 | 苏州古典园林 | 文化遗产 | 1997年12月 |
| 19 | 丽江古城 | 文化遗产 | 1997年12月 |
| 20 | 颐和园 | 文化遗产 | 1998年11月 |
| 21 | 天坛 | 文化遗产 | 1998年11月 |
| 22 | 大足石刻 | 文化遗产 | 1998年12月 |
| 23 | 武夷山 | 文化和自然遗产 | 1999年12月 |
| 24 | 龙门石窟 | 文化遗产 | 2000年11月 |
| 25 | 青城山都江堰 | 文化遗产 | 2000年11月 |
| 26 | 明清皇家陵寝：明显陵、清东陵、清西陵 | 文化遗产 | 2000年11月 |
| 27 | 安徽古村落：西递村、宏村 | 文化遗产 | 2000年11月 |
| 28 | 云冈石窟 | 文化遗产 | 2002年6月 |
| 29 | 云南保护区的三江并流 | 自然遗产 | 2003年 |
| 30 | 古代高句丽王国的王城及王陵 | 文化遗产 | 2004年 |
| 31 | 澳门历史城区 | 文化遗产 | 2005年 |
| 32 | 中国安阳殷墟 | 文化遗产 | 2006年 |
| 33 | 广东开平碉楼与村落 | 文化遗产 | 2007年 |
| 34 | 喀纳斯旅游区 | 自然遗产 | 2007年 |
| 35 | | | |
| 36 | 福建土楼：漳州南靖、龙岩永定、漳州华安 | 文化遗产 | 2008年7月 |
| 37 | 江西三清山 | 自然遗产 | 2008年7月 |
| 38 | 山西五台山 | 文化景观 | 2009年6月 |
| 39 | 河南登封天地之中古建筑群 | 文化遗产 | 2010年8月 |
| 40 | 中国丹霞：遵义赤水、邵阳崀山、韶关丹霞山、鹰潭龙虎山、上饶龟峰、衢州江郎山、三明泰宁 | 自然遗产 | 2011年8月 |
| 41 | 浙江杭州西湖 | 文化景观 | 2011年6月 |
| 42 | 内蒙古元上都遗址 | 文化遗产 | 2012年6月 |
| 43 | 云南澄江帽天山化石地 | 自然遗产 | 2012年7月 |
| 44 | 新疆天山 | 自然遗产 | 2013年6月 |
| 45 | 红河哈尼梯田 | 文化景观 | 2013年6月 |

**思考题**

1. 什么是城市历史文化遗产？其概念是如何扩大与演变的？
2. 概述文化遗产保护的历程与文件内容。
3. 概述我国文化遗产保护的历程。
4. 什么是非物质文化遗产？其保护的意义如何？
5. 我国有哪些世界级的物质文化遗产？
6. 你了解多少我国现存的非物质文化遗产？

# 第十二章 城市规划与城市更新

## 第一节 城市规划

### 一、城市规划的内涵

城市规划又称城市计划,是研究城市未来发展、探索城市合理布局、综合安排城市建设的计划,是一定时期内城市发展的蓝图,也是城市建设和管理的依据。城市规划是社会规划的一部分,反映出人们对城市发展规律的认识,因此城市规划在社会生活与城市发展中占有十分重要的地位,它决定城市的发展方向,确定城市的规模及布局,协调城市各要素间的关系,统筹安排城市建设,使城市获得良好的经济效益、社会效益和环境效益。

### 二、城市规划理论及状况

1. 国外城市规划理论

有城市建设就有城市规划。公元前 2000 年古埃及的卡洪城、古希腊的米利都城等,其平面布局就开始按社会财富和地位划分居住区,形成了由公共建筑组成的城市中心。一些古城遗址还发现整齐的街道、城防工程和给排水系统。这些都是规划的产物。古代西方典型的城市规划思想是亚里士多德的方格网式规划理念,被称为"权威派"。

近代的交通运输改变了原有的城市时空观,传统的规划理论受到挑战,功能派规划思想开始出现。他们认为城市规划应把经济和效益作为基本准则,通过规划消除城市弊端,解决城市问题。乌托邦规划派代表人物霍华德在《明天,和平改革之路》一书中提出著名的"田园城市"理论。他希望通过规划解决城市人口密度、城乡关系疏远、城市绿化减少等问题。20 世纪二三十年代芝加哥学派提出了"人类生态学"思想,对城市规划理论产生了深远影响。芝加哥学派认为城市是发展变化的有机体,是生态、经济、文化的产物。伯吉斯运用人类生态学理论创立了第一个城市空间结构模型——同心圆模式。不久西方又出现邻里单位与小区规划理论。邻里单位理论主张在一定区域内居民之间要形成邻居关系，邻里单位必须是完整的地域，有足够的空间安置住宅、种植绿化、设置社区中心及区域交通网；有地方公用事业和行政机构，如治安、给水、排水、文化、教育部门及图书馆；人口具有相对的同质性，即种族、信仰、年龄的相似性，这样可以减少社会冲突；区域内可提供社会服务和商业服务，以满足居民的生活娱乐需要，还要建立公园、娱乐场、幼儿园、商店等设施。另外，邻里单位理论还要求在较大范围内统一规划居住区，使每个邻里单位成为居住区的"细胞"。"二战"后"邻里单位理论"发展为"小区规划"理论。1934年伊利尔·沙里宁提出了"有机疏散理论"。他针对当时大城市过分膨胀的"城市病"，对田园城市、卫星城镇、邻里单位理论进行了分析总结，提出改变城市结构和形态的观点，即把城市划分为不同集中使用的区域，区域内又分为不同的活动地段，从而使无秩序的集中变为分散；密集地区应分裂为一个个集镇或社区，彼此用绿化带分开。有机疏散理论主张用城区分散来缩小城市与自然的距离，使居民更加接近自然。

第二世界大战后欧洲各国进行城市重建，改变了城市结构，生产规模加大，但同时也使生态环境日益恶化。1933年国际现代建筑协会在雅典召开以城市规划为主题的会议，制定了"城市规划大纲"，即《雅典宪章》。它是城市规划理论发展史上的重要里程碑。《雅典宪章》认为，城市规划是一种三度空间的科学，不仅要考虑长宽两个方向，还要考虑城市的立体空间，以国家法律的形式保证城市规划的实施。大纲集中反映了现代建筑学派的观点，即把城市与周围环境作为整体加以研究，解决居住、工作、游憩和交通四大活动的需求。大纲具体观点包括：① 居住的主要问题是人口密度过大，缺乏空地及绿化，人居距离太近，生活环境不卫生，日照不良，噪声干扰，公共服务设施少且分布不合理等，建议居住区使用最好地段，不同地段要有不同的人口密度。② 工作的主要问题是工作地点无计划且离居住区太远，建议有计划地处理工业与居住的关系。③ 游憩的主要问题是缺乏空地和绿地，建议新建居住区要多保留空地，旧区已坏建筑物拆除后应辟为绿地，降低旧区人口密度，市郊要保留风景地带。④ 交通的主要问题是道路宽度不够，交叉口过多，未能按功能分类，应从整个道路系统规划入手解决。街道按车辆行驶速度分类，按调查统计资料确定宽度。⑤ 城市发展应保留名胜古迹及古建筑。

20世纪70年代后，现代城市规划思想进一步发展，源于自然科学的系统论和控制论方法被引入，强调把城市作为有机系统加以研究。专家们认为城市规划经济指标是中介性的，而社会目标才是根本。1978年世界建筑师协会在秘鲁首都利马对《雅典宪章》40多年来的实践进行总结，提出城市规划应依时代发展而变化。会议通过《马丘比丘宪章》，希望城市规划要"创造一个综合的、多功能的环境"，"反映出城市及周围区域之间基本的、动态的统一性"，要有效利用人力、土地和资源解决城市与周围地区的关系，生活环境与自然环境要和谐，要加强文物和历史遗迹保护。该宪章适应了现代城市动态性和综合型特点，否定了《雅典宪章》的分区概念，强调建筑、城市、园林绿化的统一。

现代城市规划十分注重解决实际问题，从创造物质环境走向了注重社会环境和心理环境，具有以下一些新特点。

第一，强调自然生态环境，认为自然环境的变迁与社会后果之间存在直接关系。芒福德认为，城市发展经历了生态城市——城市——大城市——特大城市的过程。前3个阶段以人口增加和技术进步为基础，但人类与环境的关系出现失衡，社会道德出现衰退和恶化。特大城市是非自然的环境，其规模扩大与密度增加妨碍了人们基本的社会交往，社会价值取向也从自然转变为地位和权力。要解决这些问题就须通过规划重塑适合的环境，即"有机秩序"。"有机秩序"本着"生活第一"的原则，努力满足人的物质需要和社会需要。城市规模和密度须加控制，人们应生活在自然的绿色环境中，具有良好的社会环境。

第二，强调社会文化的作用。城市环境包括自然、社会组织和文化环境3方面。自然因素如空间、密度、位置等对城市有重要影响，但它们对人的生理、心理影响要通过社会心理表现出来。自然环境的变化某种程度上依赖于社会组织的变化。因此城市规划不仅要考虑自然设计，还要考虑人与人间的社会交往模式。不同的文化具有不同的价值、信仰和规范，制定城市规划时必须研究各种群体和组织的文化特征，包括人口异质性、文化和亚文化差异、收入、居住、时间等。住房在社区的位置、自然设施布局及空间距离等因素可促使社会关系形成特有模式和社会交往网。城市规划就是要创造适宜交往的社会情境，减少社会成员相对孤立的局面，根据居民文化差异及程度、收入高低等因素，合理布置城市空间，创造适宜交往的城市环境。

第三，强调城市空间的作用。自然结构决定人的社会行为。规划城市自然空间能对人的社会行为产生有益影响，促使人们实现所期望的社会目标。

2. 中国古代的城市规划

中国城市规划历史悠久。早期的郑州商城、安阳殷墟等城市的平面布局已划分为城市中心、居住区和作坊、仓库、农业区，有不同性质的建筑物和道路系统。《周礼·考工记》就有城市规划的内容。古代城市选址非常注意自然条件："非大山之下，必于广川之上，高毋近旱而用水足，下毋近水而沟防省"。城市要按居民职业划分居住用地："凡仕者近宫，不仕与耕者近郭，工贾近市"。规划手法则"城郭不必中规矩，道路不必中准绳"。中国古代城市规划的基本理念是以天子为中心，体现在：其一，城市结构布局以宫殿为中心组成中轴线，构成城市骨架。平面布置以宫城的内城为中心，外建外城，形成城套城的内部布局形式。其二，用地布局具有明显的功能分区和完善的道路系统。其三，因地制宜地进行规划。南宋苏州城将整个府城布局与河网水系密切结合起来，引水进城，形成纵横交错的水上交通系统，构成城市的水脉。城市道路则根据水网地形加以布置，形成"前街后河"的江南水乡城市特色。

除上海、南京、重庆及大连、青岛等少数城市外，旧中国的绝大多数城市都没有城市规划。1949—1958年是中国城市规划的起步阶段。1952年全国城市建设会议提出要根据国家长远建设，有重点、有步骤地改建和新建城市。会后成立了全国性的城市建设管理机构——建工部城市建设局，1954年正式组建了中国第一个城市规划专门部门——建工部城市设计院。1956年城市建设部成立，国家建委颁布《城市规划编制工作暂行方法》。这时期在苏联专家的协助下，我国开始运用新的城市规划理论和方法，对一批重点城市如武汉、洛阳、西安、兰州等进行全面规划和建设。到1959年全国已完成180个城市、1400多个城镇的规划工作。此后受"左"倾思潮干扰，城市规划工作流于形式。

1978年后中国城市规划走上正轨，1979年成立国家城建总局，颁布《城市规划编制审批暂行办法》和《城市规划定额指标暂行规定》。1982年中国城市规划设计研究院成立，一些地方省市也相继成立规划设计研究机构。1984年国务院正式颁布《城市规划条例》。这是新中国城市规划的第一个基本法规。1989年全国人大通过《中华人民共和国城市规划法》，标志着城市规划工作纳入法制轨道，使中国城市规划进入全新阶段。《城市规划法》共6章46条，对城市规划的基本任务、方针、编制内容、旧城改造与新城开发、规划管理法律责任等问题做出明确规定。

### 三、城市规划的内容特点和程序

1. 城市规划的内容及特点

城市规划的任务是根据一定时期城市经济和社会发展目标，确定城市性质、规模和发展方向，合理利用城市土地，协调城市空间功能布局及进行各项建设的综合部署和全面安排。1996年5月《国务院关于加强城市规划工作的通知》指出："城市规划工作的基本任务是统筹安排城市各类用地及空间资源，综合部署各项建设，实现经济、社会的可持续发展。"国家把城市的可持续发展作为城市规划的基本任务具有深刻意义。

城市规划内容因国情、经济发展水平和体制不同而不同。《不列颠百科全书》关于城市规划与建设指出："城市规划与改建的目的，不仅仅在于安排好城市形体——城市中的建筑、街道、公园、公用事业及其他的各种要求，而且更重要的在于实现社会与经济目标。城市规划的实现要靠政府的运筹，并需运用调查分析、预测和设计等专门技术。所以城市规划可以看成是一种社会运动、政府职能，更是一项专门职业。"我国城市规划的基本内容是依据城市经济社会发展目标和有关生产力布局，充分研究自然、经济、社会和区域发展条件，确定城市性质，预测城市发展规模，选择城市用地发展方向，按照工程技术和环境要求，综合城市各项措施并对各项用地进行合理布局。

城市规划分为3部分，即城市发展规划、城市布局结构（布局规划）和城市工程建设（工程规划）。

发展规划是城市规划的基础和依据，解决"建设怎么样的城市"的问题，即确立城市性质内容，主要包括：① 在科学论证基础上确定城市性质，明确城市主要职能与多种次要职能及相互间的关系，确定城市发展方针。② 在调查基础上对城市规模做出分析，提出合理人口规模、用地规模、生产力规模和消费力规模的具体指标和控制措施，提出在自然资源负荷范围内逐步扩大基础设施承载能力的建设目标和措施。③ 对城市生态环境现状做出分析，提出改善环境质量的近期和远期目标和治理方案。④ 依据国家社会经济发展要求和城市地位确定城市经济、政治、文化、教育等方面的发展目标、措施、途径及相应政策。

布局规划是城市规划的核心，是根据城市发展要求将各要素组织在一个城市结构中，主要包括：① 划分城市用地功能分区，如工业用地、生活用地、对外交通用地、绿化用地等，做到土地利用经济、合理。② 进行城市交通系统规划。交通系统是构成城市的骨架和联系各功能区的纽带，能为城市各项管线和构筑物提供必要空间。③ 城市空间布局规划，对自然景观和人工景观加以组织，使两者有机结合，形成统一协调的城市面貌。

城市规划要通过各项工程建设来实现。工程规划包括建筑、市政、交通、绿化、能源、通信、水利、环境等，主要包括道路系统规划、交通系统规划（分为对外交通和市内交通两部分。对外交通包括铁路、港口、机场、对外公路运输及管道运输等）、城市供水规划、城市环保规划、城市地面水的排除与竖向规划、城市能源规划、估算城市各项能源用量并制定能源供应方案、城市绿化规划、城市通信设施规划、城市其他工程设施规划及城市战备工程规划。

城市规划具有如下特点：① 城市规划是政府干预城市发展的手段，是政策性计划，体现着政府政治、经济和军事的需要。② 城市规划是综合性的工作，不仅要考虑城市空间等有形实体建设，还要考虑经济、社会、环境、文化、心理等多种因素的协调。③ 城市规划的现实性很强，目的是为城市建设服务，解决城市问题，满足人们生活发展的需要。④ 城市规划是动态发展的过程，既要解决现实问题又要预测和估计未来城市发展，要不断调整计划以符合城市发展客观实际。⑤ 城市规划要有地方特色。

2. 城市规划的程序和机构

城市规划按照任务、要求、内容的不同，分为总体规划和详细规划两个阶段。总体规划是关于城市发展的纲领性规划，是城市建设的战略部署。它规划城市发展的重大和原则问题，确定城市性质、规模、总体布局，为下一阶段详细规划和工程设计提供依据。详细规划是在总体规划基础上进行局部设计，是总体规划的具体化，主要是对城市近期各项建设用地、道路系统、工程管线和工程设施划定用地范围，确立用地容积、建筑密度和建筑高度，对建筑群空间环境及工程设施做综合规划和估算造价。

城市规划的机构分为咨询、规划、决策和审议4部分。中国城市规划机构分为3大类：规划机构、决策机构和审议机构。规划机构是承担城市规划的组织，如城市规划设计院、城市规划室；决策机构是城市人民政府；审议机构是国务院，省、市、县人民政府及省、市、县人民代表大会或人民代表大会常务委员会。《城市规划法》规定，国务院城市规划行政主管部门主管全国城市规划工作；县级以上地方人民政府规划行政主管部门主管本行政区域内的城市规划；城市人民政府负责组织编制城市规划；县级人民政府所在地镇的城市规划由县级人民政府负责组织实施。中国城市规划实行分级审批制度。直辖市总体规划由直辖市人民政府报国务院审批；省和自治区人民政府所在城市，人口在100万以上的及国务院指定的城市的总体规划，由省、自治区人民政府审查同意后报国务院审批；其他城市和县城总体规划报省、自治区、直辖市人民政府审批；建制镇总体规划由县级人民政府审批。

依据《城市规划法》，中国城市规划基本原则主要包括：① 从实际出发，坚持适用、实际。城市规划要使城市发展规模、各项建设指标、定额指标、开发程序同国家和地方经济技术发展水平相适应，不照搬国外和其他城市模式，合理用地、节约用地，保障土地使用的高效率。② 城市规划与城市经济社会要协调发展。城市规划要根据国民经济和社会发展规划来制定，要考虑城市自然环境、资源条件、历史情况和现状特点，统筹兼顾、综合安排。③ 注重保护城市生态环境和民族历史风貌。城市规划要注意保护和改善城市生态环境，加强城市各项设施合理布局，调整工厂和居民点，加强城市绿化和市容环境建设，保护历史文化遗产、城市传统风貌、地方特色和自然景观，要保持民族传统和地方特色。④ 注重发展城市综合功能。规划城市要突出城市功能特色，发挥综合功能，贯彻有利于生产、方便生活、促进交流、繁荣经济、促进科学技术文化教育事业发展的方针。⑤ 保障城市安全。城市规划要符合城市防火、防爆、防震、防洪、防泥石流和治安、交通管理及人民防空建设的要求。在可能发生强烈地震和严重洪水灾害的地区，必须在规划中采取相应的抗震、防洪措施。

**思考题**

1. 什么是城市规划？国外有哪些城市规划理论？
2. 概述城市规划的内容、特点和程序。

# 第二节 城市更新

## 一、城市更新的内涵与方式

城市更新（urban renewal）是近几十年发展起来的社会工程。现代城市建设的问题已不仅仅限于住宅、交通、环境或土地利用，内容也不仅限于工程技术，而是关系社会经济和生态的整体发展。城市更新就是从综合、科学规划的角度研究如何改造旧市区，维护城市生态平衡，综合解决城市发展问题。

城市更新概念较早出现在1958年8月荷兰海牙召开的城市更新第一次研究会："生活于都市的人，对于自己所住的建筑物、周围的环境或通勤、通学、购物、游乐及其他的生活，有各种不同的希望与不满。对于自己所住的房屋的修理改造，街路、公园、绿地，不良住宅区的清除等环境的改善，有要求及早施行。尤其对于土地利用的形态或地域地区制的改善，大规模都市计划事业的实施，以便形成舒适的生活，美丽的市容等，都有很大的希望。包括有关这些的都市改善，就是都市更新。"[1]

城市更新主要方式有3种，即重建（redevelopment）、整建（rehabilitation）和维护（conservation）。城市重建就是将市区地上建筑物拆除，重新合理使用，一般用于建筑物恶化的区域。这个区域建筑物的配置、利用或全体设计已不合乎时代需要，无法使市民生活，而且阻碍正常的城市运行，因此要拆除既有建筑，重新合理规划使用。新建筑物的用途、规模、娱乐、街路、交通、景观等均有统一规划。这种城市更新方式最激进，阻挠因素多，耗费最大，但最具创新价值。城市整建就是将市区建筑物全部或一部分修整完善，主要用于建筑结构尚可使用、但设备陈旧的城区。这种更新方式适用于对土地或建筑物的经济社会功能调整、设备更新或服务功能增强，如增加娱乐设施、公共或准公共设施（包括学校）、市场设施或派出所、消防队、垃圾处理、街路维护、文化娱乐等。这种更新方式较为缓和，可减轻原住户安置困扰，减少资金投入，适用于现已凋落但仍可复原而无须重建的地区或建筑。城市维护是对现有城市结构、实体的修理与保护，适用于建筑物处于良好状态、社会经济活动运行正常的市区。如果维护得好，重建、整建就可大为减少。这种方式最为缓和，耗费最低，是预防性措施。在现实城市更新中，以上3种方式在具体操作中常常根据城市保存情况灵活运用，既可单独使用，也可混合使用。

## 二、欧洲新城建设运动与"城市复兴"

第二次世界大战后欧洲各国曾掀起了新城建设运动（new town movement）。英国大伦敦规划是在半径约48千米范围内划分内圈、近郊圈、绿带圈和外圈4个地域圈。内圈控制工业、改造旧街、降低人口密度；近郊圈作为居住区，绿带圈以农田和游憩地带为主，严格控制建设；外圈建设8个新城，从中心地疏散100万人到此工作和居住。大伦敦规划

---

[1] 朱启勋. 都市更新——理论与范例 [M]. 台北：台隆书店，1982.

结构为单中心同心圆系统，交通由 5 条同心环路与 10 条放射路组成。20 世纪 50 年代中期伦敦周围 8 个卫星城已拥有原计划人口的一半。60 年代下半期，面对拥挤的城市交通，英国开始建造架空的"新陆地"（New Land），上面是房屋，下面是机动车交通与服务设施。

此时城市高层建筑发展迅速。由于市区地价昂贵，建筑不得不向高空发展。1972 年国际高层建筑会议把高层建筑分为 4 类，第一类 9~16 层，最高 50 米；而第四类超高层建筑 40 层、100 米以上。

"二战"后西欧各国城市更新运动本质上是受现代城市规划理论的影响，即将城市看作静止的，希望通过规划解决所有问题。结果城市建设虽然一度带来城市繁荣，但随之而来的城市问题又给城市造成极大不便。在此背景下西欧各国城市更新理论与实践进一步发展，从主张目标单一、内容狭窄的大规模改造逐渐转向目标广泛、内容丰富、更有人文关怀的可持续发展的城市更新理论与实践，即"城市复兴"。

"城市复兴"是用全面的观点解决城市问题，寻求经济、环境、社会及自然条件的持续改善，主要内容包括对经济活力的振兴、对失效社会功能的恢复、对社会问题的处理、对环境质量的改善和生态平衡的关注等等。它着眼于现有城区的管理和规划，而不是新城市化的规划和开发。

20 世纪 70 年代"英国大都市计划"提出"城市复兴"（urban renaissance）概念，90 年代专门成立工作组研究其计划，2002 年下半年伦敦市政府提出耗资 1100 亿英镑的"伦敦重建（城市复兴）计划 2003—2020"且开始付诸实施。伦敦重建的目标是建设一个开放、包容、富裕、优美、社会和谐的新伦敦，使居住质量、空间享受、生活机会和环境保护等方面处于欧洲领先地位，使每个伦敦人以至英国人都为之自豪。伦敦城市复兴的意义在于用持续的前瞻性的社区文化和城市规划恢复城市居住人性化，把人们再吸引回城市。[①]"城市复兴"在实践中具有极大作用。英国在"文化对英国城市复兴的贡献：证据调查"的政府报告，通过案例证实，它在物质、经济和社会环境方面都产生了良好效益。

## 三、中国的旧城改造与新区开发

中国改革开放前受"先生产、后生活"思想的主导，旧城改造力度小，新区开发主要以工业区建设为主。改革开放后旧城改造和新区开发才进入快速发展时期。

1. 旧城改造

中国多数城市旧区基础设施不健全、土地利用率低、布局混乱，环境恶化。为保证城市社会、经济可持续发展，必须对其进行改造。由于历史原因，中国旧城区往往处于城市地理核心位置，是第三产业用地的首选地段，升值潜力巨大，对开发商有极大吸引力，成为投资开发热点。随着中国经济高速增长，人民生活极大提高，旧城基础设施匮乏、居住拥挤、建筑破败的现象日益不能满足需要。政府为吸引外资，也希望改善投资环境，兴建市政基础设施。另外，20 世纪 90 年代后大规模的新区建设也为旧城区更新改造创造了有利条件，使旧城区有可能重新进行功能定位，转移工业并疏散中心区过密的人口。

---

① 程大林、张京祥：《城市更新：超越物质规划的行动与思考》，《城市规划》2004 年第 2 期。

20世纪90年代前中国旧城更新采用"既要积极,又要稳妥"的政策,无论规划还是实施都带有探索、研究、试验性质,规模较小。90年代后各地旧城更新动向引起学术界的重视,为强化规划对城市发展的作用,控制性详细规划被广泛应用于旧城更新中。中国旧城改造一度存在许多问题,如重视再开发而忽视修复与保护、重视城市土地利用而忽视城市环境、重视城市景观而忽视城市功能、规划设计与管理有简单化倾向等等。这些问题目前已有所改观。

2. 新区开发

中国大规模的新区开发始于1992年,以"开发区"这种特殊空间类型为主要形式。1992年后各地掀起经济建设热潮,对土地空间需求加大。为躲避旧城空间狭小、城市软硬件环境较差的不利因素,各地多采取抛开老城区而单独设立工业开发区的城市建设方式。但1997年由于亚洲金融危机,功能单一的开发区大都受到影响;国企改革和土地市场逐步成熟又使得旧城改造被提上议事日程。地方政府和规划设计人员开始认识到,新区开发必须与城市整体发展和功能转换结合起来,必须将单一的经济开发区、工业开发区变为城市综合新区才有发展前途。许多城市正是通过综合新区的开发带动了城市总体结构的改善和功能的提升。上海、青岛、大连、广州、苏州、深圳等都是这方面成功的范例。

新区开发为中国城市经济增长、经济结构改善、空间结构优化做出了重要贡献,但由此也产生许多问题。一是数量过多、恶性竞争,发展质量不高。1992年后连续几年的开发大潮使许多城市过高估计了外部发展形势和自身条件而陷入"开发热"。截至1999年初,全国共有国家级开发区30个,高新技术开发区52个,保税区13个,国家级旅游度假区11个,加上省级开发区,共有400~500个,如果将市、县级开发区包括在内,则有2000多个。这些开发区很多没有适宜的发展条件,不仅造成资金大量浪费,而且加剧了项目恶性竞争,造成国有资产大量流失和生态环境破坏。二是功能单一,缺乏持续生长动力。许多新区都以工业为单一功能,新区布局距城市较远,无法实现与老城区的延续与整合,缺乏人气和增长后劲。三是贪大求洋、圈而不开。为营建"政绩工程",许多"新区"占地规模远远超过实际需要。全国仅1992—1993年间设立的开发区面积就有1.5万平方千米,相当于我国600多个设市城市建成区面积的总和。许多规划和设施建设贪大求洋,资金投入后无回报,一些开发商、企业乘机进行囤积土地。四是管理独立、与老城区矛盾重之。许多新区采用独立管理模式,权力由新区"管理委员会"承担,实施不同于老城区的特殊政策,包括经济、土地和规划政策等。这些地域规划管理不与老城区相匹配,也不服从城市规划部门统一安排,形成"城中之城"的现象。城市内部各种矛盾与冲突时有发生。

**思考题**

1. 概述城市更新的内涵与方式。
2. 概述欧洲新城建设运动与"城市复兴"运动。
3. 你如何看待中国的旧城改造与新区开发?

# 第十三章 城市化趋势与现代化目标

## 第一节 城市化趋势

### 一、城市化及测度

1. 城市化概念

城市化又称城镇化，两个术语来自同一个英文单词 rbanization。20 世纪 70 年代末国外城市化理论被介绍到中国后，学者们认为中国要强调发展小城镇，控制发展大城市，因此将其称为城镇化而不是城市化，另外城镇与乡村反义，城镇包括不同规模的城市和镇，故译城镇化比较准确。但也有人认为，Urban 的含义是城市性，小城镇作为城市初级形态不具备完全意义的城市性。城市化不仅是具体有形的过程，而且是一种抽象无形的过程，城镇化的译法不能完成表达城市化的抽象含义，不能涵盖不同学科对城市化的不同理解。故城市化的译法似乎更符合英文单词"Urbanization"的本意，小城镇作为城市的初级形态也可列入城市的外延。

关于城市化的含义，不同学科有不同的解读，但基本含义是"城市性状态"。它与"乡村性状态"存在明显界限。城市化指的是超越这个界限的过程。根据 1999 年 2 月 1 日实施的《城市规划基本术语标准》（GB/T50280-98），城市化是"人类生产和生活方式由乡村型向城市型转化的历史过程，表现为乡村人口向城市人口转化以及城市不断发展和完善的过程"。城市化的核心是非农业就业岗位的大量提供以及大量农民变为市民。城市化是工业化、现代化的伴生物，实质是经济结构的重大变化和城乡经济结构的重大调整。因此城市化是一个经济社会发展的历史过程。城市化是经济增长、区域发展和社会进步的火车头，也是人类文明演进和实现国家现代化的基本标识。城市的产生与发展是人类社会历史进程的重要标志。

2. 城市化的测度

城市化是一个复杂持续的发展过程。如何反映一个国家或地区城市化发展水平，或者说城市化进程的状态？用什么指标来进行国际间、地区间城市化水平的比较？这就提出了城市化的测度问题。城市化测度有单指标法和多指标法。国际通行的方法是用城镇人口比重来表示一个国家或地区的城市化水平。用公式可以表达为

$$城市化水平 = \frac{地区城镇人口}{地区总人口} \times 100\%$$

公式中的城市化水平也称城市化率。

## 二、城市化类型

城市化类型和形式千差万别，但大体有两种基本形式，即集中型城市化和分散型城市化。

集中型城市化指社会经济活动从空间分散状态向集中状态发展的过程，是城市基本性质即密集性、经济性和社会性的扩大，是城市化初期的基本形式。分散型城市化是指城市生产和生活方式向外扩散的过程。第二次世界大战后大城市和特大城市纷纷崛起，跨出原有范围吞并周围地区，把郊区变成城镇，形成以中心城市为核心、四周布满中小城镇的大城市区。大城市区域内农村人口不断接受城市生活方式，中心城市人口也不断向区域扩散。有些地区几个城市同时扩大，彼此相互连接，形成城市群和城市带。这就是分散型城市化。分散型城市化按其扩散的具体形式又分为连续分散型和跳跃分散型两种。

连续分散型城市化又称为外延型城市化，指原有城市建成区连续渐次向外推进和延伸，面积不断扩大，郊区变成市区，周围中小城市甚至相邻大城市与大城市逐渐连在一起。这样城市与城市间的地区自然变成城市一部分，人口也同时转化为城市人口。这是城市化中最常见的类型。跳跃分散型城市化也称飞地型城市化，指在城市扩展中空间与建成区断开，但职能仍与中心城市保持密切联系。许多大城市的卫星城就是飞地型城市化。飞地型城市化大多发生在特大城市周围，一旦向外扩展遇到阻力就能在距城市中心一定距离处建成点状城镇，以分散中心城市压力。

集中型城市化和分散型城市化是城市化的两种最基本形式，它们有着密切联系，是不同发展阶段、不同经济发展地区采取的不同形式。城市化初期一般以集中型为主，后期尤其在大城市、特大城市则以分散型为主。目前一些经济发达国家和地区都完成了从集中型向分散型的过渡，分散型城市化成为主要形式。而经济欠发达尤其是城市化水平比较低的国家，除少数特大城市外一般还以集中型城市化为主。

## 三、城市化的特点

现代城市化发展进程有以下几个特点。

第一，全世界城市发展进程加速，其中发展中国家城市发展速度超过发达国家。自1800年以来，每隔50年城市人口占总人口的比例就翻一番。20世纪初城市化还只是先进工业国的一种趋向，而第二次世界大战后，尤其是60年代后就已成为全球普遍现象。1950—1960年间西方国家随着战后经济的恢复，城市化水平持续提高，都超过50%，有些甚至达到70%～80%。独立后的发展中国家经济得到恢复，大量农村人口流入城市。

1950—1970年，世界城市人口总数从7.06亿增加到近14亿，几乎增长1倍。占全球土地0.3%的城市面积居住着41%的世界人口。

从城市化增长率看，1800年世界城市化水平为3%，50年后增至7%，平均每年增长0.08%；而在1850—1900年，平均每年增长0.14%，增速开始加快；1900—1950年增速升为年均0.29%；从1950—1970年增速再升为年均0.46%；1970—1990年，增速上升到年均0.63%；到上世纪末世界城市化发展速度攀越了年增长1个百分点的大关。

从城市化率看，根据《世界各国人口》数据，城市人口占世界人口的百分比，1800年为3.0%，1850年为6.4%，1900年为13.6%，1950年为28.2%，1975年达41.0%，1980年达42.4%。[①] 1995年达47.5%，2000年已达50%。预计到2025年，这一比重将进一步上升到60%以上。在发展中地区城市化水平较高的是拉丁美洲各国。据1979年统计，城市人口比重乌拉圭为83%，阿根廷为80%，智利为79%；较低的是亚洲，许多国家的城市化水平至今还停留在20%左右。

发达国家城市化趋势　　　　　　　　　　　　　　　　（单位：%）

| 年　份 | 城市人口占总人口比重 |
|---|---|
| 1950年 | 51.22 |
| 1960年 | 59.63 |
| 1970年 | 65.74 |
| 1980年 | 71.66 |
| 1990年 | 76.39 |
| 2000年 | 80.74 |

世界发达地区与不发达地区城市化比例对照

| 年　份 | 发达地区/% | 不发达地区/% |
|---|---|---|
| 1800年 | 7.30 | 4.30 |
| 1825年 | 8.20 | 4.30 |
| 1850年 | 11.40 | 4.40 |
| 1875年 | 17.20 | 5.00 |
| 1900年 | 26.10 | 6.50 |
| 1925年 | 39.90 | 9.30 |
| 1950年 | 52.50 | 16.70 |
| 1960年 | 58.70 | 21.90 |
| 1970年 | 66.60 | 25.40 |
| 1975年 | 68.60 | 27.20 |
| 1980年 | 70.20 | 29.20 |
| 1990年 | 72.50 | 33.60 |
| 2000年 | 74.40 | 39.30 |

---

① 陈颐. 中国城市化与城市现代化 [M]. 南京：南京出版社，1999：3~4.

## 第十三章 城市化趋势与现代化目标

### 世界部分国家城市化水平的比较

| 国家名称 | 城市人口 | | | 聚集100万及以上人口的城市占以下两项的百分比/% | | | |
|---|---|---|---|---|---|---|---|
| | 占总人口的百分比/% | | 年平均增长率/% | 城市数 | | 总人口数 | |
| | 1980年 | 1995年 | 1980—1995年 | 1980年 | 1995年 | 1980年 | 1995年 |
| 中国 | 19 | 30 | 4.2 | 41 | 35 | 8 | 11 |
| 印度 | 23 | 27 | 3.1 | 25 | 35 | 6 | 10 |
| 泰国 | 17 | 20 | 2.6 | 59 | 56 | 10 | 11 |
| 韩国 | 57 | 81 | 3.5 | 65 | 64 | 37 | 52 |
| 日本 | 76 | 78 | 0.6 | 44 | 48 | 34 | 37 |
| 埃及 | 44 | 45 | 2.5 | 52 | 51 | 23 | 23 |
| 南非 | 48 | 51 | 2.7 | 23 | 38 | 11 | 19 |
| 巴西 | 66 | 78 | 3.0 | 42 | 42 | 27 | 33 |
| 阿根廷 | 83 | 88 | 1.8 | 42 | 44 | 35 | 39 |
| 英国 | 89 | 90 | 0.3 | 28 | 26 | 25 | 23 |
| 意大利 | 67 | 66 | 0.1 | 39 | 30 | 26 | 20 |
| 德国 | 83 | 87 | 0.6 | 46 | 47 | 38 | 41 |
| 法国 | 73 | 73 | 0.5 | 29 | 28 | 21 | 21 |
| 美国 | 74 | 76 | 1.2 | 49 | 51 | 36 | 39 |
| 加拿大 | 76 | 77 | 1.4 | 38 | 47 | 29 | 36 |
| 澳大利亚 | 86 | 85 | 1.3 | 55 | 68 | 47 | 58 |

（资料来源：世界银行：《1997年世界发展报告》，230～231。）

### 1990年、2000年、2025年世界城市化水平及城市人口数

| | | 世界人口总数 | 发展中国家和地区 | 发达国家和地区 |
|---|---|---|---|---|
| 1990年 | 城市人口占总人口/% | 45 | 32 | 75 |
| | 城市人口数/亿 | 32 | 15 | 9 |
| 2000年 | 城市人口占总人口/% | 51 | 45 | 75 |
| | 城市人口数/亿 | 32 | 23 | 9 |
| 2025年 | 城市人口占总人口/% | 65 | 61 | 83 |
| | 城市人口数/亿 | 55 | 44 | 11 |

### 部分国家的经济发展水平和城市化水平

| 国家和地区 | 人均JNP/美元（1992） | 城市人口占总人口的比例/%（1992） |
|---|---|---|
| 42个低收入国家 | 390 | 27 |
| 　其中：中国 | 470 | 27 |
| 　　　　印度 | 310 | 26 |
| 67个中等收入国家 | 2 490 | 62 |
| 　其中：21中等收入国家 | 4 020 | 72 |
| 　其中：俄罗斯 | 2 510 | — |
| 　　　　韩国 | 6 790 | 74 |

续表

| 国家和地区 | 人均 JNP/美元（1992） | 城市人口占总人口的比例/%（1992） |
|---|---|---|
| 23 个高收入国家（地区） | 22 160 | 78 |
| 其中：美国 | 23 240 | 76 |
| 日本 | 28 190 | 77 |
| 德国 | 23 030 | 86 |
| 全世界 132 个国家和地区 | 4 280 | 42 |

（资料来源：世界银行：《1994 年世界发展报告》，中国财政经济出版社 1994 年版。）

**中国 20 世纪后 50 年的城市化进程**

| 人口普查 | 年份 | 城镇人口/万人 | 全国总人口/万人 | 城市化率/% |
|---|---|---|---|---|
| 第 1 次人口普查 | 1953 | 7 726 | 58 260 | 13.26 |
| 第 2 次人口普查 | 1964 | 12 710 | 69 458 | 18.30 |
| 第 3 次人口普查 | 1982 | 20 658 | 100 394 | 20.60 |
| 第 4 次人口普查 | 1990 | 29 651 | 113 048 | 26.23 |
| 第 5 次人口普查 | 2000 | 45 594 | 126 333 | 36.09 |

（资料来源：《经济时报》2001 年 7 月 11 日，第 2 版。注：人口中未包括大陆以外的香港特别行政区、澳门特别行政区和台湾省。）

第二，以大城市为中心，联同周围一系列中小城市而形成城市群（城市圈）并迅速发展。城市群形成于 19 世纪中期，尤其是 20 世纪 60 年代后，是指在一定地区内由若干自然经济条件近似、经济互相依存并以中心城市为依托的城市体系，是社会生产力高度发展的产物。城市群的出现标志着国家工业化水平和城市化水平的提高。

## 四、城市化的基本规律

世界城市化经历了近 3 个世纪，其速度和作用在不同国家或城市表现不同，但世界城市化进程却从未停止。

第一，城市化过程的阶段性规律。就世界整体而言，各国城市化发生、发展的时间和速度大不相同，城市化水平存在差异，但大都经历了初始、发展和成熟 3 个不同发展阶段。城市化初始阶段是前工业化时期，那时现代工业刚刚起步，企业规模较小，农村人口向城市转移的速度也较为缓慢。城市人口达到 10% 后城市化速度有所加快。当城市化率达到 20% 时，城市化进程进入发展阶段，时间是从 19 世纪中期到 20 世纪中期。此时大多数欧美国家都进入工业化，城市就业岗位增多，对劳动力"拉力"增大。医疗条件的改善使人口进入高出生率、低死亡率的快速增长阶段，大量农村人口向城市集中，城市化水平很快上升到 70% 以上。城市化率达到 70% 后就进入成熟阶段。此时城市化速度趋缓，但城市经济成为国民经济的核心，城市功能逐渐由产品加工和低层次服务向信息处理和高层次服务转变。社会进入后工业化时代，城市化进程趋于停滞，部分城市出现"逆城市化"现象。

从各个发达国家经历的城市化进程中可以归纳出共同规律——纳瑟姆曲线，用来表示城市发展的三个阶段：

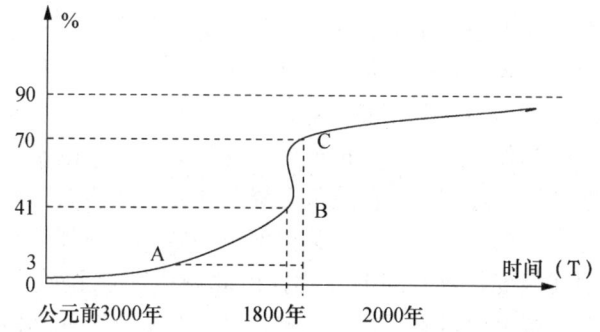

纵坐标代表城市人口所占的比重，横坐标代表时间，曲线代表城市发展状况，A部分代表古代城市的发展，B部分代表近代城市的发展，C部分代表现代城市发展状况。这个图标是按世界人口平均数来标示的，1985年城市人口占总人口数的41%，2000年，世界城市人口已占人口总数的60%左右。

第二，城市化的集聚规律。城市化进程是人类生产和生活集聚的过程，集聚是城市化最明显的特征。每个城市都是一个地区经济、文化中心，在劳动技术、资金、交通运输、通信设施、市场容量、人力资源及居住条件等方面比周围地区拥有更多优势，使生产活动不断向此聚集。集聚不仅使城市成为区域经济活动中心，而且还可带动整个区域的发展，实现程度更大的集聚。

第三，城市化不平衡性和多元规律。由于各国工业化进程、社会经济发展、历史基础、文化背景不同，世界城市化进程极不平衡，发达国家与发展中国家间存在差异。欧美国家首先进入工业化社会，城市化水平遥遥领先。亚非大部分发展中国家历史上长期落后，近代又遭受西方列强奴役，民族工业发展迟缓，城市化进程起步晚。目前发达国家城市化水平高，2000年约为75%，2025年将上升到83%；发展中国家城市化水平在30%以下，2050年时可达到61%。另外，发达国家城市化是工业化的产物。城市人口增长率也普遍较低，1985—1990年人口增长率为0.8‰；而发展中国家城市人口增长较快，1985—1990年人口增长率为4.5‰，2000年为3.7‰。

## 五、城市化的成就及挑战

城市化是人类社会发展的大趋势，促使人类进入更高的文明世界。城市从本质上改变了人与自然的关系，以全新的方式整合着人的群体关系，在改造自然物和重新组合人工自然物的过程中使地域空间形成社会结构和社会中心，重新塑造了自然物和自然因素的组合形式，使其成为具有新生态结构的人造环境。城市创造了自己的文化，塑造了新的"城市人"，在经济与文化相互作用中城市成为社会发展的中心。它使人与人的关系走向开放、集中。城市化还引起人们生活方式的变化，不断培养着新人格，激发着人类的潜力和创造性。

另一方面，21世纪后地区经济发展和世界经济一体化使世界政治和经济联系日益密切。在这种复杂形势下，世界城市化进程将受到多方面挑战。

第一，生态环境恶化是对城市化的最大挑战。城市化进程加快、城市人口增多势必对地域结构和地理环境产生影响，直接导致生态环境的变化。城市化进程必然造成生态环境的破坏。21世纪生态城市将成为人们追求的居住目标，既要高质量的城市生活又要保持高质量的生活环境;既享受到现代文明又不能破坏环境。

第二,城市化进程与"逆城市化"问题。20 世纪 70 年代后一些发达国家出现人口迁向郊区和小城镇转移的"逆城市化"现象。城市中心区机构集中,办事效率高,但地价高昂,税收较重,居民多往郊外迁移。城市传统生产部门向城市外围扩散,造成产业工人外迁。内城住宅老化,基础设施陈旧,生活质量下降,导致富裕阶层外迁,进而引起商业凋敝、企业和商业外迁等一系列连锁反应,这又促使更多居民迁往郊区。

第三,信息时代引起传统就业方式的变化,由此城市功能和城市地位也发生很大变化。网络的普及使传统的城市或地域工作方式发生巨大改变。企业和国家实验室及大学间通过计算机进行技术信息交换;网络推销、传递图像和医疗服务、计算机网络教育、通信、购物、炒股、娱乐等日益普及。所有这些都会对城市就业、学习、生活方式产生了巨大冲击。

第四,城市化进程受到社会和文化环境因素的影响越来越大。在城市发展过程中,人口数量和质量十分关键。城市国际移民和国内移民增多,推动了城市经济繁荣和发展。文化背景及种族、信仰和伦理的差异使得城市原有价值观念和道德规范受到冲击,导致宗教、民族冲突加剧和犯罪率上升。因此提高城市文化品位和市民素质就显得十分重要。

城市化对人类社会和经济发展影响至深。城市化水平的高低、正面和负面的作用都会影响人类文明的进程。

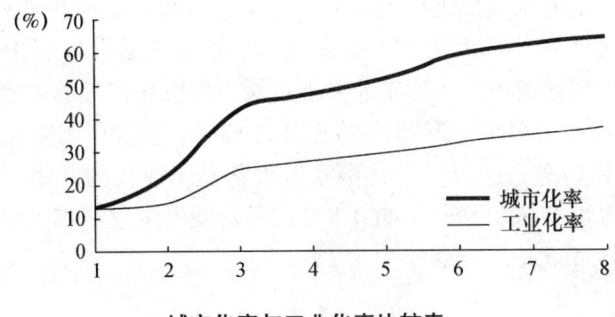

**城市化率与工业化率比较表**

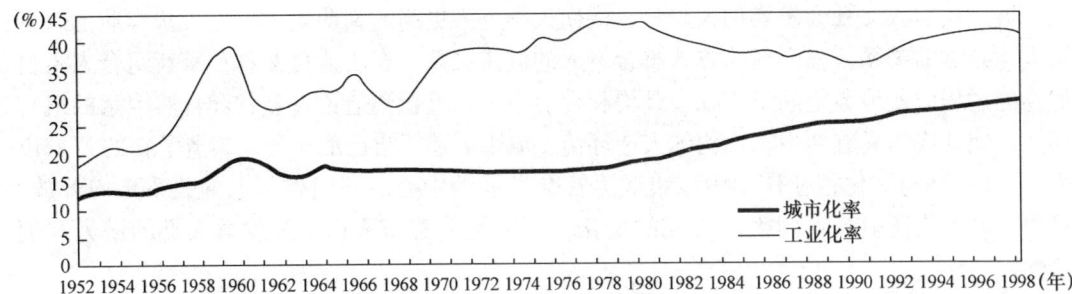

**中国城市人口与工业化率的变动**

注:工业化率为工业增加值占 GDP 的比重。城市化率为市、镇全部常住人口占总人口的比重。
2012 年中国工业化率为 47%,城市化率为 51% 左右。

(资料来源:国家统计局,1990、1998、1999)

**1998—2030 年中国人口城市化预测**

| 年　份 | GDP | | 总人口/万人 | 城镇人口数量/万人 | 城市化 | |
| --- | --- | --- | --- | --- | --- | --- |
| | 总量/美元 | 年增长/% | | | 年增长/% | 水平/% |
| 2000 年 | 10 833.7 | | 127 756 | 45 200 | | 35.38 |
| 2010 年 | 21 712.9 | 7.2 | 137 292 | 66 444 | 3.96 | 8.43 |
| 2020 年 | 38 883.5 | 6.0 | 145 448 | 89 294 | 3.00 | 61.39 |
| 2030 年 | 63 337.3 | 5.0 | 149 594 | 114 305 | 2.50 | 76.41 |

注：本预测总人口根据 United Nations, World Population Prospects, The 1998 Revision；GDP 按 2000 年人均水平推算。

## 思考题

1. 什么是城市化？如何测度城市化？
2. 概述城市化的类型。
3. 概述世界城市化的特点。
4. 概述城市化的基本规律。

# 第二节　城市社会化和现代化

## 一、城市现代化

### 1. 城市现代化的内涵

城市现代化是社会生产力变革引起的人类生产、生活和居住方式不断提高的过程，包括农业人口转化为非农业人口，农业地区逐渐演化为城市地域，城市基础设施和公共服务设施不断完善，城市居民生活和居住水平不断改善，城市文化和价值观念成为社会文化主体等。城市现代化不仅是物质文明进步的体现，也是精神文明的动力。

现代化形成一种理论并成为世界性潮流是在第二次世界大战后。当时亚洲、非洲、拉丁美洲的大批国家摆脱殖民统治后成为"发展中国家"。它们虽然在政治上实现了独立，但因长期受殖民主义压迫、掠夺而经济落后，与西方国家差距明显。为缩短这一差距，发展中国家提出现代化口号，努力发展经济，力争赶上发达国家。由此可见现代化的提出在一定程度上反映了发展中国家的"赶超"意识。西方国家在工业革命后实际开始了现代化进程，由于采用最新科学技术，生产力迅速提高。由此可见，生产力与科学技术的现代化是发达国家和发展中国家现代化的共性内容，是当今世界现代化潮流的主要标志。

但是生产力与科学技术的现代化并不是现代化的唯一标志，更不是全部内容，现代化还包括政治、经济、文化各领域的社会文明与进化，内容十分广泛。生产力及科学技术本身不具有社会性质差异，是所有社会现代化的共同标志，但生产关系、经济基础以至整个上层建筑也会在这一进程中发生深刻变化。这也是现代化的共性规律。当今世界有发达国家的现代化，也有发展中国家的现代化，只有具体分析现代化类别，密切结合每个国家的具体国情，才能使现代化建设事业有的放矢。

### 2. 城市现代化的主要内容

城市多目标、多因素的复杂性决定了城市现代化是多领域和综合性的大系统工程，其内涵主要包括基础设施现代化、城市管理现代化、居民素质现代化，还有科学技术现代化和生产现代化。

基础设施现代化是城市现代化的标志。它是城市运转的不可替代的物质条件，不仅决定城市效率，而且影响城市人与自然环境的协调、人际间关系的和谐及城市安全保障。评价城市质量往往首先着眼于基础设施的现代化水平。因此基础设施现代化是城市现代化水平的主要标志，这是国际公认的、不成文的标准。管理手段科学化就是运用高科技手段实现城市管理意图，提高城市运行效率，它是城市现代化的杠杆。城市管理主体是城市各级政府，城市管理的客体即管理对象和内容，包括基础设施管理、城市经济宏观管理、居民社会行为协调等。此外，还要优化城市管理机制。城市的整体性、综合性是由不同层次的子系统关联而成的，因此城市管理就要从整体出发，加强综合性和优化机制，提高工作人员及居民素质。居民素质现代化是城市现代化的灵魂，主要是培养居民顺应社会发展和时代需要的先进意识，主要包括国情意识、整体意识、环境意识、竞争意识、角色意识、文明意识（包括见义勇为、助人为乐、礼貌待客、敬老爱幼、爱护公共财物、严守公共纪律、自觉维护公共秩序、善于谅解他人、讲求效率、不浪费自己和他人时间、遵守契约）等。科学技术现代化和生产现代化虽不具有鲜明的城市个性，但也是城市现代化的重要方面。科学技术现代化主要包括基础科学研究的现代化、技术科学研究的现代化、技术开发的现代化等。

### 3. 城市现代化的指标体系

城市在建设和管理上达到什么水平才能称得上现代化？学术界对此意见不尽一致。第一种意见认为，城市现代化有5个标志：① 功能完善、高效率的城市基础设施；② 优美宜人、高质量的生态环境；③ 依靠现代科技的高水平的城市管理；④ 高度的社会分工和合作；⑤ 高度发达的精神文明及高水平的市民素质和思想道德标准。[1]第二种意见认为有6个标志：① 城市规划科学合理化；② 城市基础设施现代化；③ 城市生态环境园林化；④ 城市人民生活高度社会化；⑤ 各种资源利用高度信息化；⑥ 城市科学技术高层次化。[2]第三种意见认为标准有9条：① 人均国民生产总值3 000美元以上；② 第三产业总产值占国民生产总值45%以上；③ 非农业就业人口占总就业人口70%以上；④ 识字人口占总人口80%以上；⑤ 适龄青年受高等教育人口占15%以上；⑥ 城市人口占总人口的50%以上；⑦ 每个医生服务平均的人口在100人以下；⑧ 人均平均寿命70岁以上；⑨ 人口自然

---

[1] 郭昌惠. 现代化国际性城市的特征与城市建设现代化 [J]. 城市问题，1990，3：4.
[2] 姚士谋、汤茂林. 中国城市现代化概念及指标体系 [J]. 城市规划，1999，1：60～61.

增长率1%以上。①

综合上述意见，参照经济发达国家城市现代化的共同特点，以下6个标准在衡量现代化城市上是最为重要的：① 高效能的基础设施，包括充分的信息、通信、交通、供电、供热、供水、供气、排污和环境保护等设施及通畅、便捷、充足、优良效能的商业、服务业等。② 先进、高效的生产和经营手段，特别是现代化生产技术。经济结构朝知识密集型产业方向发展，生产力发展水平比较高，社会生产自动化并进入电子时代，科学技术处于世界领先地位，劳动生产率高。③ 高质量的生活环境。市民收入不断增加，生活在清洁、优美、安静环境中。④ 高水平的管理。城市规划、建设管理及工业、交通、文化教育、社会服务等均具有科学方法和电子化管理技能，效率很高。⑤ 教育极大普及，人民文化程度高。⑥ 城市经济实力强，成为国家或地区的政治中心、经济中心、文化中心和科技中心，是显经济实力和科学技术、教育文化水平以及物质文明和精神文明的窗口。②

据此我国城市学家将现代化指标体系加以量化：

**现代化指标体系**

| 序号 | 指标名称 | 英格尔标准 | 江苏省标准 |
| --- | --- | --- | --- |
| 1 | 人均 GDP/美元 | >3 000 | 4 725 |
| 2 | 农业占 GDP 的比重/% | <12~15 | 6 |
| 3 | 第三产业占 GDP 的比重/% | >45 | 45 |
| 4 | 非农业就业人口占总人口的比重/% | >70 | 70 |
| 5 | 识字人口占总人口的比重/% | >80 | 扫除文盲 |
| 6 | 适龄青年受高等教育的比重/% | 12~15 | 14 |
| 7 | 城镇人口占总人口的比重/% | >50 | 60 |
| 8 | 平均每个医生服务的人口数/人 | <1000 | 178 |
| 9 | 平均预期寿命/岁 | >70 | 74 |
| 10 | 人口自然增长率/% | <10 | 0.4 |
| 11 | 婴儿死亡率/% | <3 | |

（资料来源：社会学教程编写组《社会学教程》[M]．北京：北京大学出版社，1987：302.）

## 二、城市社会化

城市人在现代生活中相互间形成具有城市特性的社会关系。这种关系日趋复杂，交互作用。这就要求城市各社会结构职能在分化基础上要优化整合，以适应城市社会活动的客观需要。

---

① 张绍梁、龚义清，王毅捷．关于国外城市现代化发展情况的发言[J]．城市经济研究，1992(1)：11.

② 刘明信．现代城市管理学[M]．北京：中国财政经济出版社，1989：57~58.

1. 城市社会化的内涵

社会化概念首先由社会学提出，后分成不同的学派。社会学是专门研究"人的社会化"问题的。"社会化就是指作为个体的生物人成长为社会人，并逐步适应社会生活的过程"，是个人学习知识、技能和规范，取得社会生活的资格，发展自己的社会性的过程。

凡是研究人类社会发展的学科都要涉及社会化问题，城市学也不例外。人类产生后便开始了社会化进程，但初期的社会化不是城市学研究的范畴。城市学着重研究的是工业革命后的社会化过程，具体表现为分工协作与联合竞争关系的演进。而分工协作与联合竞争又表现为各种社会组织或机构的职能发展及社会体制的进化。社会体制与机制优化及社会职能不断分化、整合，这就是社会化过程的实质。

2. 城市社会化的内容

第一，生产社会化。这是城市社会化的基础。机器大生产在城市出现后分工协作由简单逐步复杂，由初级形式逐步变为高级形式，由企业内部分工协作发展为整个城市、地区甚至全国、全世界的分工协作。这就是所谓的经济一体化。

第二，城市设施社会化。这是城市社会化水平的重要标志。城市设施除基础设施外还有文体设施如影剧院、音乐厅、舞厅、体育场馆、展览馆、博物馆、文化馆、科技馆、图书馆、书店、游乐场、少年宫等；生活设施如副食店、百货店、餐厅、食品店、理发馆、浴池、美容厅、各种修理店等。这些既是营利的第三产业，又是为全体居民服务的社会设施。社会设施具有较高的社会化程度，主要标志是：① 满足社会需要的程度高，包括城市居民生产、工作、生活、活动等日益增长的正常需要。② 符合客观规律的程度高。设施布点、经营方式、服务手段、营业时间符合居民生产、工作、生活、活动的客观规律，方便、高效、安全、卫生。③ 促进城市协调运转。④ 发挥窗口作用。各种设施不仅为本城居民服务，也为外地人口、国外来客提供服务。

第三，居民生活方式社会化。这是城市社会化的重要内容。生活方式是指人们利用生活资料进行活动的方式，反映或制约社会总体发展的价值目标和人的发展水平。生活方式社会化是要打破自然经济条件下个人占有生活资料的方式，在商品经济基础上依靠公共生活资料进行生活。

城市社会化是一个动态过程，纵向看，它是一个历史发展的范畴，从形式看，它是城市人在各领域的活动。没有这些活动城市社会化的内涵将无从体现。

## 三、城市现代化与社会化的关系

1. 内涵侧重点和交互作用各不相同

城市现代化与社会化都涉及所有城市领域，但二者内涵和侧重点有所不同。城市现代化是以先进科学技术和高度发达的生产力为龙头的社会优化过程；而城市社会化则是整个社会组织和职能不断分化、整合的过程。它们彼此交互作用但着重点不相同。城市现代化为城市社会化打下了物质、技术、文化、思想基础，而城市社会化则为城市现代化创造了社会结构、体制、机制等不可缺少的条件。

## 2. 相伴而行、相互促进

产业革命后城市同时开始了现代化和社会化进程。两者都以人口、产业在城市集中为特征。现代化的集中表现是生产方式现代化,它与社会化在城市发展中相互衔接,交互发展。城市在现代化水平快的情况下,一般社会化水平也相应发展。

## 思考题

1. 什么是城市现代化?
2. 概述城市现代化与社会化的关系。

# 第十四章 城市问题与可持续发展

## 第一节 城市问题

### 一、城市问题的提出

城市化在让越来越多的人享受现代文明生活的同时,也给人类带来许多难题和困扰,这就是所谓的城市问题。A. 汤因比(A. Toynbee)1970 年提出,"城市爆发"不仅影响人类福利,而且将威胁人类的生存。

城市问题(urban problem)是城市区域存在的人与自然、人与社会以及人与人之间关系严重失调或冲突的现象,是城市社会的弊病或病态。当人与人、人与自然环境关系协调时,城市呈和谐发展状态,反之则动荡、受阻,出现各种失调现象。轻度的失调对城市影响微弱,不构成城市问题,但严重失调则对城市发展影响重大,成为城市问题。

最早提出"城市问题"概念并加以记述的是英国经济学家 W. 培笛。他在 1682 年发表的《关于伦敦市政发展的政治估计》一书中提出一个尖锐问题:对于当时人口已达 67 万的伦敦来说,扩大规模还是缩小规模才对今后经济发展有利?其结论是扩大人口规模可获得集聚效益,但人口集中会使瘟疫更加严重。19 世纪上半叶随着工业革命的发展,城市生活和工作环境日益恶劣,霍乱、伤寒、结核等疾病夺去不少市民的生命。19 世纪 70 年代后城市规模不断扩大,城市问题更加突出。特别是"二战"后,大量城市人口对环境造成严重破坏,垃圾、废气和废水正威胁着人类生活的空间。一个 100 万人的城市平均每天消耗 2 000 吨食品、625 000 吨水和 9 500 吨燃料,产生 950 吨污染空气的有害物质和 50 万吨污水。随着能源用量和人口增加,城市有害物质越来越多。纽约市 1 600 万居民每天排出垃圾 15 000 吨。2001 年霍普金斯公共健康研究所公布一份由联合国人口基金会高级顾问、《人口报告》高级研究分析专家合作撰写的研究报告,预测到 2030 年居住在城市的人口将达到全部人口的 56%。许多城市人口已超出承受能力。"发展中国家中有 6 亿城市居民得不到最基本的住房、用水、食物、卫生、教育保障"。城市人口增加还给自然环境带来巨大损害,全球二氧化碳排放量的 80% 来自城市,人类砍伐树木的 75% 被城市用掉,

11亿人饱受大气污染的折磨，25亿人生活在空气已被严重污染的地区，每年500万～1200万人死于与水污染有关的疾病。该报告指出："城市历来是工商业中心，吸引着成千上万的人。而今天，城市规模的扩大、人口的急剧增加为城市是否有能力继续为人们提供高水平的生活画上了一个大大的问号"。①

## 二、城市问题的表现

英国学者迈克尔·帕乔因把土地使用、城市权力、政治、贫困、环境公害、城市适居性（urban livability）、邻里关系、住房、城市交通、城市零售、地方公正（territorial justice）等列为城市问题。中国学者认为城市问题包括人口膨胀、交通运输、能源、污染及生活方式引起的问题等。② 如果删繁就简，可归纳成以下几方面。

1. 贫困问题

这既是经济落后的结果，也是制度不公的反映。无论发达国家还是发展中国家，城市都普遍存在贫困问题，尤其是发展中国家的城市，由于经济落后，贫民窟与棚户区问题长期得不到解决。根据联合国统计，全世界约有5亿城市人口住房条件差，1亿多人无家可归，亚非拉美地区部分大城市半数人口居住在贫民窟或窝棚，环境卫生恶化，饮水不洁，疾病流行，每年有1000万人死亡。

2. 生态环境问题

它是城市可持续发展的核心。城市化改变了地球地域构成。当城市人口和规模膨胀到与经济发展水平不相适应时，城市环境问题便凸显出来。

城市环境属于人类生态系统，是不完全的生态系统，有3个特点：一是人类成为生物圈中的主导力量，成为食物链的终端环节，占据自然界"生态金字塔"的顶级位置。二是人造环境日益扩大。人类创造的城市、村镇、工厂、矿山、道路等大量人工生态系统代替了自然生态系统，使地球地貌和循环发生深刻变化。三是人类对生态环境破坏加剧。人类各种活动正在破坏自身生存所必需的大自然平衡。自然生态系统的形成和平衡是自然界长期自然淘汰和自然选择的结果，人类创造的城市则打破了自然生态系统平衡，创造了一个巨大的、不完全的、失衡的人工生态系统。

城市对原始自然生态系统的破坏主要体现在：① 对土地资源的破坏。世界土地资源是有限的，从当前生产力水平出发，要养活世界60亿人口，土地资源之宝贵毋庸置疑。② 对水源的破坏。狭小地域聚集数百万乃至上千万人口，水资源也必然严重短缺。③ 对空气的破坏。空气是无限循环系统，有一定自净能力。但城市盲目发展也会导致城市空气质量恶化。中国社会科学院一项研究报告指出，1995年我国环境污染造成的经济损失达1875亿元，占当年GDP的3.27%，其中大气污染造成经济损失占总损失的16.1%，因悬浮颗粒物影响导致人体健康损失估算为171亿元。④ 对生物系统的破坏。生物系统包括植物和动物两个子系统。城市使原始自然生态系统下的植被不复存在，代之以小片人工植

---

① 蔡玉民. 大城市日子不好过［M］. 环球时报，2001-06-21.
② 包宗华. 中国城市化道路与城市建设［M］. 北京：中国城市出版社，1995：27.

被。⑤对景观的破坏。景观是各种条件和要素综合作用的结果，分为自然景观和人工景观两部分。自然景观在城市已基本不存在。⑥对光资源的破坏。光资源有天然和人工两种。太阳提供天然免费光资源。城市人几乎生活在高楼大厦的阴影下，人工光源也被滥用，影响城市人健康。⑦城市对气候的破坏。城市高楼大厦和通衢大道改变了气流和风向，也改变了风的强度和速度，水泥建造的城市出现"热岛效应"。

### 3. 住宅问题

由于城市人口增加，住宅建设滞后，城市居民不同程度地存在居住拥挤状况。发展中国家住宅问题更为严重，房租支出费用比例逐年上升，大量贫困人口无力承担高额房租，导致大量贫民住在拥挤不堪的经济公寓或棚户区。

### 4. 交通问题

一定时期特定城市空间规模与支配交通发展水平的技术有密切联系。但是道路和交通工具的改进并没有减少城市交通问题，交通拥挤反而愈演愈烈，成为城市最突出的问题之一。

### 5. 社会治安问题

社会治安是城市发展的保障条件。城市结构剧烈变动，治安出现危机。欧美一些发达国家外来人口较多，文化背景不同，语言、宗教、伦理、种族混杂，风俗习惯和价值观念差异很大，使城市原来各种规范性秩序受到冲击，城市异质性增强。这些就可能导致城市犯罪率上升。

### 6. 人口问题

一是就业压力增大；二是人口老龄化问题突出。2045年时中国65岁以上的老年人将突破4亿，占全国总人口的30%。2030年北京市3个常住人口中就有1个60岁以上的老年人。人口老龄化对城市影响有两个方面，一是"老年个人问题"，即老年群体的特殊需要，如营养保健、住房与环境、家庭、就业、教育等；另外是"与人口老化有关的社会问题"，即给社会经济发展带来的影响，如赡养支出增大对生产、消费、保险、社会福利、收入保障等所起的影响。

### 7. 其他问题

主要包括城市就业、城市灾害等。

## 三、城市问题的成因

城市问题的成因可归纳为5个方面：一是城市化和工业化与经济发展脱节，城市发展失控，造成城市人口膨胀，基础设施不堪重负。这是导致发展中国家城市问题的主要原因。二是财富不均造成两极分化，城市贫民生活状况恶化。三是人口大量涌进大城市引起"人口爆炸"。四是城市规划、城市管理与城市发展步调失调。五是政府对城市化进程缺乏必要的宏观调控，只注重城市化和经济发展，忽视城市化进程中产生的种种弊端。

面对城市化带来的诸多不协调，世界各国不断探索解决之道。"二战"后各国政府都加大投资力度，进行城市更新与改造，城市问题得到一定程度的解决；而发展中国家由于城市基础建设欠账太多，经济水平不高，城市问题更加突出。城市问题在城市化不同阶段有不同的表现。城市化初级阶段城市人口数量和规模不大，城市病不太严重。城市化高速发展时期人口增加迅速，城市规模扩大，住房、卫生、社会治安等问题较为严重。另外，经济发展水平不同的国家，城市问题表现形式也不尽相同。发达国家与发展中国家的主要城市社会问题不同，后果表现也有差异。并不是所有的城市化都有利于经济发展和社会进步。城市化的利弊在很大程度上取决于城市化道路是否正确。不同的城市化道路、不同类型的城市化模式也会产生不同的社会效果，因此要认真分析城市问题的成因，制定城市发展战略。总之，在城市化的同时有效解决和减缓城市问题是人类21世纪面临的艰巨任务。

**思考题**

什么是城市问题？它有哪些表现形式？

# 第二节　城市可持续发展战略

## 一、可持续发展思想的产生

"可持续发展"作为一种新的发展观是在20世纪80年代提出的。面对第二次世界大战后全球性城市问题的出现，生物学家、经济学家、未来学家、哲学家和环保学家开始探寻解决之道。1972年罗马俱乐部提出"增长极限论"，在世界引起巨大反响和争论，引发了人们对传统发展模式的反思。1981年美国科学家布朗出版《建设一个持续发展的社会》，首次对可持续发展作了系统阐述。他以翔实的材料分析了全球性问题，谴责浪费地球资源的行为，强调建设一个可持续发展的社会。此书的出版标志着可持续发展观念基本形成。

1984年10月联合国环境与发展委员会的报告《从一个地球到一个世界——世界环境与发展委员会的总看法》中，提出和倡导实现经济和社会的可持续发展。1984年10月联合国成立了以挪威首相布伦特兰夫人为主席的世界环境与发展委员会，对世界经济、社会和环境进行了近3年的系统研究，编写了《我们共同的未来》的报告。1992年6月联合国在巴西里约热内卢召开"环境与发展"全球首脑会议，通过全球可持续发展的纲领性文件——《21世纪议程》。这是在全球区域实现可持续发展的行动纲领，标志着可持续发展战略已成为多数国家政府的共识，是21世纪的世界蓝图和行动计划。这次会议以后多数国家都制定了本国可持续发展战略或"21世纪议程"。中国也制定了《中国21世纪议程》。1995年3月在哥本哈根召开世界社会发展首脑会议，又把可持续发展作为重要议题并写入《宣言》和《行动纲领》中，并提出可持续发展要以人为中心的思想。

## 二、可持续发展战略的内涵和意义

《我们共同的未来》对"可持续发展"做出了经典解释：可持续发展是在不危及后代

人满足其需要的能力的前提下,满足人们的现实需要的一种发展,是21世纪协调人口、资源、环境与经济相互联系的发展战略,是人类求得生存与发展的唯一途径。可持续发展的基本概念可确定为:人类能动地调控"自然—社会—经济"的复合系统,在不超越资源与环境承载能力的条件下,促进经济持续发展,保持资源永续利用,不断提高生活质量,既满足当代人的需求,又不损害后代人满足其需求的能力。①

可持续发展是全新的价值观。传统价值观以绝对人类中心主义为基点,以征服自然、主宰自然为特征,肆意向自然索取资源以获取最大经济利益。它单向承认自然对人类的价值及人类利用自然的权利,不承认自然的自为价值。这种片面的价值观已成为社会持续发展的阻力。而可持续发展观则肯定人与自然的共同利益,倡导人类在促进生物圈稳定和繁荣基础上改造和利用自然,在谋求人类利益时尊重和保护自然。可持续发展是人类发展理论与实践的深刻革命,它把眼前利益与长远利益、局部利益与整体利益、一国利益与全球利益统一起来,把经济发展与社会发展、生态环境利用与建设统一起来,把经济发展的数量与质量统一起来,把人与自然的关系、发展主体与客体的关系统一起来。

## 三、生态城市

### 1. 生态城市的内涵

从生态学角度看,可持续发展实际是寻找一种最佳的生态系统和土地利用空间。它既能使生态环境持续地保持完整,又能实现人类的美好愿望,实现人口、资源、环境、发展与管理的协调与平衡。对城市而言,可持续发展思想可以追溯到16世纪的理想城市——乌托邦和后来的"田园城市"理论。如今人们将"生态城市"作为发展目标。

生态城市(ecocity)是联合国教科文组织发起的"人与生物圈(MAB)"计划提出的概念。它是社会、经济、自然协调发展,物质、能量、信息高效利用,基础设施完善、布局合理、生态良性循环的人类聚居地,内容包括3个层次:一是自然地理层次,即城市生态系统保持协调平衡,实现地尽其能、物尽其用。二是社会功能层次,即调整城市布局结构及功能,改善城市子系统间的关系,增强城市生态系统的作用。三是文化意识层次,即增强人的生态意识,变外在控制为内在调节,变自发行为自觉行为。生态城市建设的目标是社会文明、经济高效和环境和谐。目前世界许多城市如华盛顿、法兰克福、墨西哥城、东京、首尔、罗马、莫斯科及中国的天津、北京、长沙等都开展了有关生态城市的研究。生态城市已成为现代城市的发展目标。

### 2. 生态城市与可持续发展的关系

可持续发展作为一种理念几乎被引用到社会经济的各个领域。生态城市建设是可持续发展思想在城市建设中的体现。生态城市建设从本质上说是可持续发展的城市,因此生态城市也可称为可持续城市(sustainable)。

对城市可持续发展的界定,当前学术界尚有争议,多数学者认为城市可持续发展是可以实现的。而生态城市则强调人与自然、人与人、人与社会的和谐,将自然、经济、社会

---

① 赵丽芬、江勇:《可持续发展战略学》,高等教育出版社2001年版。

诸因素综合考虑，在社会、经济及资源管理中综合规划，强调协调发展，在发展中保护。总之生态城市是人类生态价值取向的结果，是未来城市发展的必然趋势，是可持续的城市发展模式。

3. 可持续城市的评价标准

经济合作与发展组织（OECD）从生态环境角度提出了可持续城市标准：① 减少对水和空气的污染，减少具有破坏性气体的产生和排放；② 减少能源和水资源的消耗；③ 鼓励生物资源和其他自然资源的保护；④ 鼓励个人作为消费者承担生态责任；⑤ 鼓励工商业采用生态友好技术，采用生态上可持续的方法，保护环境，开发销售生态友好产品；⑥ 鼓励减少不必要的出行；⑦ 提供必要的公共设施以适应城市的物质形态，采用先进的或在环境上可接受的技术提供基础设施服务。

2002 年在中国深圳召开的第 5 届国际生态城市大会通过了《深圳宣言》，明确提出 21 世纪生态城市的建设原则，呼吁把生态整合方法和原则应用于城市规划和管理。《深圳宣言》明确确定了生态城市包含的 5 个内容：① 生态安全。向所有居民提供清洁的空气、安全的水、食物、住房和就业机会以及市政服务设施和减灾防灾措施的保障。② 生态卫生。通过高效率低成本的生态工程手段，对粪便、污水和垃圾进行处理和再生利用。③ 生态产业代谢。促进生态产业的生态转型，加强资源再利用、产品生命周期设计、可更新能源的开发、生态高效的运输，在保护资源和环境的同时满足居民生活需求。④ 生态景观整合。通过对人工环境、开放空间（公园、广场）、街道桥梁等连接点和自然要素（水路和城市轮廓线）的整合，节约能源、资源，减少交通事故和空气污染，为所有居民提供便利的城市交通。⑤ 生态意识培养。诱导人们的消费行为，改变传统消费方式，增强自我调节能力。

4. 生态城市的特点

与传统城市相比，生态城市具有以下特点：① 和谐性。生态城市的和谐不仅反映在人与自然的关系上，更重要的是人与人、人与社会的和谐共生。文化是生态城市最重要的功能，文化个性和文化魅力是生态城市的灵魂。② 高效性。生态城市改变了工业城市高能耗、非循环的运行机制，提高了资源利用效率，做到物尽其用，地尽其利，人尽其才，各施所能，各得其所。物质、能量多层次分级利用，废弃物循环再生。③ 持续性。生态城市兼顾不同时间、空间的社会发展，合理配置资源，公平满足现代与后代发展环境的需要。④ 整体性。生态城市不仅追求环境优美和经济繁荣，还要兼顾社会、经济和环境三者的整体效益，不仅重视经济发展与生态环境的协调，更注重人们生活质量的提高。⑤ 区域性。生态城市是建立在区域发展基础上的，只有协调发展的区域才有协调发展的生态城市。这就需要加强区域合作，共享技术与资源，形成互惠共生的网络系统。广义的区域就是全球，因此要维持人类的生存和发展，必须加强全球合作，维护全球的生态平衡。

5. 生态城市建设的内容

建设生态城市关键是要塑造一个结构合理、功能高效和关系协调的人工复合生态系统，包括以下几方面内容：① 高质量的环保系统。对城市大气污染物及废水、废渣等要按照各自特点及时处理,加强对噪声的管理,使各项环境质量指标达到环保要求,使城市生态和环境洁净,舒适。② 高效能的运转系统。建立高效的道路交通系统、通畅的物资、能量交换系统、快速有序的信息传递系统、完善的专业服务系统等等。③ 高水平的管理系统。加强人口控制、资源利用、社会服务、医疗保险、劳动就业、社会治安、城市建设、环境整治等方面的管理。④ 完善的绿地系统。合理规划绿地布局,增加绿化面积,提高城市生态环境质量,美化城市景观。⑤ 高度的社会文明和生态环境意识,包括较高的人口素质、优良的社会风气、井然有序的社会秩序、丰富多彩的精神生活和高度的环保意识等。

6. 中国建设生态城市应遵循的原则

联合国"人与生物圈"(MAB)报告提出生态城市规划的5项原则:① 生态保护战略,包括自然保护、动植物区及资源保护和污染治理;② 生态基础设施(infrastructure),即自然景观和腹地对城市的持久支持;③ 居民的生活标准;④ 文化历史的保护;⑤ 将自然融入城市。

根据中国的实际情况,生态城市规划和建设应坚持以下原则:① 限制城市人口。建设生态城市首先应确定城市的人口承载量,即在提高居民生活质量、保障生态良性运行的前提下确定城市人口的最大容量。确定城市人口容量时既要考虑人口规模的合理性,又要满足未来人口增长的可能性;既要掌握静态人口的分布规律,还要进一步研究周期往返于城乡和城市之间的"候鸟人口"及城市商业区与居住区之间的"钟摆人口"的行动规律。② 合理规划城市,兼顾社会、经济和环境的整体效益,既要维持生态系统的稳定,又要保证经济发展及居民生活水平的提高,要保持城市重要功能区布局及结构的相对稳定,根据城市承载力及经济实力调整空间布局及规模,在制定经济政策和城市规划时避免损害环境和不合理的过度开发,减少城市对乡村的"生态剥削"。③ 调整产业结构。要合理确定城市产业结构,优化城市生态系统各要素间的物质、能源、信息关系,淘汰污染严重的生产技术,采用环境友好技术(environmental benign technology)。④ 提高资源利用效率,加快资源开发及再生资源的研究与推广,建立高效和谐的物质、能量、信息流通网,减少废弃物的再生,使工业生产"低物质化"(dematerialization)。

**思考题**

1. 概述可持续发展战略的内涵和意义。
2. 什么是"生态城市"?它有哪些特点?建设"生态城市"的意义如何?

# 第三节 中国的城市发展

## 一、中国的城市化理论

中华人民共和国成立后,人们对城市本质的认识有一个过程,在相当长一段时间里走的是一条"积极推进工业化,相对抑制城市化"的道路,造成二者发展的不对称,因此中国城市在相当长的时期处于慢速甚至停滞状态。1978年前,中国城市化只是在同工业布局联系起来时才具有积极意义。改革开放后中国城镇人口数量有了较大增长,城市化率明显提高。建设部《2001年城市建设统计公报》显示,2001年末中国有设市城市664个,城市人口近3.6亿,城市面积60.7万平方千米,城市范围内人口密度588人/平方千米。2001年一年完成城市建设固定资产投资2352亿元,比上年增长24.4%。城市建设固定资产投资额占同期全社会固定资产投资额的6.4%。我国市政公用设施能力有较大提高,城市服务功能日益增强。城市供水、节水工作积极推进,2001年城市供水总量466亿平方米,比上年减少3亿立方米;城市燃气供应结构发生变化,人工煤气供应总量、液化气供应总量比上年有所减少,天然气供应总量比上年有所增加。城市煤气普及率达到60%;公共交通快速发展,每万人拥有公共交通车辆6.1标台,比上年增加0.8标台;市政设施建设快速发展,全国拥有城市道路17.6万千米,道路面积249431万平方米;城市污水处理量120亿立方米,城市污水处理率达到36.5%,比上年提高2.3个百分点;城市绿化稳步发展,城市人均拥有公共绿地4.6平方米,比上年增加0.9平方米。

据建设部公布的《2006年城市、县城和村镇建设统计公报》,至2006年末,全国设市城市656个,城市城区人口3.41亿人,暂住人口0.46亿人,城区建成区面积3.43万平方公里,完成城市市政公用设施固定资产投资5765亿元,占同期全社会固定资产投资总额的5.25%,占同期城镇固定资产投资总额的6.17%。城市供水总量542.6亿立方米,用水人口3.23亿人,用水普及率83.4%。人均日生活用水量189.8升。人工煤气供应总量296.5亿立方米,天然气供应总量244.7亿立方米,液化气供应总量1263.5万吨。用气人口2.94亿人,燃气普及率76.1%。全国城市拥有公共交通车辆33.7万标台,其中轨道交通车辆6892标台。每万人拥有公共交通车辆8.71标台。出租车92.8万辆,客运轮渡621艘。2006年末,城市道路24.1万公里、道路面积41.1亿平方米,人均道路面积10.6平方米。城市污水年处理总量201亿立方米,城市污水处理率57.0%,其中污水处理厂集中处理率为44.1%。城市建成区绿化覆盖面积118.1万公顷,建成区绿化覆盖率34.38%,建成区绿地面积103.9万公顷,建成区绿地率30.27%。全国拥有城市公园绿地面积30.7万公顷,人均公园绿地7.94平方米。另外,至2006年末,全国有县1635个,县城人口1.10亿人,暂住人口0.09亿人,县城建成区面积1.33万平方公里。全国有建制镇19369个,乡16395个,总人口8.89亿,其中建制镇建成区1.4亿人,占村镇总人口的15.7%,乡建成区0.35亿人,占村镇总人口的3.9%;村庄7.4亿人,占村镇总人口的80.4%。

另一方面,改革开放以来,关于城市建设的指导思想也有创新和发展。学者们开始强调城市在社会经济发展中的重要作用,提出以大中城市为依托、建立各种不同类型的经济区、经济网络的政策,针对我国城市发展现状及国情,借鉴世界发达国家的城市发展经验。1980年10月城市规划工作会议制定了"控制大城市规模,合理发展中等城市,积极发展小城市"的城市发展战略。对此学者们看法并不一致。有人据此主张发展大城市,有人主张应发展中等城市,有人主张应普建小城镇、走农村城镇化道路。但随着研究与实践的深入,越来越多的学者主张发展区域城镇体系,认为我国城市化道路应该建立以大城市为中心、中小城市比例协调、分布有序的城镇体系。它以区域为规划单位,全盘考虑,统筹安排,大、中、小城市功能明确,提高区域城市化水平。区域应按照劳动地域分工原则调整产业结构和产品结构,工业生产专业化并相互协作配套,大中小城市间形成分工互补的局面。但是发展城镇区域体系需要一定条件,即只能在中心城市明确、商品经济发达、人口稠密、交通便利的区域进行。要在全国形成"城镇——小城市——中等城市——特大城市"等级序列的宝塔形城镇体系,首先要改革现行不合理的管理体制,需要多方面配套改革。更有学者认为,我国应主动和自觉运用城市化机制推动中国经济发展,形成"多元化,非均衡,逐级递进,综合发展"的城市化发展模式。所谓多元化是指不同时期、地区和条件下实现城市化的模式各不相同;所谓非均衡是就每个时期主攻方面和发展重点可不一样;逐级递进指总体战略目标的实现具有阶段性;综合发展是就效益而言,实现经济效益、社会效益、生态效益的综合促进。① 这一战略构想跳出了我国长期"以××为重点"的思维模式,与我国高层研究机构和主管部门提出的中国跨世纪城市化战略方针大致相符,即:"统筹规划,因地制宜,适当发展大城市,积极发展中小城市,大力发展小城镇,逐步形成大中小城市并举,数量和质量并重,规模等级适度,布局和结构合理的城镇体系。"

## 二、中国城市化的战略目标

### 1. 未来城市化战略框架

2000年10月国家"十五"计划明确指出要走大中小城市和小城镇协调发展的道路,这将成为中国推进现代化进程中的一个新动力源。在21世纪前半叶,中国将实现达到中等发达国家经济水平的战略目标。为此城市化进程必须采取一系列重大步骤和措施。其基本目标框架为:① 在全面提升综合国力和国际竞争力的前提下,城市化须大力发展,使其为社会财富新一轮积累和综合国力进一步提高奠定基础,在国家经济运行网络中真正成为物质流、能量流、信息流、货币流、人才流的"五流"节点。② 在知识经济和信息时代背景下进一步提高城市规划、管理、经营和学习水平,成功走出一条在人均资源相对贫乏和生态环境相对脆弱条件下的城市可持续发展道路。③ 努力实现文明城市的六大平衡,即人与自然的平衡、环境与发展的平衡、开发(创新)与保护(继承)的平衡、吸纳包容与传统文化的平衡、物质提高与精神富足的平衡、外在形象与内涵特质的平衡。④ 扩大城市生态环境的总容量(ecological carring capacity),增强城市生态环境的总质量(keeping ecological quality),达到城市向自然所取同城市对自然回馈相平衡,真正实现绿色GDP意义下的"循环经济"。⑤ 充分发挥社会主义制度的优越性,确保城市安全,如食物、信息、金融、经济、环境、社会、就业和抵御自然灾害的安全等,保持社会稳定,创造一个祥和、安定、繁荣、高质量的生产环境和生活环境。⑥ 建立终身学习的城市教育体系,依靠科技进步全面提升城市居民科技和文化素质,将人口压力转化为人力资源。⑦ 增强城市物质财富和精神财富的有效积累,形成积极向上的社区文化,不断满足全体城市居民对生活质量不断提高的要求。

2011年3月,十一届全国人大四次会议通过了"十二五"规划纲要,"优化格局",促进区域协调发展和城镇化健康发展的目标。"规划"指出,要实施区域发展总体战略和主体功能区战略,构筑区域经济优势互补、主体功能定位清晰、国土空间高效利用、人与

---

① 高佩义. 世界城市化的一般规律与中国的城市化 [M]. 北京:中国社会科学出版社,1990.

自然和谐相处的区域发展格局，逐步实现不同区域基本公共服务均等化。坚持走中国特色城镇化道路，科学制定城镇化发展规划，促进城镇化健康发展。

就"实施区域发展总体战略"来看，主要是充分发挥不同地区比较优势，促进生产要素合理流动，深化区域合作，推进区域良性互动发展，逐步缩小区域发展差距。主要举措有：一是推进新一轮西部大开发，给予特殊政策支持。加强基础设施建设，扩大铁路、公路、民航、水运网络，建设一批骨干水利工程和重点水利枢纽，加快推进油气管道和主要输电通道及联网工程。加强生态环境保护，强化地质灾害防治，推进重点生态功能区建设，继续实施重点生态工程，构筑国家生态安全屏障。二是全面振兴东北地区等老工业基地，发挥产业和科技基础较强的优势，完善现代产业体系，推动装备制造、原材料、汽车、农产品深加工等优势产业升级，大力发展金融、物流、旅游以及软件和服务外包等服务业。三是大力促进中部地区崛起，发挥承东启西的区位优势，壮大优势产业，发展现代产业体系，巩固提升全国重要粮食生产基地、能源原材料基地、现代装备制造及高技术产业基地和综合交通运输枢纽地位。改善投资环境，有序承接东部地区和国际产业转移。提高资源利用效率和循环经济发展水平。四是积极支持东部地区率先发展，发挥东部地区对全国经济发展的重要引领和支撑作用，在更高层次参与国际合作和竞争，在改革开放中先行先试，在转变经济发展方式、调整经济结构和自主创新中走在全国前列。着力提高科技创新能力，加快国家创新型城市和区域创新平台建设。推进京津冀、长江三角洲、珠江三角洲地区区域经济一体化发展，打造首都经济圈，重点推进河北沿海地区、江苏沿海地区、浙江舟山群岛新区、海峡西岸经济区、山东半岛蓝色经济区等区域发展，建设海南国际旅游岛。五是加大对革命老区、民族地区、边疆地区和贫困地区扶持力度。

在"实施主体功能区战略"方面，主要是按照全国经济合理布局的要求，规范开发秩序，控制开发强度，形成高效、协调、可持续的国土空间开发格局，优化国土空间开发格局，统筹谋划人口分布、经济布局、国土利用和城镇化格局，引导人口和经济向适宜开发的区域集聚，保护农业和生态发展空间，促进人口、经济与资源环境相协调。对人口密集、开发强度偏高、资源环境负荷过重的部分城市化地区要优化开发。对资源环境承载能力较强、集聚人口和经济条件较好的城市化地区要重点开发。对具备较好的农业生产条件、以提供农产品为主体功能的农产品主产区，要着力保障农产品供给安全。对影响全局生态安全的重点生态功能区，要限制大规模、高强度的工业化城镇化开发。对依法设立的各级各类自然文化资源保护区和其他需要特殊保护的区域要禁止开发。实施分类管理的区域政策，基本形成适应主体功能区要求的法律法规和政策，完善利益补偿机制。实行按主体功能区安排与按领域安排相结合的政府投资政策，按主体功能区安排的投资主要用于支持重点生态功能区和农产品主产区的发展，按领域安排的投资要符合各区域的主体功能定位和发展方向。修改完善现行产业指导目录，明确不同主体功能区的鼓励、限制和禁止类产业。实行差别化的土地管理政策，科学确定各类用地规模，严格土地用途管制。对不同主体功能区实行不同的污染物排放总量控制和环境标准。相应完善农业、人口、民族、应对气候变化等政策。

"十二五规划"还明确提出"积极稳妥推进城镇化"，优化城市化布局和形态，加强城镇化管理，不断提升城镇化的质量和水平。

在构建城市化战略格局上，按照统筹规划、合理布局、完善功能、以大带小的原则，遵循城市发展客观规律，以大城市为依托，以中小城市为重点，逐步形成辐射作用大的城市群，促进大中小城市和小城镇协调发展。构建以陆桥通道、沿长江通道为两条横轴，以沿海、京哈京广、包昆通道为三条纵轴，以轴线上若干城市群为依托、其他城市化地区和城市为重要组成部分的城市化战略格局，促进经济增长和市场空间由东向西、由南向北拓展。在东部地区逐步打造更具国际竞争力的城市群，在中西部有条件的地区培育壮大若干城市群。科学规划城市群内各城市功能定位和产业布局，缓解特大城市中心城区压力，强化中小城市产业功能，增强小城镇公共服务和居住功能，推进大中小城市基础设施一体化建设和网络化发展。积极挖掘现有中小城市发展潜力，优先发展区位优势明显、资源环境承载能力较强的中小城市。有重点地发展小城镇，把有条件的东部地区中心镇、中西部地区县城和重要边境口岸逐步发展成为中小城市。

另外，还要稳步推进农业转移人口转为城镇居民，把符合落户条件的农业转移人口逐步转为城镇居民作为推进城镇化的重要任务。坚持因地制宜、分步推进，把有稳定劳动关系并在城镇居住一定年限的农民工及其家属逐步转为城镇居民。特大城市要合理控制人口规模，大中城市要加强和改进人口管理，继续发挥吸纳外来人口的重要作用，中小城市和小城镇要根据实际放宽落户条件。鼓励各地探索相关政策和办法，合理确定农业转移人口转为城镇居民的规模。多渠道多形式改善农民工居住条件，鼓励采取多种方式将符合条件的农民工纳入城镇住房保障体系。

在增强城镇综合承载能力上，要坚持以人为本、节地节能、生态环保、安全实用、突出特色、保护文化和自然遗产的原则，科学编制城市规划，健全城镇建设标准，强化规划约束力。合理确定城市开发边界，规范新城新区建设，提高建成区人口密度，调整优化建设用地结构，防止特大城市面积过度扩张。预防和治理"城市病"。统筹地上地下市政公用设施建设，全面提升交通、通信、供电、供热、供气、供排水、污水垃圾处理等基础设施水平，增强消防等防灾能力。扩大城市绿化面积和公共活动空间，加快面向大众的城镇公共文化、体育设施建设。加强城市综合管理。推动数字城市建设，提高信息化和精细化管理服务水平。注重文化传承与保护，改善城市人文环境。

总之，关于"十二五"规划中城市建设的具体目标，可以概括为"走以城市群为主体形态的城市化道路"。在空间布局上按特大城市群、大城市群、其他城市化地区（大都市区、城市圈、城市带）、边境口岸城市、点状分布中小城市和小城镇五类考虑，构建"两横三纵"的城市化战略格局。"两横"是指欧亚大陆桥通道和沿长江通道两条横轴，"三纵"则是指沿海、京哈京广和包昆通道。实行有区别的城市化方针，优先开发环渤海地区（包括京津冀、辽中南和胶东半岛）、长三角地区和珠三角地区等三个特大城市群，重点发展哈长地区、闽东南地区、江淮地区、中原地区、长江中游地区、关中平原地区、成渝地区、北部湾地区等八个大城市群。这五类城市空间未来可以集中10亿左右城市人口，基本可以满足2030年中国人口达到14.6亿高峰值和城市化达到65%时对城市空间需要。

2. 中国城市化具体战略目标

根据上述城市化整体目标框架，中国城市化具体战略目标有11项：① 用50年左右的时间，中国城市体系综合实力进入世界前三名，同时实现城市可持续发展的良性循环。② 中国城市化率提高到75%以上，具有容纳11亿～12亿人口的城市容量，形成结构合理、功能互补、整体效益最大化的大、中、小城市体系。③ 城市化要先后突破制约其质量内涵的三大倒 U 形曲线走向，即推进城市化"动力"倒 U 形、城市"公平"倒 U 形、城市化"质量"倒 U 形曲线的转移。④ 城市化要率先走过 3 个"零增长"台阶，即 2020 年左右实现城市人口自然增长率的"零增长"，2030 年左右实现城市资源和能源消耗速率的"零增长"，2040 年左右实现城市生态环境退化速率的"零增长"。⑤ 城市化进程中土地占用面积不超过国土面积的 2%，但辐射带动地理空间不少于自身面积 50 倍。⑥ 城市单位能量消耗和资源消耗所创造的价值在 2000 年基础上提高 15～20 倍，提早实现联合国提出的"四倍跃进"目标。⑦ 用 50 年左右时间实现判定中国城市宏观质量的"四大系数"指标，即城市恩格尔系数不超过 0.15，城市基尼系数保持在 0.25～0.30 水平，城市人文发展指数不低于 0.95，中国城乡二元结构指数限制在 1.50 以下。⑧ 中国城市人均预期寿命达到 85 岁，城市人均受教育年限超过 15 年，城市科技创新能力指数平均达到 40（科技创新能力指数最佳值为 50），城市在整个国民经济中的贡献率达到 95% 以上。⑨ 城市将有效克服人口、粮食、能源、资源、生态环境等制约可持续发展的瓶颈，将具有满足基础设施、公共服务、社区建设和城市管理等的能力。⑩ 城市将有效抵御自然灾害、经济运行、信息管理和就业机会等风险，确保城市的食物、健康、环境、交通和社会安全。⑪ 城市将会形成积极向上、精神富足、心理健康、自助互助和共建共享的社区文化，将走上生产发展、生活富裕和生态良好的文明发展之路，整体纳入可持续的城市循环经济体系中。

3. 需要解决的问题

中国在 21 世纪能否成功实现上述城市化目标，将取决于能否克服以下 5 大瓶颈：① 城市人口再生产与物质再生产之间的背离。② 城市生产价值与生态服务间的差异。③ 城市环境容量无偿占有与自觉养护间的平衡。④ 经济效益与社会公平间的协调，能否消除二元结构社会。⑤ 成本外部化导致城市的"制度失灵"和"政府失灵"，知识经济和 IT 产业（信息化带动工业化）能否成为发展主流。

21 世纪前 50 年中国城市化规模与速度的预期时间表　　　　（单位：亿人）

| 年份 | 总人口 | 城市化水平提高 0.5 个百分点 | | | 城市化水平提高 0.6 个百分点 | | | 城市化水平提高 0.8 个百分点 | | | 城市化水平提高 1.0 个百分点 | | |
|---|---|---|---|---|---|---|---|---|---|---|---|---|---|
| | | 城市化水平/% | 城镇人口 | 乡村人口 | 城市化水平/% | 城镇人口 | 乡村人口 | 城市化水平/% | 城镇人口 | 乡村人口 | 城市化水平/% | 城镇人口 | 乡村人口 |
| 2000 年 | 12.71 | 31.4 | 3.99 | 8.72 | 31.5 | 4.00 | 8.71 | 31.7 | 4.03 | 8.68 | 31.9 | 4.05 | 8.66 |
| 2010 年 | 13.79 | 36.4 | 5.02 | 8.77 | 37.5 | 5.17 | 8.62 | 39.7 | 5.47 | 8.32 | 41.9 | 5.78 | 8.01 |
| 2020 年 | 14.83 | 41.4 | 6.14 | 8.69 | 43.5 | 6.45 | 8.38 | 47.7 | 7.07 | 7.76 | 51.9 | 7.70 | 7.13 |
| 2030 年 | 15.17 | 46.4 | 7.04 | 8.13 | 49.5 | 7.51 | 7.66 | 55.7 | 8.45 | 6.72 | 61.9 | 9.39 | 5.78 |
| 2040 年 | 15.08 | 51.4 | 7.75 | 7.33 | 55.5 | 8.37 | 6.71 | 63.7 | 9.61 | 5.47 | 72.0 | 10.86 | 4.22 |
| 2050 年 | 14.82 | 56.4 | 8.36 | 6.46 | 61.5 | 9.11 | 5.71 | 71.7 | 10.63 | 4.19 | 75.0 | 11.12 | 3.70 |

（资料来源：中国市长协会《中国城市发展报告》编委会主编：《中国城市发展报告》（2001～2002），西苑出版社 2003 年 1 月 1 版，第 123 页。）

## 三、中国城市化的具体走势

目前我国城市化进程中出现新的发展趋势，最突出的是城市群和城市带初具规模。对此学者们做了多方的研究与探讨。

### 1. 中国都市区

都市区的概念类似于城市群。中国多数城市主要分布在沿海和沿江地区。

（1）有学者认为我国东部沿海地带自北而南，已经形成或正在形成4大城市都市区：

一是沈大都市区：以沈阳、大连为核心，构成沈（阳）—抚（顺）—本（溪）—辽（阳）—鞍（山）—营（口）—盘（锦）—瓦（房店）—大（连）块状城市连绵区。

二是京津唐都市区：以北京、天津为核心，构成包括内圈（北京—天津—唐山—廊坊）、外圈（秦皇岛—承德—张家口—保定—沧州）相组合的块状都市区。

三是长江三角洲都市区：以上海、南京、杭州为核心，构成宁（波）—绍（兴）—杭（州）—嘉（兴）—湖（州）—沪（上海）—苏（州）—（无）锡—常（州）—（南）通—泰（州）—宁（南京）—镇（江）—扬（州）—马（鞍山）—芜（湖）—铜（陵）的巨型城市连绵区（带）。

四是珠江三角洲都市区：以广州、深圳为核心，构成包括香港—澳门—东莞—佛山—中山—深圳—江门—肇庆—珠海等城市组成的块状都市区。

中国四大都市区有关指标

| 城市名称 | 土地总面积/平方千米 | | | 非农业人口/万人 | | 国内生产总值/亿元 | | 外商实际投资额/亿美元 | |
|---|---|---|---|---|---|---|---|---|---|
| | 地区 | 市区 | 建成区 | 地区 | 市区 | 地区 | 市区 | 地区 | 市区 |
| 长江三角洲 | 98 591 | 10 233 | 1 289 | 2 750.36 | 1 780.69 | 11 554.64 | 5 499.13 | 115.35 | 83.91 |
| 上海 | 6 341 | 2 643 | 412 | 943.03 | 868.79 | 3 360.21 | 2 699.47 | 48.08 | 48.08 |
| 南京 | 6 516 | 976 | 177 | 270.11 | 234.77 | 755.05 | 570.83 | 4.94 | 3.49 |
| 无锡 | 4 650 | 517 | 90 | 173.63 | 92.73 | 960.01 | 315.00 | 8.72 | 4.5 |
| 常州 | 4 375 | 280 | 67 | 127.77 | 76.14 | 470.11 | 141.58 | 4.10 | 2.77 |
| 苏州 | 8 488 | 392 | 77 | 186.18 | 82.8 | 1132.59 | 197.95 | 24.47 | 7.78 |
| 南通 | 8 001 | 224 | 59 | 244.36 | 45.82 | 577.47 | 118.47 | 6.08 | 4.81 |
| 扬州 | 6 638 | 148 | 45 | 105.62 | 38.89 | 376.67 | 108.01 | 0.74 | 0.61 |
| 镇江 | 3 843 | 273 | 55 | 90.21 | 45.46 | 360.54 | 110 | 4.42 | 3.00 |
| 泰州 | 5 790 | 428 | 29 | 86.90 | 21.08 | 317.76 | 84.83 | 0.96 | 0.45 |
| 杭州 | 16 596 | 683 | 105 | 204.39 | 131.76 | 1 036.33 | 523.88 | 40.12 | 2.52 |
| 宁波 | 9 365 | 1 033 | 64 | 123.5 | 67.53 | 897.43 | 329.17 | 5.54 | 4.4 |
| 嘉兴 | 3 915 | 968 | 37 | 70.35 | 25.28 | 419.75 | 92.57 | 1.48 | 0.77 |
| 绍兴 | 8 256 | 101 | 26 | 70.11 | 22.82 | 594.55 | 69.94 | 1.15 | 0.42 |
| 湖州 | 5 817 | 1 567 | 46 | 54.20 | 26.82 | 296.17 | 137.43 | 0.55 | 0.31 |

| 城市名称 | 土地总面积/平方千米 | | | 非农业人口/万人 | | 国内生产总值/亿元 | | 外商实际投资额/亿美元 | |
|---|---|---|---|---|---|---|---|---|---|
| | 地区 | 市区 | 建成区 | 地区 | 市区 | 地区 | 市区 | 地区 | 市区 |
| 珠江三角洲 | 54 718 | 9 768 | 694 | 1 082.91 | 653.07 | 5 363.54 | 3 442.17 | 91.56 | 55.48 |
| 香港 | 1 096 | 1 096 | 176 | 650.20 | 650.20 | 650.20 | 13 391 | 13 391 | |
| 澳门 | | | | 41.60 | 41.60 | 41.60 | 593.37 | 593.37 | |
| 广州 | 7 434 | 1 444 | 267 | 410.87 | 326.73 | 1 646.26 | 1 161.61 | 24.8 | 16.31 |
| 深圳 | 2 020 | 2 020 | 124 | 84.8 | 84.8 | 1 130.01 | 1 130.01 | 16.61 | 16.61 |
| 珠海 | 1 630 | 705 | 58 | 46.22 | 35.6 | 235.2 | 201 | 6.16 | |
| 佛山 | 3 814 | 77 | 34 | 146.15 | 40.5 | 724.57 | 143.53 | 11.22 | 3.18 |
| 江门 | 9 541 | 180 | 27 | 138.19 | 32.69 | 457.87 | 119.83 | 5.03 | 1.52 |
| 惠州 | 11 158 | 419 | 23 | 89.8 | 27.37 | 322.87 | 93.11 | 9.69 | 3.03 |
| 肇庆 | 14 856 | 658 | 24 | 91.96 | 30.66 | 331.1 | 77.42 | 4.19 | 0.97 |
| 中山 | 1 800 | 1 800 | 26 | 37.95 | 37.95 | 220.96 | 220.96 | 5.06 | 5.06 |
| 东莞 | 2 465 | 2 465 | 111 | 36.97 | 36.77 | 294.7 | 294.7 | 8.8 | 8.8 |

| 城市名称 | 土地总面积/平方千米 | | | 非农业人口/万人 | | 国内生产总值/亿元 | | 外商实际投资额/亿美元 | |
|---|---|---|---|---|---|---|---|---|---|
| | 地区 | 市区 | 建成区 | 地区 | 市区 | 地区 | 市区 | 地区 | 市区 |
| 沈大都市区 | 77 142 | 10 038 | 885 | 1 345.7 | 1 055.52 | 2 798.67 | 1 987.13 | 20.82 | 19.03 |
| 沈阳 | 12 980 | 3 495 | 202 | 422.6 | 386.3 | 851.13 | 725.66 | 5.38 | 5.32 |
| 大连 | 12 574 | 2 415 | 227 | 260.03 | 195.19 | 829 | 586.12 | 13.19 | 11.8 |
| 鞍山 | 9 252 | 624 | 107 | 170.23 | 128.32 | 436.03 | 243.34 | 0.39 | 0.25 |
| 抚顺 | 10 816 | 675 | 113 | 148.47 | 126.90 | 192.88 | 151.81 | 0.73 | 0.68 |
| 本溪 | 8 420 | 1 308 | 69 | 100.77 | 82.15 | 114.9 | 95.65 | 0.08 | 0.05 |
| 营口 | 5 401 | 648 | 62 | 83.06 | 49.18 | 125.45 | 81.54 | 0.45 | 0.37 |
| 辽阳 | 4 731 | 560 | 74 | 73.97 | 56.66 | 145.1 | 73.99 | 0.5 | 0.5 |
| 铁岭 | 12 968 | 313 | 31 | 86.57 | 30.82 | 104.18 | 29.02 | 0.1 | 0.06 |

| 城市名称 | 土地总面积/平方千米 | | | 非农业人口/万人 | | 国内生产总值/亿元 | | 外商实际投资额/亿美元 | |
|---|---|---|---|---|---|---|---|---|---|
| | 地区 | 市区 | 建成区 | 地区 | 市区 | 地区 | 市区 | 地区 | 市区 |
| 京津唐 | 78 265 | 12 395 | 1 147 | 1 688.71 | 1 375.09 | 4 819.25 | 2 758.27 | 44.32 | 10.86 |
| 北京 | 16 808 | 5 475 | 488 | 722.69 | 653.27 | 1 810.09 | 1 288.84 | 10.77 | 5.34 |
| 天津 | 11 920 | 4 335 | 380 | 515.36 | 476.92 | 1 240.4 | 950.7 | 25.11 | 0 |
| 唐山 | 13 472 | 1 090 | 119 | 181.55 | 119.05 | 710.88 | 240.9 | 2.56 | 1.78 |
| 秦皇岛 | 7 523 | 363 | 81 | 63.31 | 47.1 | 230.72 | 122.97 | 1.84 | 1.63 |
| 保定 | 22 113 | 126 | 55 | 147.66 | 56.26 | 545.09 | 102.23 | 2.8 | 1.36 |
| 廊坊 | 6 429 | 1 006 | 24 | 58.14 | 22.49 | 282.07 | 52.63 | 1.42 | 0.75 |

(资料来源：1998年中国城市统计年鉴[M]. 北京：中国统计出版社，1998.)

以上四个都市区城市密集，中心城市分别是直辖市或副省级以上特大城市，是中国发育最完善的都市区。

（2）除此以外，我国正在形成的都市区还有3个：

一是胶济—津浦（山东境内济南以南）铁路沿线及胶东半岛城市密集区：以济南、青岛为核心，以胶济、津浦铁路为骨干，正在形成龙（口）—烟（台）—威（海）—莱（阳）—青（岛）—淄（博）—青（州）—潍（坊）—济（南）—泰（安）—（莱）芜—新（泰）—济（宁）—兖（州）—曲（阜）等条状城市密集区。

二是闽东南沿海城市密集区：以福州、厦门为核心，正形成福（州）—莆（田）—泉（州）—厦（门）—漳（州）等沿海条状城市密集区。

三是在中、西部地区，以武汉为核心的江汉平原，以成都、重庆为核心的成渝地区，以西安为核心的关中平原，以郑州为核心的豫西北铁路沿线地区，以长（沙）—株（洲）—（湘）潭为核心的湘东北地区，以哈尔滨为核心的松嫩平原地区等，也在不同程度上发育着较密集的城市群。

2. 九大都市圈

有学者通过中日、中美用地结构对比研究，提出我国九大"都市圈"的空间格局构想。①

据预测，2020年我国人口达15亿，城市化率75%，城市化占地需13万平方千米，东部农村人口建筑占地1万平方千米，道路占地27万平方千米，合计为41万平方千米，占国土面积的4.3%，加上其他方面，可控制在4.5%以内，需要占用农田3.2亿亩。这表明中国在基本达到发达国家工业化和城市化水平时，占用平原耕地最大值是3亿亩左右，全国耕地面积从卫星测量资料的近20亿亩减少到17亿亩，减少15%。这样就给出了2020年我国工业化和城市化对耕地要求的数量底限。学者们预计，每个都市圈直径距离200～300千米，人口3000万左右，有1～3个人口200万以上的大城市为中心城市。结合中国实际可规划出中国"九大都市圈"：① 北京、天津、石家庄在内的京津冀都市圈；② 沈阳、大连在内的沈大都市圈；③ 长春、哈尔滨在内的吉黑都市圈；④ 济南、青岛在内的济青都市圈；⑤ 武汉、长沙、南昌都市圈；⑥ 长江中下游都市圈，包括：武汉、长沙、南昌在内的湘鄂赣都市圈，成都、重庆在内的成渝都市圈；⑦ 广州在内的珠江三角洲都市圈；⑧ 南京、扬州、合肥在内的长江中下游都市圈；⑨ 上海、苏、锡、常、宁、杭在内的大上海都市圈。

都市圈的核心是中心城市。根据日本经验，中心城市经济份额一般要占1/3以上，如果是国际化大都市，占本国经济份额不应低于15%。所以要求在每个都市圈中只有1个中心城市的，GDP所占比重要达1/3，有2～3个中心城市的，中心城市所占比重不应低于40%～50%。未来可能成为国际性经济中心和全国性金融贸易中心的都市圈，主要有京津冀、大上海和珠江三角洲都市圈。

---

① 王建. 中国区域经济发展战略研究［J］. 管理世界，1996：175～189.

**九大城市圈划分设想**

| 都市圈名称 | 人口/万人 | 面积/万平方千米 | 人均平原面积/平方米 | 中心城市 | 国民生产总值/亿美元 | 人均/美元 |
|---|---|---|---|---|---|---|
| 京津冀 | 8 448 | 21.8 | 1 101 | 北京、天津、石家庄 | 885 | 1 048 |
| 沈大 | 4 067 | 15.0 | 1 229 | 沈阳、大连 | 578 | 1 421 |
| 吉黑 | 6 246 | 61 | 3 734 | 长春、哈尔滨 | 579 | 927 |
| 济青 | 8 671 | 15.0 | 1 330 | 济南、青岛 | 866 | 999 |
| 湘鄂赣 | 15 257 | 55.0 | 931 | 武汉、长沙、南昌 | 1 030 | 675 |
| 成渝 | 11 214 | 56.0 | 125 | 成都、重庆 | 621 | 554 |
| 珠江三角洲 | 6 689 | 17.8 | 628 | 广州、深圳、珠海 | 949 | 1 418 |
| 长江中下游 | 7 710 | 15.0 | 934 | 南京、扬州、合肥 | 587 | 762 |
| 大上海 | 10 916 | 18.4 | 1 007 | 沪、苏、锡、常、宁、杭 | 1 691 | 1 549 |
| 其他地区 | 40 605 | 682.0 | 728 |  | 2 287 | 563 |

（资料来源：王建等. 中国区域经济发展战略研究 [J]. 管理世界，1996，4：185.）

3. 八大城市集聚带

"中国设市预测与规划"课题组针对中国城市发展状况，提出了我国八大城市聚集带和五大城市集聚区的空间格局。① 八大城市集聚带有四纵四横城市带交织，构成中国城市地域体系格局。

（1）纵向城市集聚带

第一，海岸带轴线：我国海岸线达1.8万千米，是与世界联系的前沿，有深水泊位284个，货物吞吐总量5亿吨，尚有可建港址300多处，石油、滩涂、海盐、水产等资源丰富，临海市县工业总产值约占全国3/10，城市化水平较高，是今后设市主要地带。2010年海岸带有城市115个，占海岸带市县总数的87.1%（不包括津沪两市），成为我国城市化水平最高的地带之一。

第二，京广线：京广线是我国贯穿南北最长的铁路干线，运输能力大，客货运输密度分别达2 200万人千米/千米和6 500万吨千米/千米以上。该线与东西向的长江干流、陇海线、湘桂线等干线相连，工农业发达，是中部地带规划设市的重点地带。京广线经过京、冀、豫、鄂、湘、粤6省市共79个市县，2010年将有城市43个，占全线市县总数的54.4%。

第三，京沪线：是我国东部地区交通大动脉和华北与华东联系的主要通道，经过京、津、冀、鲁、皖、苏、沪7省市共45个市县，大部分地段经济发达，城市化水平高，2010年共有城市29个，占该线市县总数的64.4%。

第四，京哈线：是联系华北与东北地区的铁路干线，沿途经过京、冀、辽、吉、黑等

---

① 《中国设市预测与规划》知识出版社1997年版，第160～164页。

6省市共30个市县。该线经过地带经济发达，城市化水平高，2010年有城市27个，占该线市县总数的90.0%，是全国城市化水平最高的城市带。

（2）横向城市集聚带

第一，长江轴线（宜昌以下）：这里通航条件好，干流从宜昌到长江口全长1 769千米，经鄂、湘、赣、皖、苏、沪6省市63个市县。长江全年货运量在3亿吨以上。长江两岸腹地广阔，是全国经济联系的中枢。这里有丰富的水电、水利资源和铁、铜、天然气、磷矿等，工农业发达，发展潜力极大，是我国经济建设极为重要的地带，也是设市重点考虑地带。2010年这里有城市41个，占沿线市县总数的65.0%。

第二，沪杭—浙赣线：该线是沟通华东、中南地区的主干铁路，经沪、浙、赣、湘4省市51个市县，沿线大部分地区工农业发达，人口稠密，2010年有城市36个，占全线市县总数的70.1%。

第三，兰烟—胶济—石德线：该线是联系鲁、冀、晋三省和晋煤外运的主要干线。沿线工农业发达，人口密集，城市化水平高，2010年有城市23个，占全线市县总数的82.1%。

第四，陇海线：该线是欧亚大陆桥的组成部分，贯穿我国三大地带，沿线经过苏、豫、陕、甘4省40个市县，货流密度5 000万吨千米/千米以上。沿线大部分地区资源丰富，是未来开发大西北、实施经济建设重点转移的重要地区，2010年有城市23个，占该线市县总数的57.5%。

**全国主要城市集聚带设市概况**　　　　　　　　　　　　（单位：个）

| | 城市带名称 | 1994年市县总数 | 1994年已设市数 | 1995—2010年规划设市数 | 2010年城市总数 | 2010年城市占市县总数比重/% |
|---|---|---|---|---|---|---|
| 纵向带 | 海岸带 | 132 | 79 | 36 | 115 | 87.1 |
| | 京广线 | 79 | 35 | 8 | 43 | 54.4 |
| | 京沪线 | 45 | 24 | 5 | 29 | 64.4 |
| | 京哈线 | 30 | 20 | 7 | 27 | 90.0 |
| 横向带 | 长江轴线（宜昌以下） | 63 | 31 | 10 | 41 | 65.0 |
| | 陇海线 | 40 | 16 | 7 | 23 | 57.5 |
| | 沪杭—浙赣线 | 45 | 30 | 6 | 36 | 80.0 |
| | 兰烟—胶济—市德线 | 28 | 20 | 3 | 23 | 82.1 |

（资料来源："中国设市预测与规划"课题组：《中国设市预测与规划》，知识出版社1997年版，第163页。）

（3）五大城市集聚区

第一，辽中南地区：包括沈阳、鞍山、抚顺、本溪、营口、辽阳和大连7市，土地面积5.52万平方千米，人口密度386.94人/平方千米。该地区铁矿、石油、海盐等资源丰富，水陆交通方便，工业基础雄厚，经济发展水平和城市化水平较高，大城市密集，2010年城市总数18个，占市县总数的75.0%。

第二，京津唐地区：包括北京、天津、唐山、秦皇岛和廊坊5市，土地面积5.2万平方千米，人口密度613.76人/平方千米。该地区铁矿、煤炭等资源丰富，水陆交通方便，经济实力强，城市化水平高，大城市集中，2010年城市总数19个，占市县总数的59.4%。

第三，山东半岛地区：包括济南、青岛、烟台、威海、潍坊、淄博等市，土地面积为5.84万平方千米，人口密度为568.71人/平方千米。该地区乡镇企业发达，经济发展水平较高，中小城镇占优势，2010年城市总数32个，占市县总数的82.0%。

第四，沪宁杭地区：包括上海，江苏的南京、无锡、苏州、南通、常州、镇江、扬州，浙江的杭州、嘉兴、湖州、绍兴、宁波13个市，土地面积9.93万平方千米，为五大集聚区面积最大，人口密度为686.11人/平方千米。该地区水陆交通方便，乡镇企业发达，经济发展水平高，城市化水平高，中小城镇发达，2010年城市总数64个，占市县总数的82.1%（不包括上海市所属各县）。

第五，珠江三角洲地区：包括广州、佛山、江门、中山、深圳、珠海和东莞7市，土地面积1.41万平方千米，在五大集聚区面积最小但人口密度最高，每平方千米1 173.28人。该地区外向型经济发达，经济发展水平居各集聚区首位，轻工业和第三产业较发达，城市化水平高，中小城镇密集，2010年城市总数20个。

全国五大城市集聚区设市概况　　　　　　　　　　　　　　（单位：个）

| 城市聚集区名称 | 1994年市县总数 | 1994年已设市数 | 1995—2010年规划设市数 | 2010年城市总数 | 2010年城市占市县总数比重/% |
| --- | --- | --- | --- | --- | --- |
| 辽中南地区 | 24 | 14 | 4 | 18 | 75.0 |
| 京津唐地区 | 32 | 9 | 10 | 19 | 59.4 |
| 山东半岛地区 | 39 | 26 | 6 | 32 | 82.0 |
| 沪宁杭地区 | 78 | 47 | 17 | 64 | 82.1 |
| 珠江三角洲地区 | 20 | 19 | 1 | 20 | 100.0 |

（资料来源："中国设市预测与规划"课题组：《中国设市预测与规划》，知识出版社1997年版，第164页。）

## 四、城乡关系转型与市制改革

1. 城乡关系的变化

城乡关系是牵动中国社会结构变迁的主线。我国城乡分割体制是20世纪50年代末逐渐形成的。新中国成立初期农村居民有自由迁入城市的权利，人口城市化基本没有政府干预。农民向城市的迁移满足了大规模城市经济建设对劳动力的需求，但也使城市在就业、住房、食品供给等方面不堪负担，大量劳动力脱农也直接影响了农业生产，于是政府对农民进城施加限制，1953年发出《关于劝止农民盲目流入城市的指示》，1957年颁布《关于制止农村人口盲目外流的指示》，严格禁止企业单位从农村招工，在城市建立收容站把进城农民遣送原籍。1958年《中华人民共和国户口登记条例》颁布，明确将居民分为农业户口与非农业户口户籍，规定农业户籍居民要想迁入城市必须获得城市管理当局许可，这样就形成了极为严格的控制农村人口流动的户籍管理制度。此后国家制定与户籍制度配套的生活资料供给制、就业制和福利制度，只有持合法户口的城市居民才能获得国家配给的基本生活资料，由城市劳动部门安排工作，享受各种福利。这就形成了城乡分割体制。户籍制度、农村人民公社制度和统购统派制度结合在一起，把农民牢牢束缚在土地上。

20世纪80年代后人民公社制度和统购统派制度逐渐废除,以户籍为根基的城乡分割制度虽未受到根本触动,但已发生重大变化。随着城市就业市场化程度不断提高,食品、住房、燃料、水电等生活消费品日益纳入商品化轨道,依附在城市户口上的各种既得利益被逐步剥离。

2. "市辖市"的都市区格局

上世纪80年代以来我国实行市管县体制,由地级市管辖若干县或自治县。有些市辖县由于规模和经济实力达到县级市标准而改为县级市,这些市名义上由省直辖,实际是由地级市代管。当市管县全部改为县级市时,这些地区就变成由地级市和县级市构成的城市集团。这种城市集团因行政层级关系,行政管理与经济联系较密切,有利于新的都市区的形成。

3. 都市化的区域组织

城市群或大都市地区的行政组织与管理已经成为世界各国、尤其是发达国家广泛关注和学术争论的问题。它包括都市化地区政府间各种利益关系协调、公共服务充分供给、都市发展空间模式、政府效率提高等许多方面。中国尚没有自己的广域市制。中国东部沿海地区城市群的发展已经对传统市制提出严峻挑战。伴随着中国政治与经济体制改革逐步深入,借鉴国外有益经验,探索中国特色的都市化道路,建立符合中国国情的广域市制、即都市化地区行政组织与管理模式,是我国市制创新的最新命题。

## 五、京津冀北发展规划

由中国科学院院士、中国工程院院士、清华大学教授吴良镛先生主持完成的"京津冀北(大北京地区)城乡空间发展规划研究"通过建设部审定。京津冀北空间发展规划主旨是从世界城市、可持续发展和人居环境的高度审视首都圈的发展,以整体观念探讨京津冀北地区城乡空间发展问题,为国家制定这一地区发展政策提供基本研究基础。京津冀北指北京、天津、唐山、保定、廊坊等城市所统辖的京津唐和京津保两个三角形地区、周边承德、秦皇岛、张家口、沧州和石家庄等城市部分地区,中心区面积7万平方千米,人口约4 000万。

经过多年建设,京津冀北地区经济快速发展,但仍存在诸多问题。首先,这一地区整体经济实力不强,大城市与周边联系薄弱,省市间各自为政,缺乏整体战略;环境问题严重,城市发展空间有限。其次,与国内其他发达地区相比,京津冀北尚未形成有区域经济发展特点的模式,特别是城市不够密集、开放,空间分隔、封闭;大城市辐射作用不强,区域发展动力不足。再次,世界大国纷纷重视首都地区城市发展对国家竞争力的作用,京津冀北在如何应对周边地区、国家挑战方面需要重新思考和定位。

学者们通过研究,提出京津冀北空间发展的一系列建议。认为北京作为世界大国的政治文化中心,应该将城市战略定位为世界城市,为参与国际竞争、世界政治、文化活动和国际交往奠定基础。北京的发展要立足于更大的空间范围,综合京津冀北区域力量,共同推进北京建设。需建立行之有效的区域协调和合作机制,研究成立由首都规划建设委员会、原国家计划发展委员会、原建设部、国土资源部等组成的区域协调机制。北京和天津应带头成立大北京地区城市共同体，针对影响区域发展的重大问题，如交通、生态、环境、水资源、产业结构等，建立专题研究委员会，寻找两市一省共同利益的解决。有关城市应根据新形势对原有城市总体规划进行战略调整。中央也应采取措施加强对京津冀北跨地区、跨部门大型基础设施建设项目的协调，制定统一土地利用规划，实现土地、资源统一开发、经营与管理，统一协调两省一市地方法规和政策，加强对区域经济活动的规范、控制和引导，共同推进建设大北京的战略。

截至2001年末，北京10年间扩大100平方千米，新版地图以五环路为地图中心。规划部门负责人预测北京城区还将继续向四周扩展。

**思考题**

1. 中国城市化的战略目标是什么？需要解决哪些问题？
2. 你如何看待中国城市化的具体走势？
3. 什么是都市圈？都市群？都市带？都市聚集区？
4. 你如何看待中国的城乡关系转型与市制改革？

# 参考文献

[1]　〔美〕沙里宁著，顾启源译. 城市·它的发展衰败与未来［M］. 北京：中国建筑工业出版社，1986.
[2]　〔美〕R. E. 帕克等. 城市社会学［M］. 北京：华夏出版社，1987.
[3]　〔苏〕斯捷潘年科著. 发达社会主义条件下的城市［M］. 姜典文等译. 上海：上海社会科学院出版社，1988.
[4]　〔德〕马克斯·韦伯著. 经济与社会［M］. 林荣远译. 北京：商务印书馆，1997.
[5]　〔德〕斐迪南·滕尼斯. 共同体与社会［M］. 北京：商务印书馆，1999.
[6]　〔美〕詹姆斯·特拉菲尔著. 未来城：述说城市的奥秘［M］. 赖慈芸译. 北京：中国社会科学出版社，2000.
[7]　〔美〕路易斯·芒福德著. 城市发展史——起源、演变和前景［M］. 宋俊岭、倪文彦译. 北京：中国建筑工业出版社，2005.
[8]　梅保华等. 城市学讲座［M］. 北京：北京大学出版社，1986.
[9]　储传亨、王长升. 城市科学概论［M］. 北京：中共中央党校出版社，1987.
[10]　黄孝春、许红编译. 人·都市·美：城市美学漫谈［M］. 武汉：湖北人民出版社，1987.
[11]　江美球等. 城市学［M］. 北京：科学普及出版社，1988.
[12]　黄继忠、夏任凡. 城市学概论［M］. 沈阳：沈阳出版社，1990.
[13]　于志熙. 城市生态学［M］. 北京：中国林业出版社，1992.
[14]　蒋年云、王冀民. 中等城市经济与社会生活［M］. 合肥：安徽人民出版社，1992.
[15]　鲍世行、顾孟潮. 城市学与山水城市［M］. 北京：中国建筑工业出版社，1994.
[16]　丁元竹. 社区研究的理论与方法［M］. 北京：北京大学出版社，1995.
[17]　顾朝林. 中国城镇体系——历史、现状、展望［M］. 北京：商务印书馆，1996.
[18]　朱铁臻. 城市发展研究［M］. 北京：中国统计出版社，1996.
[19]　奚从清. 社区研究［M］. 北京：华夏出版社，1996.
[20]　吴铎等. 社区建设：热土上的宏伟工程［M］. 北京：当代中国出版社，1997.
[21]　苏景辉. 社区工作［M］. 台北：巨流图书公司，1997.
[22]　王辉等. 城市社区研究［M］. 天津：天津人民出版社，1997.
[23]　周大鸣. 现代都市人类学［M］. 广州：中山大学出版社，1997.
[24]　陈颐. 中国城市化和城市现代化［M］. 南京：南京出版社，1998.
[25]　孙志刚. 城市功能论［M］. 北京：经济管理出版社，1998.
[26]　沈清基编著. 城市生态与城市环境［M］. 上海：同济大学出版社，1998.

[27] 钱学森著，鲍世行、顾孟潮. 杰出科学家钱学森论山水城市与建筑科学［M］. 北京：中国建筑工业出版社，1999.
[28] 叶骁军、温一慧. 控制与系统：城市系统控制新论［M］. 南京：东南大学出版社，2000.
[29] 顾朝林、甄峰、张京祥. 集聚与扩散——城市空间结构新论［M］. 南京：东南大学出版社，2000.
[30] 王青山. 社区建设与发展读本［M］. 北京：中共中央党校出版社，2001.
[31] 周文建. 产生社区建设概论［M］. 北京：中国社会科学出版社，2001.
[32] 张钟汝等. 城市社会学［M］. 上海：上海大学出版社，2001.
[33] 周沛. 社区工作［M］. 北京：社会科学文献出版社，2002.
[34] 沈耀泉主编. 现代城市管理［M］. 北京：中国轻工出版社，2002.
[35] 向德平编著. 城市社会学［M］. 武汉：武汉大学出版社，2002.
[36] 庄林德、张京祥. 中国城市发展与建设史［M］. 南京：东南大学出版社，2002.
[37] 朱翔主编. 城市地理学［M］. 长沙：湖南教育出版社，2003.
[38] 章友德主编. 城市社会学案例教程［M］. 上海：上海大学出版社，2003.
[39] 马彦琳、刘建平主编. 现代城市管理学［M］. 北京：科学出版社，2003.
[40] 蔡禾主编. 城市社会学：理论与视野［M］. 广州：中山大学出版社，2003.
[41] 陈立旭. 都市文化与都市精神——中外城市文化比较［M］. 南京：东南大学出版社，2003.
[42] 何一民. 近代中国城市发展与社会变迁［M］. 北京：科学出版社，2004.
[43] 姚士谋等编著. 区域与城市发展论［M］. 合肥：中国科学技术大学出版社，2004.
[44] 于海. 城市社会学文选［M］. 上海：复旦大学出版社，2005.
[45] 杨宏烈. 城市历史文化保护与发展［M］. 北京：中国建筑工业出版社，2006.
[46] 唐亦功. 永恒的城市与建筑［M］. 北京：商务印书馆，2008.
[47] 牛凤瑞主编. 城市学概论［M］. 北京：中国社会科学出版社，2008.
[48] 焦铭起、鹏飞. 欧洲古典时代的建筑与文化［M］. 武汉：华中科技大学出版社，2009.
[49] 单霁翔. 文化遗产保护与城市文化建设［M］. 北京：中国建筑工业出版社，2009.
[50] 赵海涛、陈华钢. 中外建筑史［M］. 上海：同济大学出版社，2010.